国家出版基金项目
NATIONAL PUBLICATION FOUNDATION

国别商务环境研究系列丛书
（第三批）

总主编　蓝庆新

塞尔维亚商务环境

韩　萌　钟若昀　赵　洋　主编

对外经济贸易大学出版社
中国·北京

图书在版编目（CIP）数据

塞尔维亚商务环境 / 韩萌，钟若昀，赵洋主编. —
北京：对外经济贸易大学出版社，2023.3
（国别商务环境研究系列丛书. 第三批）
ISBN 978-7-5663-2496-2

Ⅰ. ①塞… Ⅱ. ①韩…②钟…③赵… Ⅲ. ①国际商务–经济环境–研究–塞尔维亚 Ⅳ. ①F735.43

中国国家版本馆 CIP 数据核字（2023）第 068676 号

塞尔维亚商务环境

韩 萌 钟若昀 赵 洋 **主编**
责任编辑：陈培风

对 外 经 济 贸 易 大 学 出 版 社
北京市朝阳区惠新东街 10 号 邮政编码：100029
邮购电话：010－64492338 发行部电话：010－64492342
网址：http://www.uibep.com E-mail：uibep@126.com

三河市少明印务有限公司印装 新华书店经销
成品尺寸：170mm×230mm 14.5 印张 273 千字
2023 年 3 月北京第 1 版 2023 年 3 月第 1 次印刷

ISBN 978-7-5663-2496-2
印数：0 001－2 000 册 定价：68.00 元

序　言

塞尔维亚共和国（塞尔维亚语为Република Србија或Republika Srbija，英文为Republic of Serbia），简称塞尔维亚，是位于欧洲东南部、巴尔干半岛中部的内陆国家。塞尔维亚国土总面积为8.85万平方千米（含科索沃），首都为贝尔格莱德（Belgrade）。塞尔维亚与黑山、波黑、克罗地亚、匈牙利、罗马尼亚、保加利亚、北马其顿及阿尔巴尼亚接壤，欧洲第二大河多瑙河（Danube）的五分之一流经其境内。塞尔维亚经济以服务业为主，工业以化学工业为主（主要产品包括橡胶、塑料、化肥、合成纤维、涂料等）。塞尔维亚主要出口产品包括汽车、电子电器及各类农产品。根据统计数据，2021年，塞尔维亚进出口总额达593.65亿美元，其中出口额为255.66亿美元，进口额为337.99亿美元。

1991年，前南开始解体。1992年，塞尔维亚与黑山组成南斯拉夫联盟共和国（南联盟，Federal Republic of Yugoslavia）。2003年2月4日，南联盟更名为“塞尔维亚和黑山”。2006年6月3日，黑山共和国宣布独立。同年6月5日，塞尔维亚共和国宣布继承塞黑的国际法主体地位。之后，政局走向相对稳定。塞尔维亚的经济基础相对不错，但因联合国于1992年—1995年实施的经济制裁以及在战争中基础设施等被严重破坏，经济损失相当严重。为争取加入欧盟，塞尔维亚启动了结构性改革，包括私有化、行政、司法等方面，经济增长速度显著加快。虽然受2008年全球金融危机、欧债危机以及极端天气的影响，塞尔维亚经济曾出现严重衰退：2009年，塞尔维亚国内生产总值（GDP）缩减3.1%，2012年衰退1%，2014年再次衰退1.8%，但并未改变其经济转型步伐。之后，塞尔维亚财政预算持续改善，宏观经济指标、财政和货币政策也在日益优化。2018年，塞尔维亚（GDP）增长4.3%，一跃成为欧洲增速最快的经济体之一。受新冠肺炎疫情的冲击，2020年，欧洲经济大幅衰退，而塞尔维亚经济增速仅下降1%。根据塞尔维亚官方统计，依靠投资和私人消费拉动，2021 年，塞尔维亚 GDP 强劲反弹 7.5%，高于疫情前水平，这充分显示出塞尔维亚较强的经济韧性与增长活力，未来经济发展前景十分可期。

中国与塞尔维亚友好关系历史深厚，特别是中国在塞尔维亚困难时期给予的帮助，更是为两国关系的全面、持续、深入发展打下了坚实的基础。塞尔维亚视中国为其对外关系的四大支柱之一。塞尔维亚历届政府，无论其党派，均视中国的崛起为其国家发展的重要机遇。随着“一带一路”建设以及中国—中东欧国家合作的不断推进，塞尔维亚期待中资企业加大对塞交通和能源领域基础设施投资和工业园区建设，将塞尔维亚打造成中国在西巴尔干地区的交通基础设施建设、物流和金融合作中心。未来，随着中塞人文交流之路与经贸合作之路的不断拓宽，双方各领域合作热情将被进一步激发，携手努力不断开创互利共赢合作的新局面，推动中塞全面战略伙伴关系不断迈上新台阶。

本书从塞尔维亚共和国经济环境、政治环境、法律环境、贸易环境、投资环境、金融环境、社会文化环境等多个方面入手，客观分析塞尔维亚发展现状，深入剖析其发展前景，并全面洞察其市场风险，以期为有意赴塞尔维亚发展的中资企业和公民答疑释惑，为我国政府外交决策提供信息参考，加强两国经济互动，为“一带一路”建设和中国—中东欧国家合作注入新动能。

目　录

第1章 塞尔维亚概况

1.1 塞尔维亚简介

1.1.1 地理环境

塞尔维亚共和国（Republic of Serbia），简称塞尔维亚，是位于欧洲东南部、巴尔干半岛中北部的内陆国家，国土面积 8.85 万平方千米（包括科索沃地区 1.09 万平方千米），首都为贝尔格莱德。北部有著名的伏伊伏丁那多瑙河冲积平原，地势平坦，土壤肥沃，被誉为粮仓。中部、东部、西部及南部为丘陵和山地。欧洲第二大河多瑙河的五分之一流经其境内。塞尔维亚一共与 8 个国家为邻，边界总长 2 457 千米。其北部与匈牙利拥有 151 千米长的共同边界；东北部与罗马尼亚相连，共同边界达 476 千米；东部与保加利亚接壤，共同边界为 318 千米；东南部和南部分别与阿尔巴尼亚和北马其顿毗邻；西北部与克罗地亚相接，共同边界为 241 千米；西部与波斯尼亚和黑塞哥维那（波黑）拥有长达 312 千米的共同边界线；西部与黑山拥有 211 千米长的共同边界。塞尔维亚在巴尔干半岛上的地理位置使其成为西欧、中欧、东欧，以及近东和中东之间的天然桥梁和交叉路口。塞尔维亚原是位于巴尔干半岛的邻海国家，随着南斯拉夫在 20 世纪 90 年代的解体和 2006 年黑山的独立而变成了内陆国家。塞尔维亚属东 1 时区，比北京时间晚 7 个小时。每年 3 月底至 10 月底实行夏令时，比北京时间晚 6 个小时。

（1）地形地貌

塞尔维亚大部分地区为起伏的山丘。其中，中部和南部多丘陵和山区，而北部则是平原。东、西部分别为老山山脉（Stara Planina）和迪纳拉山脉（Dinara Planina）的延续；北部的伏伊伏丁那平原为多瑙河中游平原的组成部分，河网稠密，土壤肥沃；南部多山脉、丘陵，由科索沃盆地（Kosovo Basin）和梅托西亚盆地（Metohija Basin）组成。塞尔维亚最高点位于阿尔巴尼亚和科索沃边界的贾拉维察山（Đeravica），海拔 2 656 米。塞尔维亚境内有多瑙河及其支流蒂萨河（Tisza）、萨瓦河（Sava）和莫拉瓦河（Morava）等多条河流，水路共长达 5 万千米，又有大量的温泉与湖泊散落各地，水资源相当丰富。

（2）气候

塞尔维亚北部属温带大陆性气候，四季分明。夏季炎热，7—8 月气温最高，可达 35℃，平均气温为 25℃～28℃；春、秋气候宜人，平均气温 15℃；冬季 1—2 月气温最低可达零下 10℃左右，平均气温约 0～5℃。受海拔（包括阿尔卑斯山）影响以及靠近地中海，塞全国年平均气温约为 10.6℃，山区气温较低（海拔 1 000 米以上的地区年平均气温约为 6℃），中部和北部地区气温较高（贝尔格莱德的年平均气温约为 12.4℃）。塞尔维亚雨量充沛，年平均降水量约为 741 毫米，从北部的约 600 毫米到山区的约 2 000 毫米不等。根据美国国际开发署数据显示，从 1960 年到 2015 年，塞尔维亚年平均气温每十年上升 0.15℃，年平均降雨量没有明显变化，但相对于 1960 年—1989 年，1990 年—2016 年的干旱严重程度有所增加。

（3）水文分布

塞尔维亚是欧洲内陆国家。不过，作为多瑙河流域国家，塞尔维亚与欧洲的莱茵河（Rhine）—美因河（Main）—多瑙河水系相连，位于欧洲主要水路北海—大西洋—黑海的中心。塞尔维亚水资源十分丰富，近 600 千米的多瑙河河段是其主要淡水来源，流经该国的还有多瑙河支流萨瓦河、莫拉瓦河及蒂萨河等。这些大大小小的河流以及人工运河构成了塞尔维亚长达约 2 000 千米的水路，使得这个内陆国家能够方便地通达欧洲各地。其中，多瑙河流经塞尔维亚的长度超过其总长度的五分之一，达 588 千米，因此，塞尔维亚也被称为“多瑙河的心脏”。萨瓦河是多瑙河右岸最大支流，前南地区最大的河流，源出斯洛文尼亚西北端的尤利恩阿尔卑斯山脉（Julian-Alps）特里格拉夫峰（Triglav）北坡，东南流经克罗地亚、波斯尼亚和黑塞哥维那，至塞尔维亚首都贝尔格莱德汇入多瑙河。萨瓦河长 940 千米，流域面积约 9.5 万平方千米，年平均流量 1 690 立方米/秒，为多瑙河各支流之冠。莫拉瓦河由南莫拉瓦河与西莫拉瓦河汇成，大致向北，在斯梅代雷沃附近注入多瑙河，全长 221 千米，流域面积约 37 500 平方千米，莫拉瓦河流域面积几乎和塞尔维亚一样大。西莫拉瓦河在塞尔维亚南部戈勒贾山脉（Golija）面西坡，全长 298 千米，有三座水电站。南莫拉瓦河长 319 千米，由比纳奇莫拉瓦河（Binacka Morava）与莫拉维察河（Moravica）汇成。支流尼沙瓦河（Nisava）源出保加利亚西部，其谷地是贝尔格勒经索非亚至土耳其的交通要道。莫拉瓦河和南莫拉瓦河是莫拉瓦河－瓦尔达尔河（Vardar）走廊极其重要的部分。蒂萨河源出乌克兰西南部东喀尔巴阡山（East Carpathians），纵贯匈牙利东部，在塞尔维亚首都贝尔格莱德西北约 42 千米处汇入多瑙河。其流域平均海拔仅 85 米，是典型的平原河流，河道弯曲，原长 1 400 多千米，经截弯取直后缩短为 980 千米。其流域面积达 15.7 万平方千米。

同时，塞尔维亚境内有数量众多的天然湖泊，例如，帕里奇湖（Palic）就是塞尔维亚最大的天然湖泊之一，湖面浅，呈 L 形，长达 17 千米。在夏季，水的温度在 18℃～25℃之间；银湖（Silver）位于塞尔维亚东部大格拉迪什泰（Veliko Gradište）附近，属于多瑙河流域的一部分，长 14 千米、宽 0.3 千米，面积约 4 平方千米，海拔高度 70 米，最大水深 8 米；格鲁扎湖（ружанско језеро）长 10 千米、宽 2.8 千米，面积约 9.19 平方千米，海拔高度 273 米，平均水深 6.5 米，最大水深 35 米，蓄水量 6 450 亿立方米，湖岸线长度达 42 千米；博万湖（Борско језеро）位于塞尔维亚东部，由扎耶查尔州负责管辖，距离阿莱克西纳茨（Aleksinac）20 千米，长 8 千米、宽 0.5 千米，面积约 5 平方千米，平均水深 7 米，最大水深 50 米等。遍布全国的湖泊不仅给塞尔维亚提供了丰富的矿物、生物以及能源资源，而且也带动了塞尔维亚旅游业的发展，是塞尔维亚经济发展不可或缺的禀赋支撑。

1.1.2 人口、民族、语言

（1）人口

世界银行（World Bank）数据显示，2020 年，塞尔维亚人口总数 691 万，人口密度（2018 年数据）为 79.8 人/平方千米。相较于 2000 年，2020 年，塞尔维亚人口减少了 60.8 万，且呈逐年下降的趋势，二十年来年均降幅为 0.44%。

在性别和年龄结构方面，2020 年，塞尔维亚女性为 3 524 507 人，占总人口的 51%，男性为 3 383 717 人，占比为 49%，其中 0 岁～14 岁女性 512 738 人，15 岁～64 岁女性 2 260 121 人，65 岁以上女性 751 647 人，在女性人口中占比分别达到了 14.5%、64.1%以及 21.4%，而 0 岁～14 岁男性 548 856 人，15 岁～64 岁男性 2 269 902 人，65 岁以上男性 564 957 人，在男性人口中占比分别为 16.2%、67.1%以及 16.7%。总体来看，近二十年，塞尔维亚男女人口比重总体稳定。同时，塞尔维亚人口的老龄化、少子化的趋势凸显。2000 年—2020 年，塞尔维亚 65 岁及以上人口占总数的比重大幅上升，从 13.54%提高到 19.06%，增加了 5.52 个百分点，而 0 岁～14 岁人口占总数的比重却明显下滑，由 20.5%下降至 15.37%，减少了 5.13 个百分点。缺少年轻劳动力的支撑以及社会养老压力的加剧在一定程度上抑制了塞尔维亚的经济发展活力，展现出了“未富先老”的特征。

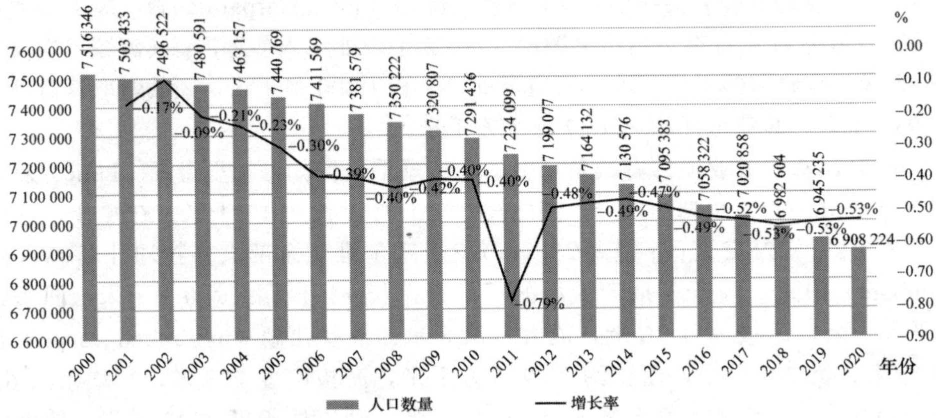

图 1－1　2000 年—2020 年塞尔维亚人口总数及增长率

数据来源：World Bank。

表 1－1　　**塞尔维亚男女人口数量和占比**

	2000 年	2001 年	2002 年	2003 年	2004 年	2005 年	2006 年
女性人口数量	3 827 725	3 823 814	3 822 601	3 816 326	3 808 712	3 797 949	3 783 018
男性人口数量	3 688 621	3 679 619	3 673 921	3 664 265	3 654 445	3 642 820	3 628 551
女性人口占比	50.93%	50.96%	50.99%	51.02%	51.03%	51.04%	51.04%
男性人口占比	49.07%	49.04%	49.01%	48.98%	48.97%	48.96%	48.96%
	2007 年	2008 年	2009 年	2010 年	2011 年	2012 年	2013 年
女性人口数量	3 767 040	3 749 981	3 733 876	3 718 022	3 688 222	3 670 074	3 652 210
男性人口数量	3 614 539	3 600 241	3 586 931	3 573 414	3 545 877	3 529 003	3 511 922
女性人口占比	51.03%	51.02%	51.00%	50.99%	50.98%	50.98%	50.98%
男性人口占比	48.97%	48.98%	49.00%	49.01%	49.02%	49.02%	49.02%
	2014 年	2015 年	2016 年	2017 年	2018 年	2019 年	2020 年
女性人口数量	3 635 214	3 617 485	3 598 916	3 580 264	3 561 304	3 542 820	3 524 507
男性人口数量	3 495 362	3 477 898	3 459 406	3 440 594	3 421 300	3 402 415	3 383 717
女性人口占比	50.98%	50.98%	50.99%	50.99%	51.00%	51.01%	51.02%
男性人口占比	49.02%	49.02%	49.01%	49.01%	49.00%	48.99%	48.98%

数据来源：World Bank。

表 1－2　　塞尔维亚人口年龄结构

年龄段＼年份	2000	2001	2002	2003	2004	2005	2006
0 岁～14 岁人口占比（%）	20.50	20.18	19.84	19.46	19.08	18.71	18.40
15 岁～64 岁人口占比（%）	65.97	66.01	66.12	66.31	66.57	66.89	67.11
65 岁及以上人口占比（%）	13.54	13.81	14.04	14.23	14.35	14.40	14.49
年龄段＼年份	2007	2008	2009	2010	2011	2012	2013
0 岁～14 岁人口占比（%）	18.10	17.82	17.56	17.34	17.06	16.81	16.58
15 岁～64 岁人口占比（%）	67.39	67.66	67.86	67.92	67.89	67.75	67.52
65 岁及以上人口占比（%）	14.51	14.52	14.58	14.74	15.05	15.44	15.91
年龄段＼年份	2014	2015	2016	2017	2018	2019	2020
0 岁～14 岁人口占比（%）	16.36	16.16	15.98	15.83	15.69	15.54	15.37
15 岁～64 岁人口占比（%）	67.22	66.88	66.60	66.28	65.96	65.72	65.57
65 岁及以上人口占比（%）	16.42	16.96	17.42	17.89	18.35	18.74	19.06

数据来源：World Bank。

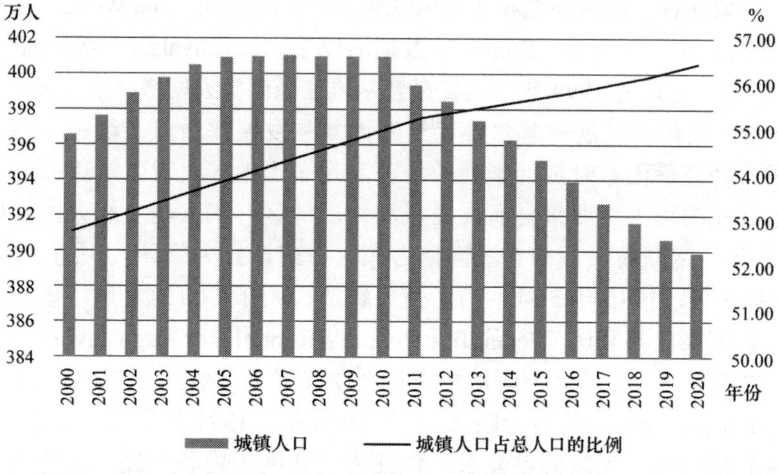

图 1－2　2000 年—2020 年塞尔维亚城镇人口数量及占总人口的比例

数据来源：World Bank。

虽然自 2011 年起，塞尔维亚城镇人口数量呈逐年下降趋势，但城镇人口比重却持续上涨。2000 年，塞尔维亚城镇人口占总人口比重为 52.77%，而到了 2020 年，这一比重上升至 56.45%，增长了 3.68 个百分点。同时，塞尔维亚南北地区人口分布较为均衡，北部地区约占总人口 51%，南部地区约占总人口 49%，其中塞尔维亚首都及唯一的直辖市贝尔格莱德市区人口总数达 169 万，是原南斯拉夫地区最大的城市，也是仅次于伊斯坦布尔、雅典和布加勒斯特的巴尔干半岛第四大城市。

表 1-3　塞尔维亚主要城市及市区人口数量

城市	市区人口数量（万人）	城市	市区人口数量（万人）
贝尔格莱德	169.0	诺维萨德	31.9
尼什	26.0	克拉古耶瓦茨	17.8
莱斯科瓦茨	13.8	苏博蒂察	13.8
兹雷尼亚宁	11.7	克鲁舍瓦茨	12.4
潘切沃	12.1	沙巴茨	11.2

数据来源：塞尔维亚国家统计局，2020 年。

（2）民族

塞尔维亚是一个多民族的国家，83.3%的人口（不含科索沃地区）是塞尔维亚族（Serbian），其余有匈牙利族（Hungarian）（占总人口的 3.5%，主要居住在北部的伏伊伏丁那自治省，占当地人口的13.0%）、波斯尼亚克族（Bosnian Croats）（占总人口的3.5%，主要居住在舒马迪亚和西塞尔维亚地区（Šumadija and Western Serbia），占当地人口的7.0%）、罗姆族（Romani）及斯洛伐克族（SLovakian）等。前南解体后，从 1992 年起，尤其是 1999 年之后，赴塞尔维亚经商华人剧增。多年来，旅塞华商为中塞双边经贸关系发展、塞尔维亚经济恢复和发展都做出了积极贡献，尤其是在塞尔维亚经济最困难时期，华商的经营满足了当地居民对生活用品的需求。目前在塞尔维亚的华人主要来自浙江温州和青田地区。华人与当地人民友好相处。

1941 年，南斯拉夫被德意法西斯占领。在南斯拉夫领导人铁托（Josip Broz Tito）的领导下，1945 年 5 月，南斯拉夫解放；同年 11 月 29 日，新的议会宣布南斯拉夫联邦人民共和国（Federative People's Republic of Yugoslavia）成立。1963 年 4 月，修改宪法，改国名为南斯拉夫社会主义联邦共和国（The Socialist Federal Republic of Yugoslavia，简称南联邦）。在 1945 年—1991 年期间，南斯拉夫[①]由六个加盟共和国组成，民族问题复杂。铁托为了均衡国内各个民族的势力，采用了

① 1945 年南斯拉夫解放后至 1991 年南斯拉夫解体前，这一时期也被称为前南斯拉夫时期，即前南时期。

民族均衡政策。当时的塞尔维亚族属于多数族类，所以铁托对塞尔维亚族进行打压。1980 年铁托总统逝世后，民族矛盾激化，最终导致了南斯拉夫解体，其加盟共和国先后宣布独立。近年，塞政治局势逐步趋于稳定，社会治安良好，国内民族矛盾逐步弱化，发展经济成为主流民意。同时，由于科索沃于 2008 年单方面宣布独立并受西方大国长期操控，塞国内民族矛盾转变为捍卫对科索沃主权的斗争。

（3）语言

塞尔维亚官方语言为塞尔维亚语，会讲英语的人数占 40%，会讲德语和俄语的人也比较多。塞尔维亚语和克罗地亚语在南斯拉夫社会主义联邦共和国时期称“塞尔维亚－克罗地亚语”，是三种官方语言之一（另外两种是斯洛文尼亚语和保加利亚语）。随着南斯拉夫的解体，塞尔维亚与克罗地亚都恢复了各自官方语言的名称。当前，不论塞尔维亚还是克罗地亚，两国的官方和民间都不认同“塞尔维亚—克罗地亚语”或“克罗地亚—塞尔维亚语”。他们认为塞尔维亚语跟克罗地亚语是两种非常相似但又互相独立的语言。

塞尔维亚语属印欧语系斯拉夫语族南斯拉夫语支，实际上通行于塞尔维亚、波黑、黑山、克罗地亚等国家，跟克罗地亚语、波斯尼亚语、黑山语以及跟斯洛文尼亚语和保加利亚语（马其顿语）相近。

1.1.3 国旗、国徽、国歌

（1）国旗

塞尔维亚国旗启用于 2006 年 6 月 5 日宣布独立之时。国旗呈长方形，上下与左右的比例为 2:3，旗面自上而下，依次由红蓝白三道平行相等的条纹组成。红蓝白三色是斯拉夫传统色，是斯拉夫人喜爱的颜色。国旗中间偏左方有国徽。2010 年 11 月 11 日，塞尔维亚对旗帜上的国徽图案做出了修改。

图 1－3 塞尔维亚国旗

（2）国徽

塞尔维亚国徽分为大国徽与小国徽两种。大国徽原来是塞尔维亚王国（Kraljevina Srbija）国徽（如图 1－4 所示），亦为奥布廉诺维奇王朝（Obrenović）王徽，为小国徽覆以斗篷和王冠。小国徽为红色盾面上方有一顶金色王冠，是过去塞尔维亚王国的象征。盾面内有自拜占庭帝国（Byzantine Empire）时期即流传下来的南欧斯拉夫民族象征——双头鹰。鹰的胸部有一个被白色十字居中分割成四个区域的红色小盾徽，每一区域里又各有一个类似西里尔字母中的C的火器，代表 S 的发音，象征“唯有团结拯救塞尔维亚人”的国家格言（同时有历史学家称，用火器是因为塞尔维亚经常要面对战争）。

图 1－4 塞尔维亚国徽（左为大国徽、右为小国徽）

（3）国歌

塞尔维亚共和国过去的国歌是《正义的上帝》（Bože pravde），创作于 1872 年，由 Davorin Jenko 作曲，Jovan Đorđević 作词，亦曾经是塞族共和国[①]的国歌。由于当时塞尔维亚是一个君主制国家，歌词是用来颂扬君王的。波斯尼亚和黑塞哥维那宪法法院在 2006 年 3 月 31 日裁定由于该歌作为塞尔维亚国歌，对克罗地亚人及波斯尼亚穆斯林构成歧视，塞尔维亚下令在裁决公布后六个

① 塞族共和国，即波黑塞族共和国（塞尔维亚语：Република Српска/Republika Srpska），是 1992 年 2 月 9 日建立的政治实体，拥有自己的政府、议会、军队和警察部队。后来，塞族共和国和穆克联邦组成波斯尼亚和黑塞哥维那。

月内做出更改。现时《我的共和》（MojaРепублика）已取而代之，成为塞尔维亚共和国目前的国歌。

1.1.4 行政区划

按行政区划，塞尔维亚共和国的主体由本部（中央塞尔维亚）、科索沃自治省、伏伊伏丁那自治省组成。中央塞尔维亚并没有区划的机构，只是一个地理概念。在三大地区下面设置了29个州和首都贝尔格莱德直辖市，共辖有24个市、197个县（区）、193个镇、6 158个村。自治省和大行政区是塞尔维亚最高一级地方行政单位。首都贝尔格莱德市是全国的政治、经济、文化及科研中心，是前南斯拉夫最大的城市，也是巴尔干半岛仅次于伊斯坦布尔、雅典和布加勒斯特的巴尔干半岛第四大城市。塞尔维亚其他著名大城市包括诺维萨德、尼什、克拉古耶瓦茨等。

表1－4　塞尔维亚州、直辖市及各州首府名单

区域	州	首府
中央塞尔维亚（Central Serbia）	贝尔格莱德市（GradBeograd）	贝尔格莱德（Belgrade）（包括17区）
	博尔（Borski）	博尔（Bor）
	布兰尼切夫（Braničevski）	波扎雷瓦茨（Požarevac）
	波杜那瓦（Podunavski）	斯梅代雷沃（Smederevo）
	雅布兰尼卡（Jablanicki）	莱斯科瓦茨（Leskovac）
	科卢巴拉（Kolubarski）	瓦列沃（Valjevo）
	马切万（Mačvanski）	沙巴茨（Šabac）
	莫拉瓦（Moravicki）	查查克（Čačak）
	尼沙瓦（Nišavski）	尼什市（Niš）（包括5区）
	普奇尼亚（Pčinjski）	弗拉涅（Vranje）
	皮罗特（Pirotski）	皮罗特（Pirot）
	波莫拉夫列（Pomoravski）	雅戈丁那（Jagodina）
	拉辛那（Rasina）	克鲁舍瓦茨（Kruševac）
	拉什卡（Raški）	克拉列沃（Kraljevo）
	舒马迪亚（Šumadijski）	克拉古涅瓦茨（Kragujevac）（包括5个区）
	托普利卡（Toplicki）	普罗库普列（Prokuplje）
	扎耶查尔（Zaječarski）	扎耶查尔（Zaječar）
	兹拉提波尔（Zlatiborski）	乌济策（Užice）

续表

区域	州	首府
伏伊伏丁那（Vojvodina）	北巴那特（Severno-Banatski）	基金达（Kikinda）
	中巴那特（Srednje-Banatski）	兹雷尼亚宁（Zrenjanin）
	南巴那特（Juzno-Banatski）	潘切沃（Pančevo）
	北巴奇卡（Severno-Bački）	苏博蒂察（Subotica）
	西巴奇卡（Zapadno-Bački）	松博尔（Sombor）
	南巴奇卡（Juzno-Bački）	诺维萨德市（Novi Sad）（包括 2 个区）
	斯雷姆（District of Sremski）	斯雷姆斯卡米特罗维察（Sremska Mitrovica）
科索沃（Kosovo i Metohija）	科索沃（Kosovski）	普里什蒂纳（Pristina）
	科索沃－米特罗维察（Kosovsko-Mitrovatski）	科索夫斯卡－米特罗维察（Kosovska Mitrovica）
	科索沃－波莫拉夫列（Kosovsko-Pomoravski）	吉尼拉内（Gnjilane）
	佩奇（Pecki）	佩奇（Peć）
	普里兹伦（Prizremski）	普里兹伦（Prizren）

贝尔格莱德（塞尔维亚语：Београд）地处巴尔干半岛核心位置，坐落在多瑙河与萨瓦河的交汇处，北接多瑙河中游平原即伏伊伏丁那平原，南接老山山脉的延伸舒马迪亚丘陵，居多瑙河和巴尔干半岛的水陆交通要道，是欧洲和近东的重要联络点，有很重要的战略意义，被称为巴尔干之钥。贝尔格莱德面积 200 平方千米，人口 168 万（2016 年），居民以塞尔维亚族人居多，其余为克罗地亚族人和黑山族人。美丽的萨瓦河从市区穿过，将贝尔格莱德一分为二，一边是古香古色的老城区，一边是现代化建筑群集中的新城区。贝尔格莱德地势南高北低，属温带大陆性气候，冬季最低气温可至－25℃，夏季最高气温可达 40℃，平均年降水量约 688 毫米且年际变化大。

1.1.5 自然资源

塞尔维亚煤炭、锂、铜、金、银和铅锌等矿产资源储量较丰富。其中，煤炭和锂矿储量分别居世界第 14 位和第 7 位。塞尔维亚煤炭、锂、铜等资源分布特点为：煤炭埋藏浅，煤层厚度大，易开采；锂矿分布集中，矿床规模大；铜矿分布集中，金、银等伴生金属含量高。

塞尔维亚主要矿产资源及储量为：煤（75.14 亿吨）、天然气（43.5 亿吨），铁、锌、铜（27.1 亿吨），锂（7.3 亿吨）、辉钼矿（28.5 亿吨）等。森林覆盖率 25.5%，水力资源丰富。

表 1–5　　塞尔维亚主要矿产资源储量和产量

矿产	储量	产量
煤	75.14 亿吨	1 029 万吨
石油	1 400 万吨	—
锂	7.3 亿吨	—
铜	约 5.47 亿吨	3.06 万吨
金	超过 153 吨	1.4 吨
银	超过 1 120 吨	8.4 吨
铅	200 万吨	2 400 吨
锌		4 000 吨

数据来源：美国地质调查局网站、世界金属统计局网站以及东南欧矿业网站等。

塞尔维亚是中东欧褐煤储量最大的国家，煤炭是塞尔维亚能源产业的命脉，褐煤储量占煤炭总储量的 98%。现已发现的褐煤矿有：Metohijia、Kosovo、Kolubara 和 Kostolac，煤炭埋藏最大深度为 380 米，最小煤层厚度为 10.6 米，十分容易开采。根据 SPASIC, N. et al.（2009）报道，塞尔维亚（包括科索沃）煤炭的地质储量为 189.83 亿吨，可采储量为 133.92 亿吨。英国石油公司在其发布的公开资料中披露，截至 2020 年底，塞尔维亚的煤炭探明可采储量为 75.14 亿吨，在世界煤炭资源中排名第 14 位，占世界煤炭总量的 0.7%。按照塞尔维亚 2020 年的煤炭产量 3 978 万吨估算，其现有煤炭储量可供开采 189 年（储采比为 189），该比值显著高于世界平均水平。

塞尔维亚锂矿主要分布在 Jadar 盆地。Jadar 锂硼矿由力拓公司于 2004 年发现，该矿床位于距离贝尔格莱德 140 千米的 Loznica 镇附近，估计储量超过 2 亿吨，是世界超大型锂矿床，加以开发能满足全球 10%以上的锂需求量。

采矿业是塞重要的经济部门。当前，采矿业约占塞 GDP 的 2%。近年来，塞尔维亚政府重视采矿业发展，加大资金投入，为外资引进创造有利环境，力争将采矿业占 GDP 比重提升至 4%左右。当前有 20 家外国公司在塞采矿业开采经营，包括紫金矿业集团（Fujian Zijin Mining Industry Co., Ltd.）、力拓集团（Rio Tinto Group）、Nevsun 集团、Mineco 集团等。

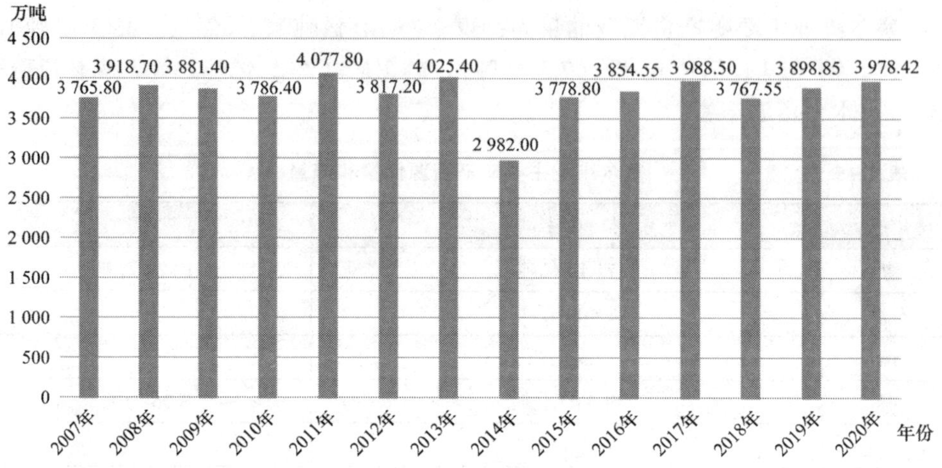

图 1－5　2007 年—2020 年塞尔维亚煤炭产量

数据来源：*BP Statistical Review of World Energy 2020*。

此外，农业是塞尔维亚传统优势产业之一。塞尔维亚土地肥沃，雨水充足，农业生产条件良好。塞尔维亚共有农业用地 509 万公顷，主要集中在北部伏伊伏丁那平原和塞尔维亚中部地区。其中，耕地 330 万公顷，果园 24.2 万公顷，葡萄园 5.8 万公顷，草场 62.1 万公顷。在农业生产中，种植业占 63.2%，畜牧业生产占 36.8%。主要农作物有玉米、小麦、甜菜、马铃薯、向日葵、苜蓿、大豆、李子及苹果等。2020 年，塞农业产值 34.8 亿美元，较上年增长 4.2%，约占 GDP 的 6.5%。农产品出口额 14.7 亿美元，同比增长 22.2%，占出口总额的 7.5%，虽然农业易受天气灾害影响产量和出口有所起伏，但一直是塞尔维亚出口创汇的主要产品之一。

1.1.6　发展历史

古罗马时代，欧洲产生了三大民族：斯拉夫人（Slavs）、日耳曼人（Teuton）以及凯尔特人（Celt）。塞尔维亚属于斯拉夫人中的一个分支，从公元 4 世纪开始，随着匈奴人对中亚的侵入，斯拉夫人被迫朝着欧洲边缘地区迁徙。其中，南斯拉夫人迁移到了巴尔干半岛，并在河谷及内陆区域定居下来，到公元 7 世纪，南斯拉夫人在巴尔干半岛的分布逐渐稳定，并在此地繁衍出许多后裔。

当时，巴尔干半岛是拜占庭帝国占领的领土，来到巴尔干半岛的南斯拉夫人也入乡随俗，服从了他们的统治。拜占庭擅长用宗教影响来扩大自己的版图，他们推崇东正教，因此信奉东正教的地区对他们的占领毫无反抗之意。由于聚居地和族群文化的差异，定居在此的南斯拉夫人之间时常产生分歧和争斗。因此，他们再次分化成许多小部族，这群小部族中就有塞尔维亚人的雏形，拜占帝国统治了他们数百年。

后来，土耳其势力崛起，他们对拜占庭帝国发起攻击，在反复的攻击下，拜占庭失去了许多领土，它对巴尔干半岛的控制也在减弱。公元12世纪，拜占庭内部爆发了战争，外部势力趁火打劫。在拜占庭帝国内外交困之时，塞尔维亚人萌生了独立意识，他们大肆扩张领土，并建国称王，大公斯提芬·尼曼雅（Стефан Немања）成为塞尔维亚王国的第一任国王。

尼曼雅称王期间，并未对拜占庭帝国展开进攻，直到公元1331年斯蒂芬·杜尚（Stefan Dušan）上台，才开始对不堪一击的拜占庭帝国动手。在杜尚的统治下，塞尔维亚吞并了半岛中北部的大片领土。1345年，塞尔维亚进入帝国时代，这段时期的拜占庭帝国在失去首都后，始终无法恢复元气，而塞尔维亚却发展得如日中天，因此，拜占庭帝国无奈承认杜尚的帝位，拜占庭帝国承认了塞尔维亚的独立后，塞尔维亚进入全盛时期。杜尚死后，继位皇帝软弱无能，没有让帝国辉煌一直延续，与拜占庭帝国一样，在内部混乱时遭到外敌觊觎，此时，匈牙利与土耳其人趁机崛起。土耳其人一马当先，他们甩开了对手，并将拜占庭彻底灭亡，随后将势力延伸到巴尔干半岛，早就外强中干的塞尔维亚王国遭到灭顶之灾，此后，塞尔维亚帝国被终结，变成了奥斯曼土耳其统治下的一个行省。

近代工业革命的发生，让西方国家走上对外扩张的道路。许多西方国家想要将东西方的联络紧密起来，然而奥斯曼帝国（Ottoman Empire）仍旧故步自封，控制着东西方的交通要道。为此，西方国家与奥斯曼帝国又展开了战争，落后保守的土耳其抵挡不住西方的冲击，在对抗中逐渐衰落下来。又是趁着外患来临之际，塞尔维亚在国内掀起民族独立运动，奥斯曼帝国无力征服他们，只好承认了他们的独立。但是，土耳其也深谙放虎归山的道理，他们没有划给塞尔维亚多少领土，狭窄的国土面积连塞尔维亚帝国时期的行省都不如，对于心怀“帝国”梦想的人们而言，这样的结果显然是无法令塞尔维亚人满意的，所以，塞尔维亚再次揭竿而起，再次为国家领土与奥斯曼做斗争。

1878年，柏林会议后，塞尔维亚的独立地位在国际上得到认可，但是想要扩大版图的愿望被西方列强一致拒绝，塞尔维亚的领土争夺战也进入搁浅阶段。1908年，波黑在奥匈帝国（Austria-Hungary）的进攻下失陷，奥匈帝国随后又要对巴尔干其他地区进行掠夺。不过，重新统一巴尔干半岛是塞尔维亚人的梦想，奥匈帝国的强盗行为无疑彻底惹怒了他们，在“大塞尔维亚梦想”的激励下，他们联合起来组成了秘密组织“黑手党”，他们在1914年6月28日暗杀了奥匈帝国的军国核心人物费迪南大公（Archduke Franz Ferdinand），这次暗杀事件成为第一次世界大战的导火索。

第一次世界大战结束后，塞尔维亚意外胜利，此后，奥匈帝国统治下的各省纷纷独立，塞尔维亚担心日后还有大国卷土重来，于是它与斯洛文尼亚、克罗地亚联合起来建立起联邦制国家，这就是南斯拉夫的由来。

第二次世界大战时，南斯拉夫三面受敌，除希腊外所有邻国都是轴心国成员。1941 年 4 月，轴心国侵入南斯拉夫，并将其瓜分，如伏伊伏丁那大体被匈牙利兼并，科索沃并入阿尔巴尼亚，塞尔维亚其余部分则由德军占领。此时南斯拉夫民族解放军在铁托的领导下开始反抗德国的占领。

1945 年，苏联红军进入南斯拉夫，铁托在其帮助下成为国家最高领袖，建立了南斯拉夫联邦人民共和国。1961 年，铁托和埃及总统纳赛尔（Gamal Abdel Nasser）、印度总理尼赫鲁（Jawaharlal Nehru）共同创立了不结盟运动。南斯拉夫在铁托的领导下，推行社会主义市场经济，着重各民族团结以及国家的统一。南斯拉夫在这个时期成为东欧社会主义国家当中较富裕的国家。

铁托于 1980 年逝世后，民族矛盾开始激化，最终导致南斯拉夫在 20 世纪 90 年代初期解体。南斯拉夫的六个加盟共和国中的四个先后宣布独立。1992 年之后，剩下塞尔维亚和黑山两国，重组成立南斯拉夫联盟共和国。1999 年，塞尔维亚共和国在科索沃战争中遭到北约的轰炸，战争以国际社会接管科索沃告终。

2003 年，南斯拉夫联盟共和国重新组建，将国名改为塞尔维亚和黑山（State Union of Serbia and Montenegro）。2006 年 5 月 21 日，黑山通过公民投票决定正式独立，6 月 3 日黑山议会正式宣布独立，6 月 5 日塞尔维亚国会亦宣布独立并且成为塞黑联邦的法定继承国，塞黑联邦因而解散。10 月 28 日，塞尔维亚就是否接受新宪法草案举行全民公决。结果显示，草案获得通过。

塞尔维亚的经济主要基于各种服务产业，约占 GDP 的 63%。塞尔维亚的经济基础相对不错，但由于联合国 1992 年—1995 年的经济制裁以及在战争中基础设施等的严重破坏，经济损失相当严重。进入 21 世纪，经济开始好转，人均 GDP 从 2000 年的 1 160 美元上升到 2008 年的 7 054 美元。自 2009 年以来，塞经济受国际金融危机和欧洲主权债务危机的影响出现下滑，食品及生活消费价格大幅上涨，人民购买力相对下降。得益于 2014 年以来进行的各项改革，塞尔维亚国内的经济正逐步复苏，特别是新冠肺炎疫情暴发后，塞政府应对有力，2020 年，塞经济增速仅下降 1%。按年度平均汇率折算，2020 年塞尔维亚的 GDP 约为 530 亿美元。按 690 万人口计算，塞尔维亚人均 GDP 接近 7 700 美元，显示出较强的经济韧性与增长活力，未来经济发展前景十分可期。

作为巴尔干地区的重要国家，塞尔维亚是中欧陆海快线（China—Europe Land-sea Express）建设中的重要一环，也是中国—中东欧国家合作（Cooperation between China and Central and Eastern European Countries）框架下的重要支点国家之一。在外交政策上，塞尔维亚秉持东西兼顾的战略。塞尔维亚外交有四个支柱，即西方的欧盟、美国和东方的俄罗斯、中国。塞尔维亚与俄罗斯有着长期友好的外交关系和传统友谊。他们拥有近1 000年的斯拉夫共同历史、东正教传统、相似的文明。俄罗斯也一直积极支持塞尔维亚捍卫领土主权，尤其在科索沃问题上，俄坚决站在塞尔维亚一边。对俄方面，长久以来，塞精英阶层认为塞俄互相依赖是塞尔维亚得以存在的一种保障。此外，由于塞在能源安全方面对俄有较大依赖（石油、天然气依赖自俄进口），俄也是塞第四大外来投资国，加之民族、语言、宗教渊源等，俄对塞的影响力不可小视。在对欧方面，塞与欧盟关系日益密切，加入欧盟是塞外交政策的重要目标。2008年4月，塞与欧盟签署了《稳定与联系协议》；2012年3月1日，塞获得欧盟候选成员国地位；2014年1月21日，塞入盟谈判正式启动。由于欧盟方面对塞尔维亚加入设定了多个前提条件，其中最为关键的一点就是塞尔维亚必须先承认科索沃的独立地位，或实现与科索沃关系正常化。而塞尔维亚并不愿对此妥协，这就使其加入欧盟的前景存在着很大的不确定性。在对美方面，塞重视发展与美国的关系，虽然因科索沃战争，南斯拉夫被一分为七，使得塞国内从政府到民众对美国抱有仇恨心理，但由于地缘政治以及经济等方面的压力，使美国成为塞无法忽视的重要国际力量。在对华方面，塞尔维亚于1955年1月与中国建交，与中国友好关系源远流长。塞是中东欧地区第一个同中国建立全面战略伙伴关系的国家，双方各领域、各层次交往频繁。同中国深化合作、提升关系，仍是未来塞尔维亚外交政策的优先方向之一。

1.2 塞尔维亚政治概况

1.2.1 政治制度变革

1991年之前，南斯拉夫是一个统一的国家。1918年至1945年，南斯拉夫地区的统一国家首先叫作塞尔维亚—克罗地亚—斯洛文尼亚王国（Kingdom of Serbs, Croats, and Slovenes），1929年改名为南斯拉夫王国（Kingdom of Yugoslavia），实行君主立宪制。在 1945 年至1963年期间称为南斯拉夫联邦人民共和国，1963

年更名为南斯拉夫社会主义联邦共和国，这一时期（1945年—1991年）实行南斯拉夫共产党领导的社会主义制度。1991年，南联邦解体，克罗地亚、斯洛文尼亚、波黑、马其顿独立。1992年4月，塞尔维亚与黑山两个共和国联合成立南斯拉夫联盟共和国，并于2003年2月更名为塞尔维亚和黑山。2006年，塞尔维亚和黑山分别成为新的主权国家，此时的塞尔维亚是议会共和制国家，实行“三权分立”的政治体制。可见，塞尔维亚的政治变革是建立在南斯拉夫的遗产之上的，这是变革的基础。塞尔维亚作为社会主义时期的南斯拉夫联邦的一部分，在近半个世纪的时间中，留下了南斯拉夫深深的烙印。

1918年12月1日，塞尔维亚王国国王亚历山大一世宣布成立塞尔维亚－克罗地亚－斯洛文尼亚王国，此王国包含原先独立的塞尔维亚与黑山两个王国，以及原属奥匈帝国的大片领土。在新的国家中，塞族形成了以政治上高度集权的局面，引发斯拉夫族和阿尔巴尼亚族的不满，克罗地亚族政党开始奉行自治。1928年，国王亚历山大一世（Александар I Карађорђевић）实行了专制，要求加强民族间统一和打破塞尔维亚、克罗地亚两民族分歧的僵局。1929年1月6日，亚历山大一世废除宪法，下令议会休会，并建立“1月6日独裁”。同年10月3日，他把国名改为“南斯拉夫王国”，并将33个省改为9个省。

20世纪30年代后期，在与共产国际协商一致的基础上，南斯拉夫共产党开始主张南斯拉夫主义，设想通过民族解放和抵抗法西斯运动，建立社会主义联邦制的国家。1941年4月6日，纳粹德国占领南斯拉夫全境，随后南斯拉夫被五个国家与傀儡政权瓜分。第二次世界大战期间，盟军一直承认彼得二世（Peter Ⅱ Karađorđević）为南斯拉夫王国国王。不过，南斯拉夫共产党领导人铁托带领南斯拉夫民兵对抗轴心国，渐渐得势，取得实权。1944年6月16日，铁托与王室代表、前克罗地亚省省长伊万·舒巴希奇（Ivan Šubašić）达成协议，将双方政府合并。1945年初，德国撤出南斯拉夫，王国重建。南斯拉夫政府在12月2日宣布成立“南斯拉夫民主联邦”，并于1947年1月通过第一部宪法，南斯拉夫联邦人民共和国成立。南斯拉夫建国的同时，世界进入了冷战时期，分成以美国为首的资本主义国家和以苏联为首的社会主义国家两大阵营，南斯拉夫加入了后者，并仿照苏联社会建立法律与经济体制，铁托本人也忠于莫斯科，视西方国家为主要敌人，还曾数次击落美国飞机。然而，由于苏联持续以各种手段榨取南斯拉夫的资源、控制其经济与干涉外交，以及斯大林（Joseph Vissarionovich Stalin）无法忍受铁托的自主性，且苏联未考量南斯拉夫复杂的背景，仅以其自身经验而强加不合理的政策于后者，1948年，苏联与南斯拉夫决裂。南斯拉夫原先以苏联为样板所打造的一切社会、政府与经济制度受到了全面性的冲击，使南斯拉夫不得不走上了“自治社会主义”道路，成为其中的一个特例。此后，铁托进行大幅改革，将原有的苏联式体制转化为适合南斯拉夫的模式，其种种政策被统称作“铁托主义”（Titoism），本质上即是一种针对苏联模式社会主义制度的修正。改革集中于经济、外交与内政三方面，皆有相当的自由化与弹性。1963 年 4 月，南斯拉夫联邦议会通过第二部宪法，并首次将国名改为南斯拉夫社会主义联邦共和国，开启了南斯拉夫全面实行“自治社会主义”进程。宪法规定，联邦的经济调控权下放至各共和国，给予共和国更多的自治权，例如工人自治、联合劳动、按劳分配及社会所有制的保障。政治上的去集权化，连带着经济权力也分散，为日后南斯拉夫的解体埋下祸根。

1980 年 5 月 4 日，铁托去世，结束了他在南斯拉夫长达 37 年的总统任职。长期以来，南斯拉夫之所以面对内部存在的大量问题而不致解体，全有赖于铁托的个人魅力、国家面对外敌所产生的凝聚力。而当铁托去世后，其各种弊端即接连爆发。1991 年 6 月 25 日，斯洛文尼亚和克罗地亚两个共和国脱离联邦宣布独立。1991 年 10 月 15 日，波黑宣布为主权国。1991 年 11 月 20 日，马其顿[①]宣布独立。南联邦终在 1992 年 1 月解体。1992 年 4 月，塞尔维亚与黑山两共和国联合组成南斯拉夫联盟共和国（南联盟），并对外宣布愿意承担南斯拉夫社会主义联邦共和国的国际义务。

在外部势力的支持下，波黑爆发了塞尔维亚族、克罗地亚族和穆斯林之间的战争，南联盟和塞尔维亚共和国总统米洛舍维奇（Slobodan Milosevic）采取强硬措施被指责为进行“种族清洗”。1992 年 5 月 30 日，联合国安理会（UN Security Council）通过第 757 号决议，决定对南联盟实施政治、经济、军事等各个方面的全面制裁，以惩罚其派兵支持波黑和克罗地亚境内塞族的武装行动。国家受到经济制裁，国内经济日益衰退，外交上也极其困难。

为了使巴尔干半岛继续分裂，欧盟促成塞尔维亚和黑山建立松散的国家共同体。2003 年 2 月，南斯拉夫联盟共和国议会两院通过《塞尔维亚和黑山宪章》，南联盟改名为“塞尔维亚和黑山”。“塞尔维亚和黑山”拥有共同的总统、议会、部长会议、军队和法院以及统一的国旗、国歌和国徽。塞尔维亚共和国和黑山共和国仍有自己的总统。2006 年 5 月 21 日，黑山举行独立公投，独立派以微弱的优势获胜。6 月 3 日，黑山议会正式宣布黑山独立，6 月 5 日，塞尔维亚议会宣布继承原塞尔维亚和黑山国家共同体的国际法主体地位，塞黑解体为塞尔维亚共和国与黑山两个主权国家。2006 年 11 月 8 日，塞尔维亚共和国议会举行特别会议

① 即现在的“北马其顿共和国”。

正式颁布新宪法，以代替1990年制定的宪法，新宪法自颁布之日起生效。新宪法规定，塞尔维亚是一个由塞族和所有生活在其境内的公民组成的国家，实行议会民主制。其中，塞尔维亚总理是塞尔维亚的政府首脑，由总统任命议会最大政党或政党联盟推举的人选担任。塞尔维亚总统则是塞尔维亚的国家元首，由全民直选产生，任期5年。议会全称为“塞尔维亚共和国国民议会”（Narodna skupština Srbije），是国家最高权力机构，议席共250席。议员由全民直选产生，任期4年，议会席位超过半数的政党可组成政府。政府是塞尔维亚最高权力执行机构，内阁成员名单由总理提名，议会任命，本届政府内阁由21个部委组成，设23个部长，其中2人为不管部部长（不专管某一部委事务的部长级官员）。最高法院是塞尔维亚最高司法机关，最高法院的最高执法机构是最高司法委员会，现由75名大法官组成。

1.2.2 政党

（1）塞尔维亚进步党（Serbian Progressive Party）

塞尔维亚进步党成立于2008年10月，该党立场为民族主义和民族保守主义，主张与俄罗斯维持紧密关系，但亦支持塞尔维亚加入欧盟和北约。该党首任主席为托米斯拉夫·尼科利奇（Tomislav Nikolic），现任党主席为亚历山大·武契奇（Aleksandar Vučić）。2016年4月24日，塞尔维亚举行议会选举，当晚公布的选举结果显示，时任总理武契奇领导的塞尔维亚进步党获得压倒性胜利，获得塞尔维亚议会250席中的150席，确立了议会第一大党地位。在2020年举行的塞尔维亚议会大选中，现任总统武契奇领导的进步党更是获得了超过60%的选票，以极大的优势赢得本次议会大选，在议会中占有189个席位，远远超过了其他政党拥有席位的总和。

（2）民主党（Democratic Party）

民主党是塞尔维亚老牌政党，前身为20世纪初成立的独立激进党，1919年改名为民主党，1945年被取缔。1989年11月，南斯拉夫13名知识分子决定恢复民主党。1990年，米曲诺维奇（Slobodan Milošević）、金吉奇（Zoran Djindjic）、科什图尼察（Vojislav Koštunica）等人重建了民主党，并于2月3日召开正式成立大会。该党主张保障议会民主、法治和人权自由，约有10万名党员。米洛舍维奇在位时期，民主党是国内最主要的反对党，其创始人之一金吉奇一直是当年南联盟国内“倒米”的领袖，后出任塞尔维亚总理，2003年遭暗杀身亡。随后塔迪奇（Boris Tadić）接任党主席一职，并成为塞国内亲西方自由派政党的旗帜性人物。1992年，持强硬路线的科什图尼察退党，成立了塞尔维亚民主党。长期活跃在塞尔维亚舞台上的 G17+（后来改称塞尔维亚统一地区）、自由民主党，均与民主党有渊源。民主党是社会党国际的正式成员。

（3）塞尔维亚民主党（Democratic Party of Serbia）

塞尔维亚民主党成立于1992年，由民主党分裂产生，约有8万名党员。该党致力于建立一个与塞尔维亚民族地位相称的国家，主张改革经济体制和实行私有化。在1993年举行的塞尔维亚议会选举中，该党坚持极右翼路线，赢得5.1%的选票，取得7席，并加入塞尔维亚社会党领导的政府。南联盟时期，该党认为南不能与全世界对抗，但在涉及南人民利益的原则上不应让步。该党首任党主席为沃伊斯拉夫·科什图尼察，2000年10月至2003年2月任南联盟最后一任总统，2004年3月任塞尔维亚共和国总理，2008年3月8日宣布辞职。

（4）塞尔维亚社会党（Socialist Party of Serbia）

塞尔维亚社会党成立于1990年7月16日，由原塞尔维亚共产主义者联盟（League of Communists of Serbia）和塞尔维亚劳动人民社会主义联盟（Socialist Alliance of the Working People of Serbia）合并而成，约有50万名党员。1990年起，该党一直在南联盟和塞尔维亚共和国执政，在2000年南联盟塞尔维亚共和国议会选举中败北，成为在野党。在2014年3月塞尔维亚议会选举中，“塞社会党、塞退休者联盟党（Party of United Pensioners of Serbia）、统一塞尔维亚党（United Serbia）”联盟获得44席，社会党与塞尔维亚进步党等6党组成联合政府。该党主张实行民主社会主义、联邦制的南斯拉夫，建立现代法治国家和经济发达、文化繁荣的塞尔维亚。2020年10月22日，塞尔维亚议会对新一届议长和副议长等职位进行投票表决，226票中，225票赞成、1票反对，塞尔维亚社会党主席伊维察·达契奇（Ivica Dačić）正式当选为新一届议长，任期为4年。2014年4月以来，伊维察·达契奇一直担任第一副总理兼外交部长。

（5）塞尔维亚激进党（Serbian Radical Party）

塞尔维亚激进党成立于1991年2月23日，由塞尔维亚切特尼克运动（Serbian Chetnik Movement）和人民激进党（People’s Radical Party）（创立于1990年代，并非尼古拉·帕希奇（Nikola Pašić）的人民激进党）联合组成，约有19万党员，主要由工人、农民、家庭妇女、职员等组成。该党主张多党制，私有化和民主化，主张建立大塞尔维亚国家。1998年3月，首次进入塞尔维亚共和国政府，成为塞联合执政党之一。在2000年9月塞尔维亚议会选举中失利，成为在野党。2003年，由被关押在海牙斯弗海宁恩（Scheveningen）监狱的战犯嫌疑人沃伊斯拉夫·舍舍利（Vojislav Šešelj）领导的、具有极端民族主义倾向的塞尔维亚激进党以较大的优势领先于受到西方支持的执政的民主党，并成为议会第一大党，舍舍利本人也当选为议员。2007 年 1 月 21 日，塞尔维亚举行独立后的首次议会选举，塞尔维亚激进党在议会 250 个席位中获得 81 席，继续排在各党派首位。此外，设在荷兰海牙的联合国前南斯拉夫问题国际刑事法庭（前南刑庭）于 2016 年 3 月 31 日对塞尔维亚激进党主席沃伊斯拉夫·舍舍利做出无罪判决，宣布他被指控的反人类罪和战争罪罪名不成立。

1.2.3 国家元首

从 1989 年以来，塞尔维亚总统成为事实上的南斯拉夫联盟共和国的国家元首和领导人。2006 年 11 月 8 日颁布的新宪法规定，塞尔维亚总统是塞尔维亚的国家元首和武装力量最高统帅。

由于实行议会制，所以在名义上，塞尔维亚总统的职权很小，基本上是一个礼仪性的虚位元首。根据宪法，总统通过直选产生，任期为 5 年，可以连任一次。新宪法第 5 章第 112 条，详细列举了总统的七大职权：第一，对内、对外代表国家；第二，根据宪法，颁布法律；第三，向议会推荐总理的人选；第四，向议会推荐其他重要官职的人选；第五，根据政府的建议，任命或者罢免驻外大使；第六，接受或者撤销外国大使的国书；第七，发布特赦令，授予国家荣誉。另外，塞尔维亚总统是军队的总司令，负责指挥军队，以及任命、提拔和解除塞尔维亚军队中军官的职务。当国家处于战争状态的时候，总统的任期可以延长，直到战争结束 3 个月后。可见，虽然塞尔维亚总统在军事和外交方面拥有一定自主权，但并不可以直接领导政府，因此如果没有战争，总统权力十分有限。

根据塞尔维亚宪法，国民议会是国家最高的权力机构，采用“比例代表制”选举议员。也就是说，政党在议会中的席位数量，根据该党在选举中获得的比例进行分配。国民议会的所有决定都是相对多数制，超过半数议员赞成就能通过。但是，修改宪法需要三分之二以上议员的同意。在名义上，塞尔维亚总理的人选由总统推荐给议会。实际上，总理由议会的多数党推举产生，其他内阁高官亦是如此。与其他实行议会制的国家一样，塞尔维亚总理负责领导政府，制定国家的大政方针，是塞尔维亚国内外政策的真正主宰者。

总的来说，按照塞尔维亚在 2006 年所制定的宪法，总统虽然拥有最高的地位，但手中无权，只是一个礼仪性的虚位元首；不过，在近几年的实践中，塞尔维亚总统凭借自身的影响力，掌握了更多的权力，且是直选产生，影响力较总理更大。因此，从表面上看，塞尔维亚是一个议会制的国家，但在实际上，更接近于一个半总统制的国家，类似于法国、乌克兰和俄罗斯。

1.2.4 军事安全

塞尔维亚军队是2006年6月塞尔维亚和黑山解体后，在原塞黑军队的基础上组建而成的。建军节为4月23日。总统为武装力量最高统帅，国防部为武装力量军事领导机构。总参谋部为武装力量军事指挥机构。塞尔维亚曾实行合同兵役制和义务兵役制相结合的兵役制度，年满18岁的公民有义务服役，义务兵服役期限为6个月，2010年义务兵役制取消。合同兵服役期限为3年，期满后视情况续签。所有服过兵役的公民被纳入预备役。截至2019年底，塞军队总兵力约2.8万人。2016年国防预算约4.73亿欧元，约占塞GDP的1.4%。

铁托于1980年逝世后，民族矛盾开始激化，最终导致了南斯拉夫在20世纪90年代初期解体。南斯拉夫的六个加盟共和国中的四个先后宣布独立。1992年之后，剩下塞尔维亚和黑山两国，重组成立南斯拉夫联盟共和国。1999年，塞尔维亚共和军在科索沃战争中遭到北约的轰炸，战争以国际社会接管科索沃告终。塞尔维亚此后军事受到西方围堵，武器只能以俄式武器为主。2006年，塞尔维亚继承塞黑所有“政治遗产”，包括国际权利和义务以及在联合国的席位。但黑山的脱离使塞尔维亚变为一个纯粹的内陆国家，旅游、出口都受到一定影响，对海军的影响尤其“致命”。在全盛时期，塞黑海军拥有80艘战舰，黑山的独立不会让塞尔维亚的战舰减少太多，但却使后者失去了所有的海港和海军基地，现主要负责对域内河流的巡逻。

（1）与北约的关系

1999年3月24日，以美国为首的北约未经联合国批准，对南斯拉夫联盟进行了空袭。原因是美国指责南斯拉夫政府因科索沃要求独立而杀死了科索沃少数民族。该轰炸从3月24日起一直持续到6月10日，南联盟众多的军事设施和民用设施遭到了袭击，约有2.5万人死亡，13万人受伤，而这其中大多数是平民。大轰炸的后果则是，南联盟总统米洛舍维奇被国内的反对派送上了海牙国际法庭，南斯拉夫联盟共和国也分为塞尔维亚共和国和黑山共和国。

欧洲事务研究所（Institute of International and European Affairs）2018年3月24日进行的民调结果显示，84%的塞尔维亚公民反对加入北约，所以塞尔维亚不加入北约是民意所向。塞尔维亚与北约之间有不可化解的矛盾，如果塞尔维亚要加入北约，首先必须要解决好科索沃问题，那就是承认科索沃独立，这也是塞尔维亚加入欧盟的首要条件。如果塞尔维亚拒绝承认科索沃独立，那么北约和欧盟都不可能接受塞尔维亚加入。

但放眼整个巴尔干半岛，各国均纷纷加入北约，而塞尔维亚这些年也在加强同北约的合作。例如，在2006年，塞尔维亚加入北约“和平伙伴关系”(Partnership for Peace）计划，2018年10月，塞尔维亚同北约38个成员国及其伙伴国进行了代号为“塞尔维亚2018”的灾难应急响应演练活动等。这也说明了塞尔维亚一直在寻求与北约和俄罗斯关系的平衡，而在复杂的地缘政治、军事安全和经济状况下，保持军事中立原则无疑将使塞尔维亚受益最大。

（2）与俄罗斯的关系

俄罗斯和塞尔维亚是传统盟友，都主要信奉东正教，这为两国之间更紧密的关系奠定了基础。在俄罗斯帝国和苏联时期，俄罗斯与奥斯曼帝国进行了十次重大战争，以进入黑海。在巴尔干战役中，俄罗斯支持塞尔维亚获得独立。此外，为了能够从巴尔干向南前往地中海，俄罗斯长期以来一直为塞尔维亚和其他巴尔干国家提供支持。在科索沃问题上，俄罗斯也是塞尔维亚的坚定支持者。俄罗斯不承认科索沃的独立地位，并支持塞尔维亚对科索沃的主权。如果塞尔维亚转向北约，塞尔维亚无疑将失去俄罗斯在科索沃问题上的支持，同时，俄罗斯也将失去在巴尔干半岛的唯一盟友，因此，俄罗斯将坚决反对塞尔维亚加入北约。

俄塞两军互访始于2011年。同年5月，塞武装力量总参谋长率军事代表团访俄。2012年8月，时任塞副总理兼国防部长武契奇访俄，讨论在塞生产俄式武器问题。同年9月，尼科利奇总统访俄，与普京（Vladimir Vladimirovich Putin）总统就两国军事合作达成共识。同年11月，罗戈津（Dmitry Rogozin）访塞，俄塞在议会层面建立了军事技术合作委员会，充分凸显了双方的战略互需。2013年5月，俄塞签署《战略伙伴声明》，其第4条第4款专门提到军事合作，特别强调俄塞军事合作具有长期性特征，为两国军事合作奠定重要法律基础。此后，两国军事合作进程明显加速。同月，塞武装力量总参谋长迪科维奇（Ljubiša DIKOVIĆ）上将率军事代表团访俄，两国决定共同培养军官并开展联合军演。同年11月，俄国防部长绍伊古（Sergey Kyzhyget oglu Shoygu）访塞，这是14年来俄防长首次访塞，双方签署《军事合作协定》，两国军事合作进入快速发展期。2015年10月，俄罗斯总统普京访塞期间签署了《军事技术合作协定》，成立政府间军事技术合作委员会。此后，俄塞联合军演机制化，两国每年都举行“斯拉夫兄弟”（БАРС）空军联合演习。同时，自2015年以来，塞军每年都参加俄军举办的国际军事大赛。在军购方面，俄罗斯也给予了塞尔维亚有力支持。2015年，俄国防出口公司与塞国防部签署两架“米－17B5”多用途直升机合同，2016年6月交付。2016年，塞时任总理武契奇访俄期间签署购俄“山毛榉”（BUK-M1）防空导弹系统、

6架“米格－29”战斗机协议，2017年10月交付。2016年，俄罗斯赠送塞尔维亚30辆“T－72C”坦克和30辆“БРДМ－2”装甲侦察战车。2017年，俄承诺向塞提供30辆“T－72Б3”坦克，2018年5月交付。

但不可否认，迫于强大的亲俄舆论压力以及科索沃挤压效应，塞俄间依然存在战略互信问题。无论是前任的尼科利奇总统还是现任的武契奇总统，在与欧俄领导人会谈时都会强调塞尔维亚“入盟拒约”的军事中立立场，如果将来塞尔维亚加入欧盟，塞尔维亚国家利益的天平似乎也会向北约倾斜，俄塞军事关系可能因此发生变化。

（3）与欧洲安全与合作组织的关系

欧洲安全与合作组织简称“欧安组织”（Organization for Security and Co-operation in Europe，OSCE），其前身是1975年成立的欧洲安全与合作会议（欧安会，Conference on Security and Cooperation in Europe），1995年1月1日改名为欧安组织。它包括欧洲国家、苏联解体后的国家以及美国、加拿大、蒙古国，是世界上唯一的包括所有欧洲国家在内并将它们与北美洲联系到一起的安全机构，是世界上最大的区域性组织。该组织主要使命是为成员国就欧洲事务特别是安全事务进行磋商提供平台。欧安组织只有在所有成员国达成一致的情况下才能起作用，其决定对成员国也只具有政治效力而没有法律效力。欧安组织共有成员国57个（截止2012年11月），总部设在奥地利的维也纳，每两年举行一次首脑会议，每年举行一次外长会议。

1992年，南斯拉夫被终止欧安组织成员国资格。2000年11月，以南联盟名称恢复。2006年，塞尔维亚和黑山解体，塞尔维亚以独立国家身份加入欧安组织。

（4）与东南欧合作进程的关系

东南欧合作进程（The Southeast European Cooperation Process，SEECP）是一个地区合作组织，始于1988年在贝尔格莱德举行的巴尔干国家外长会议，当时称“巴尔干国家合作倡议”，于1996年在保加利亚首都索非亚成立，旨在加强巴尔干地区国家合作、确保地区稳定、促进地区经济发展。2007年9月14日，东南欧合作进程地区合作理事会（Regional Cooperation Council of the Southeast European Cooperation Process）在保加利亚成立。阿尔巴尼亚、波黑、保加利亚、希腊、北马其顿、罗马尼亚、土耳其、塞尔维亚、克罗地亚、摩尔多瓦、黑山、斯洛文尼亚等巴尔干地区12国是这一组织的成员国。2011年至2012年，塞尔维亚为该组织轮值主席国。

（5）与中国的关系

中国与塞尔维亚军事领域合作源远流长。早在20世纪40年代，中国人民便同南斯拉夫人民在东西方战场英勇抗击法西斯侵略，实现了民族解放和自由。2018年11月5日，中国和塞尔维亚签署了一项两国国防部间的合作协议，作为中塞两军今后合作的基础。塞方非常重视两国在军事方面的合作，希望加强双方在军用经济部门的合作，特别是军队医药部门之间的合作，并不断促进两军在人员方面的交流。2021年3月26日上午，塞尔维亚总统武契奇在贝尔格莱德会见到访的中国国务委员兼国防部长魏凤和。塞方坚定支持中国政府在维护香港、台湾、新疆等核心利益问题上的立场，支持“一带一路”倡议。中国也完全支持塞方走独立自主道路。中塞军方领导一致希望双方能够进一步拓展军事交流与合作，推动两军关系深入发展，为捍卫各自国家主权、安全、发展利益发挥更加积极作用。

1.2.5 外交

在外交方面，塞尔维亚一直奉行东西兼顾的“两扇门”的外交政策，预计塞尔维亚新政府会进一步维持这一政策，加强同欧盟、俄罗斯、美国及中国的关系。为了应对世界新变化，塞尔维亚需要维持与上述四方的关系，形成塞尔维亚外交的四个支柱——即西方的欧美和东方的俄中。

塞尔维亚和俄罗斯有着特殊关系，它们的关系可以回溯到几个世纪之前，拥有近1 000年的斯拉夫共同历史、东正教传统、相似的文明以及长期的互相支持。近些年来，俄罗斯更是一直积极支持塞尔维亚捍卫领土主权的努力，尤其是科索沃问题上，俄坚决站在塞尔维亚一边。长久以来，塞精英阶层认为塞俄彼此互相依赖是塞尔维亚得以存在的一种保障。2006年以来，俄塞关系稳步升温。2013年两国签署战略伙伴协议后，双方在能源、铁路、军事领域的合作突飞猛进，这些领域都具有长期性、战略性、拉动作用强、合作深广的特点，对凝聚两国民心具有重要作用。在人文交流方面，2009年，俄塞免签协定生效，有力推动双边旅游业发展；2014年11月，莫斯科及全俄大牧首基里尔（俄语：Кири́лл）历史性访问塞尔维亚，巩固两国宗教联系；2014年始，塞尔维亚每年举办“俄罗斯精神文化日”，增进两国民众互相理解。2015年11月的塞尔维亚民调显示，最符合塞尔维亚利益的国家依次是俄罗斯63%、欧盟12%、德国9%、中国7%、美国3%、土耳其1%，塞尔维亚民众对俄罗斯的好感可见一斑。2017年6月，塞尔维亚政府宣布成立“与俄罗斯和中国合作国家委员会”，前总统尼科利奇担任该委员会主席。虽然从长期来看，一旦塞尔维亚加入欧盟，俄美关系改善，且随着时间推移，新一代塞尔维亚人“恨约”心理逐渐消退，俄塞关系的不确定性也会增加，但俄罗斯是传统战略强国，且塞尔维亚融入西方进程仍很漫长，预计在利益的权衡以及各方关系的协调下，塞尔维亚与俄罗斯仍会是“最亲密的伙伴”，双方合作关系也将继续迈上新台阶。

从对美关系来看，苏联解体后，整个欧洲局势进行了“大洗牌”，很多苏东剧变后的国家倒向美国，如波罗的海三国、波兰，已经成为美国打压俄罗斯的重要盟友。在东欧地区，大部分国家对俄罗斯也带有偏见，他们宁愿跟在美国后边，也不愿与俄罗斯交好。塞尔维亚却是东欧国家的一个特例。塞尔维亚曾是南斯拉夫的一部分，但因东欧剧变、科索沃战争，南斯拉夫一分为七，而主导这一切的就是美国，因此，从民族情感上来说，塞尔维亚人对美国没有好感。但塞尔维亚地处政治、经济、军事、文化等关系都十分复杂的巴尔干地区，塞尔维亚想要在这如此复杂的环境下生存下来，就不得不顾忌在巴尔干地区拥有极强影响力的美国。塞尔维亚总理布尔纳比奇 2121 年初在接受媒体采访时曾表示：“塞尔维亚的愿望是与美国建立更良好关系，塞政府将努力做到这一点。”可见，即使塞尔维亚与美国在历史上曾有过节，但在敌对势力环伺和美国施压的背景下，塞尔维亚仍视美国为其外交关系中最重要的国家之一。

塞尔维亚在外交方面具有亲欧倾向，尽管塞国内由于欧洲经济走势不明朗、难民危机等因素产生了相对的“疑欧主义”，但加入欧盟，仍是其政府外交的重要任务。身为南欧国家，并为了发展国内经济，塞尔维亚很早就开始寻求加入欧盟，由于入欧盟后的塞尔维亚可以方便地和各个成员国签订投资和贸易协定，打通和整个欧洲的贸易通道，享受欧盟成员国的补贴和优惠，还可以借道欧盟成员国港口与海外国家交流，弥补塞尔维亚自己没有出海口的缺陷，虽然无法保证一定能促使该国大力发展国内经济，但至少会带给塞尔维亚巨大的发展空间和机会。但欧盟一直在对该国加入设立门槛，其中最让塞尔维亚无法接受的就是承认科索沃独立。塞尔维亚此前曾多次拒绝过欧盟和美国关于承认科索沃独立的要求，虽然在欧盟的斡旋下，塞尔维亚与科索沃于 2013 年 4 月达成一致，走向“关系正常化”，但塞政府仍坚定反对科索沃独立，因此，塞尔维亚直到今天也没有加入欧盟。近来，塞尔维亚再次谈起加入欧盟事宜，总统武契奇于 2021 年 5 月 31 日在电视采访中宣称塞尔维亚决心积极地加入欧盟，但同时强调“塞尔维亚在军事上中立，不会加入北约等军事联盟组织，不会效仿其他欧洲国家对中国和俄罗斯实施制裁”。从表态来看，塞尔维亚入盟的事宜可能已经取得了一定进展，并且将平衡欧盟、俄罗斯和中国之间关系作为其外交的基本政策。塞尔维亚深知自己绝不可能成为欧盟的核心成员国以享受到最多的利益，因此执行多向政策，保持与所有势力的合作，尽可能平衡自己不倾向于任何一国才能为本国赢得最多的发展空间。

中塞传统友谊深厚，双方的战略合作伙伴关系也不断深化。1955 年 1 月 2 日，南斯拉夫与中国建交。2006 年 6 月 14 日，外交部欧洲司司长孔泉约见塞尔维亚共和国驻华大使乌多维契基（Miomir Udovicki），通知塞方自即日起，中华人民共和国驻塞尔维亚和黑山特命全权大使转任中华人民共和国驻塞尔维亚共和国特命全权大使，中华人民共和国驻塞尔维亚和黑山大使馆更名为中华人民共和国驻塞尔维亚共和国大使馆。2009 年，中塞宣布建立战略伙伴关系。2013 年，中塞两国元首共同签署《中华人民共和国和塞尔维亚共和国关于深化战略伙伴关系的联合声明》。2016 年，中塞两国元首共同签署《中华人民共和国和塞尔维亚共和国关于建立全面战略伙伴关系的联合声明》，塞尔维亚也成为了中国在中东欧地区首个建立全面战略伙伴关系的国家。作为巴干地区的重要国家，塞尔维亚是中欧陆海快线建设中的重要一环，也是中国—中东欧国家合作框架下的重要支点国家。由于塞尔维亚尚未加入欧盟，且欧洲经济仍处在复苏中，中国资本在塞尔维亚有了大展身手的机会。通过加强同塞尔维亚的多方面合作，不仅能进一步巩固中塞关系，也有助于推动中欧务实合作。塞尔维亚前进党历来对华友好，武契奇政府高度重视发展对华关系，将中国视为其在东方的传统友好伙伴，随着匈塞铁路（Hungary-Serbia Railway）、科斯托拉茨（Kostolac）电站的建设及斯梅德雷沃钢厂的收购，双方交往也进一步向深层次发展。与此同时，塞在人权、南海、产能合作和市场经济地位等问题上了解中国立场，支持中国利益。这在部分欧盟成员国针对上述问题释放出对华不利姿态的背景下，塞尔维亚的立场尤显珍贵。塞尔维亚在涉台、涉疆和涉藏等问题上也坚决维护中国立场，为中国捍卫国家主权提供了有力支持。自新冠疫情发生以来，中塞双方守望相助、患难与共，在中国疫情形势紧张之时，塞尔维亚主动伸出援手，为中国的抗疫工作提供物质及精神上的帮助与支持；在塞尔维亚防疫面临挑战的时刻，中国也迅速调集力量，与塞方分享抗疫信息，提供人力、科技以及物资援助，携手共筑抗疫防线，为拉紧中塞情感纽带、加深相互信赖凝聚了强大正能量，中塞全面战略伙伴关系得到了深化和升华。总体而言，中塞双方均十分重视同对方关系的发展，并将对方视为真诚伙伴，未来，双方仍会保持高水平的政治互信和良性互动，中塞关系也将达到新的高度。

1.2.6 国内政治现状

（1）塞尔维亚进步党“一家独大”，但执政压力悄然增加

2000年10月5日，经过所谓“推土机革命”，米洛舍维奇领导的社会党当局被推翻，塞尔维亚逐渐建立起多党议会制的政治体制。2008年，以托米斯夫·尼科利奇为首的21名议员对所在的塞尔维亚激进党的发展方向不满，脱党成立了名为“塞尔维亚进步”的议会小组。2008年10月21日，该党举行第一次代表大会，正式建党。2012年，在塞尔维亚总统选举中，进步党领导人托米斯拉夫·尼科利奇以49.54%的得票率赢得选举，当选塞尔维亚总统，长期执政的民主党遭受重创，总统候选人鲍里斯·塔迪奇（Boris Tadić）竞选连任失利，该党随后被排除在新政府之外。在同一天举行的国会选举中，以进步党为首的“让塞尔维亚进步”取得73议席；以民主党为首的“选择更好的生活”获67席；塞尔维亚社会党—塞尔维亚统一退休者党—统一塞尔维亚党获44席（三党联盟得票率为14.5%，社会党、统一退休者党和统一塞尔维亚党的席位分别是25、12和7）；塞尔维亚民主党获21席；以自由民主党为首的“转向”获19席；塞尔维亚统一地区16席；其他席位被小党获得。自此，塞尔维亚进步党成为国会最大党派，塞政坛“一家独大”局面就此逐步形成。

尼科利奇当选总统后，按照竞选承诺辞去进步党主席职务，由时任副主席武契奇代理。作为第一副总理兼国防部长，武契奇在政府中分管反腐败，迅速赢得了民众支持。当时，进步党一些高官一再声称改组政府，甚至要求让武契奇担任总理。2014年1月25日的进步党特别选举大会上，武契奇再次当选主席，并首次提出提前选举。1月29日，总统尼科利奇决定解散议会，并于3月16日举行大选。为节约经费和提高效率，大选与贝尔格莱德地方选举同一天举行。大选顺利举行，进步党联盟获得48.4%的选票和158个席位，取得了压倒性胜利。4月22日，总统尼科利奇授权武契奇组建政府，进步党四位副主席出任要职：佐拉娜·米哈伊洛维奇（Zorana Mihajlović）任副总理兼任建设、交通和基础设施部部长，尼科拉·塞拉科维奇（Nikola Selaković）任司法部长，奈博伊沙·斯特法诺维奇（Nebojša Stefanović）任内政部长，布拉蒂斯拉夫·加希奇（Bratislav Gasic）任国防部长，而武契奇作为总理和最大政党领导人，成为新政府中毫无争议的灵魂人物。

武契奇认为，尽管进步党赢得选举的决定性胜利，但是不应骄傲，因为塞尔维亚正处在极度困难时期，应团结一切力量，致力于经济复苏与建立现代化的塞尔维亚。在经济方面，武契奇以经济改革、发展私有化以及削减财政赤字为重点。

通过网上政府、简化行政审批等方式，争取投资环境的改善；停止政府对153家国有企业的巨额补贴，并将塞尔维亚电信、天然气、铁路等公司进行私有化，从而缓解国家财政压力；对私营企业实施减税等优惠政策，通过减轻私营企业负担，进一步激发市场活力。虽然在2014年受极端气候灾害影响，塞尔维亚经济出现负增长，但随着政府全面改革的不断深入，塞尔维亚经济重新迈入健康发展轨道。

积极的经济改革行动使得进步党获得了民众的青睐。2016年4月24日，塞尔维亚提前举行议会大选，以武契奇为党首的塞尔维亚进步党再次获得压倒性胜利，以48.23%的选票获得议会250个席位中的131席，“一党独大”的局面在塞尔维亚得以巩固，进步党依旧在决策体系中处于支配地位。

在2017年举行的塞尔维亚总统选举中，武契奇凭借55.06%的得票率，以大幅优势胜出。在2020年举行的塞尔维亚国会选举中，武契奇领导的进步党赢得超过60%的选票，锁定胜利。此次选举一共得到了来自全国的330万张选票，而武契奇所在的党派得到了其中的200多万张。舆论认为，此次武契奇能够得以连任，与其在疫情中的明智抉择与卓越的领导能力密切相关。2022年4月，塞尔维亚同时举行总统、议会和地方“三合一选举”。进步党主席、现总统武契奇在首轮选举中获胜，蝉联总统；以进步党为首的党派联盟在议会选举中虽未获得过半议席，但仍为第一大党，实现自2012年以来的五连胜；进步党在地方选举中总体表现不俗，但在首都市政选举中未获过半议席。

总体而言，从2012年当选进步党主席、2014年出任总理到2017年就职总统，武契奇充分展现出勤奋、睿智、廉洁的正面形象，在涉及国家利益的原则问题上毫不妥协，也能从容应对一些批评与质疑。正如他在选举中所言，一切须用事实说话，以实际行动证明。同时，进步党在发展经济、改善民生以及抗击新冠疫情上均取得较好成果，塞尔维亚民众普遍有获得感，生活幸福指数不断提高，因此，进步党稳稳占据议会政党第一的位置也很好地体现了塞大众的心声。但不可否认，受当前复杂的地区乃至国际时局影响，进步党执政压力已显著增多。例如，自2018年底以来，塞尔维亚反对派频频寻衅滋事，定期组织“五百万分之一”抗议集会干扰政治秩序。2020年议会选举结束后不久，反对派以疫情限制措施不合理为由，组织塞尔维亚近十年来规模最大、后果最为严重的系列暴力抗议行动，其目的就是推翻武契奇政权、引发内乱。可见，进步党维持执政联盟的成本正在上升，而如何兑现竞选承诺，使塞尔维亚经济社会发展取得更大成就，特别是实现“塞尔维亚2025纲领”（Serbia 2025）目标，也是进步党政府面临的一大考验。

（2）塞尔维亚转型亦面临挑战

作为南联盟的主要继承者，塞尔维亚自 2000 年以来便开始寻求国内政治、经济等方面的转型调整，但其独特的历史、地理和社会发展状况等因素使塞转型进程步履维艰，从被寄予厚望的“巴尔干之虎”，一度成为中东欧地区相对落后的国家。近年来，塞尔维亚转型虽有进展，但从目前看，成效依旧有限，转型任重道远。

在经济方面，塞尔维亚曾经历过多次衰退。2009 年，受国际金融危机和欧债危机影响，塞尔维亚 GDP 缩减 3.1%；2012 年再次衰退 1%；2014 年，塞遭遇百年一遇的洪涝灾害，GDP 下滑 1.8%。虽然塞经济衰退通常受国际经济大环境以及天灾因素的影响，但亦暴露出塞经济改革顾此失彼、经济结构脆弱的问题。

在政治方面，塞尔维亚曾多次经历国家裂变，加上处于社会转型初期，其国内政党在国家发展方向以及经济改革等问题上存在分歧，在一定程度上加剧了执政党的政策执行压力。塞尔维亚想要持续推进改革，势必会触动部分群体的利益，特别是在削减社会福利和工资待遇方面，极易引发社会抗议，并影响政府支持率，使政府左右为难。如塞前财政部长克尔斯蒂奇（Lazar Krstić）曾主张激进改革，建议削减2%的退休金、15%的行政部门工资、提高30%电价，结果遭到激烈反对而被迫辞职；2014 年 7 月，政府修改《劳工法》，工会与反对党因此组织了抗议示威。

在社会方面，塞尔维亚在推行大规模私有化的过程中，贫富差距被进一步拉大，腐败现象横生。根据欧盟统计局（Eurostat）2021 年发布的地区年鉴显示，塞多数地区属贫困地区。在塞不足千万的人口中，有超过 300 万公民生活在贫困边缘，而根据世界银行数据显示，塞尔维亚基尼系数在 2015 年曾高达 40.5，虽然 2019 年已降至 34.5，但根据塞民间组织“SeConS 发展倡议小组”于 2021 年发布的一项关于新冠肺炎疫情对塞贫困人口影响的研究结果，塞贫富差距在疫情中正在加大，尽管塞政府增加了最贫穷人口的收入，使得近年来塞贫困率有所下降，但官方并没有透露，最富有人群收入增加得更多。

与此同时，腐败在塞尔维亚是仅次于贫困的又一挑战。塞尔维亚政府在 2013 年至 2018 年国家反腐败战略中承认，腐败存在于这个国家社会生活的各个领域。2014 年，欧洲复兴开发银行（European Bank for Reconstruction and Development，EBRD）发布的一份报告中指出，腐败是在塞尔维亚进行商贸活动的第三大障碍。2013 年 12 月，联合国开发计划署（UNDP）和塞尔维亚非政府组织 CESID 对塞尔维亚 600 位民众进行调查，超过 70%的人认为腐败是公共部门“非常严重的问题”。政党、卫生保健、警察局、海关和城市管理局被视为最腐败的五大机构，问题的主要原因是政府机构失职、法律不健全和社会风气不良等。面对腐败的现实，在塞尔维亚时任总理武契奇的重视和支持下，塞内务部对官员腐败和经济领域犯罪的调查和打击力度不断加大。在反腐败制度建设方面，塞尔维亚也取得了不少成果。例如，塞政府出台了国家反腐战略五年行动计划，这成为塞各执法部门重要而具体的反腐指导手册；为打击公共采购领域中普遍存在的腐败行为，塞尔维亚通过了新版《公共采购法》，除了细化采购环节、内容和标准，以及执行更严格的要求外，还专门设置了防腐条款，大幅减少了公共采购过程中的特殊情况，以防止权力部门及个人钻法律漏洞，牟取私利。

1.3 塞尔维亚经济概况

1.3.1 经济发展史

一战后，塞尔维亚加入南斯拉夫王国，二战后，塞尔维亚成为“南斯拉夫联邦人民共和国”的六个共和国之一，另外五个共和国分别是斯洛文尼亚、克罗地亚、波斯尼亚和黑塞哥维那、马其顿、黑山，同时还有两个自治省：科索沃与伏伊伏丁那（1999 年爆发了科索沃战争，战争结束后，科索沃由联合国托管）。

1945 年，南斯拉夫取得反法西斯战争的胜利获得解放，宣布成立南斯拉夫联邦人民共和国，铁托任主席。以铁托为首的南斯拉夫共产党着力解决南斯拉夫经济发展问题和民族矛盾，建立了类似苏联模式的高度集中的经济政治体制。但这种体制严重地抑制了经济规律的作用和市场机制的发挥，问题和弊端也日渐凸显，主要表现为企业缺乏自主权、工人没有生产积极性等。

在国际上，由于苏联和南斯拉夫在战后双边及国际等一系列问题上出现了巨大的分歧，双方冲突不断。1948 年，在南斯拉夫缺席的情况下，苏联宣布将南斯拉夫共产党开除出欧洲九国共产党和工人党情报局，不仅在政治上孤立南斯拉夫，而且还采取经济上严厉封锁、军事上威胁等措施，这使得双方矛盾雪上加霜。情报局事件以后，苏联和其他东欧国家撕毁合同、压缩贸易，中断了南斯拉夫经济建设急需的各种机械设备和原材料的供应。苏联东欧国家联合对南斯拉夫实行的经济封锁，给南斯拉夫造成的直接经济损失达 4.29 亿美元①。

---

① 沈志华．论 1948 年苏南冲突的结果——南斯拉夫是如何走上独立道路的？[J]．世界历史，1999（05）：13－24.

由于高度集中的经济政治体制并不能适应南斯拉夫的联邦体制，加之严峻的国际形势，以铁托为首的南斯拉夫共产党人最终下定决心，开始探索一种不同于苏联模式的社会主义。正如铁托在南共联盟第十次代表大会上所指出的："在目前条件下，我们必须真正尊重市场和市场规律，包括国际市场行情。因为市场和市场规律是发展的协调者。但是，我们不能让我国的整个发展，尤其是发展的关键问题放任自流。我们尊重生产的客观可能性、需要和规律的同时，必须通过在自治基础上制定的计划指导发展，协调社会再生产中的基本关系。①"

自此，南斯拉夫开始了对于自治经济模式的探索，而自治经济改革大概可分为以下三个阶段。

（1）第一阶段（20 世纪 50 年代到 60 年代中期）：企业自治改革

南斯拉夫从 20 世纪 50 年代初开始扩大企业自主权。1950 年 6 月 26 日，南斯拉夫联邦议会通过《关于劳动集体管理国营企业和高级经济联合组织的法令》（即《工人委员会法》）。同年 7 月 22 日，联邦政府发布《选举工人委员会和管理委员会的指示》。工人委员会在全国各地的国营企业中迅速建立起来。在 7 月到 10 月的短短几十天中，已有 7 136 个企业建立了工人委员会，委员达到 155 166 人。一系列法令的出台使得企业管理体制发生了明显变化。一方面，企业等经济组织的所有权与经营权适当分开。企业的所有权属于社会共同体，经营管理权交给工人集体。工人成为企业的主人和生产的主体。另一方面，企业通过工人委员会的领导实现工人自治。工人委员会下设管理委员会，主要负责拟定企业的基本计划草案，制定月度执行计划，提出企业内部组织建议，保证企业正常经营，草拟关于企业劳动规则的条例，决定企业的行政人员任命事项，采取有关生产合理化、提高劳动生产率、降低生产成本的措施，确定劳动定额等。

1954 年，自治制度从工厂扩大到商业、旅游业、交通运输业、邮电业。工人委员会成为经济管理的组织形式。1957 年 6 月举行的工人委员会代表大会要求扩大企业的自治权，改变企业收入的形成和分配方式，更客观和长期地规定企业对社会的义务，发展工人直接管理的形式。由于生产资料由工人直接管理和使用，劳动直接和生产资料结合，所以雇佣关系不复存在，工资等资本主义雇佣劳动制度的经济关系已不符合南斯拉夫的自治经济制度。从而，南斯拉夫于 1958 年开始，全面实施"收入制度"。"收入制度"是指：企业的收入扣除物质消耗和法定缴款

① 铁托. 铁托选集［M］. 北京：人民出版社，1974—1980：46.

后，所剩部分可由企业自行分为经济发展基金、储备基金和消费基金，职工的收入分配条例，不再由国家统一规定，而由企业自行确定；个人消费品的按劳分配，改为按劳动成果分配。这些变化都用法律形成固定下来，并作为各企业统一的行动准则。

这一阶段改革取得的效果：经济在一定时期内取得了长足的进步。“1952 年—1961 年，南斯拉夫工业产值年均增长率 13.4%，农业产值年均增长率 6.1%，增长幅度在欧洲名列前茅”①，企业自主性的不断增强提升了工人的积极性，促进了经济发展，这也促使南共领导人坚定了进一步改革的信心。同时，南斯拉夫在繁荣的背后隐藏一个致命的“三高”问题，即高外贸赤字、高工资和高投资，这导致整个国家的外债不断累积，发展难以持续。

（2）第二阶段（20 世纪 60 年代初—70 年代初）：市场社会主义

这一阶段的改革是对前一阶段改革的调整和继续。通过这一阶段的改革使得南斯拉夫企业在一定程度上成为“独立的商品生产者”，而整个国家，也确实是具备了一定资本市场的雏形。

1961 年，南斯拉夫政府进一步扩大企业自主权，增加市场机制的作用，取消了对投资、外贸、价格的计划控制。1963 年，南斯拉夫联邦议会通过了第三部宪法，规定“工人自治”的形式不局限于工厂等生产单位，而是进一步扩大到各种社会事业单位以及除了党和军事机关以外的所有行政机关，这也被看成是其深化改革的主要举措之一。1965 年颁布的南斯拉夫《企业法》规定：每个企业都具有法人的性质，可以自主使用资金、独立经营、自我分配并且自负盈亏。与此同时，用自由的银行贷款来代替过去国家掌握的社会投资基金，这等于在投资领域引入了自由竞争。1967 年—1971 年，南斯拉夫相继三次推出宪法修正案，将联合劳动确定为新的社会经济体制。联合劳动是南斯拉夫创造的一种社会劳动组织形式，也是自治社会主义的重要组成部分。这些改革措施的实施进一步促进了南斯拉夫的经济发展，完善了自治经济制度，并很大程度上激发了群众的积极性，尽可能地挖掘了人民的创造性，客观上抵制了官僚主义体制，但弊端也逐渐显现出来：产权制度缺乏效率，市场发育不完善，各共和国代表组成的联邦政府过于注重共和国利益，而忽视联邦整体利益，投资盲目，发展失衡，而联邦政府的权力逐渐被削弱，由中央集权的统一政体逐步转变成四分五裂的多元体制，联邦政府逐渐失去了对经济的宏观调控能力，从而通货膨胀加剧，贫富差距拉大，人民

① 乔志忠. 铁托的建国之路——南斯拉夫社会主义自治制度得失谈［J］. 内蒙古师范大学学报（哲学社会科学版），2005（02）：65－69.

生活负担不断加重，民族矛盾激化，这些都成为南共领导人不得不面对且亟待解决的重要问题。

（3）第三阶段（20 世纪 70 年代初—80 年末）：契约社会主义

这一阶段，南共领导人开始通过社会计划对市场的自发性进行限制和调节。1974 年 2 月，南斯拉夫通过的新宪法规定，自治社会主义进入了新的阶段，并确定使用自治协议和社会契约对市场进行调节和控制。1976 年，正式通过《联合劳动法》，在经济建设范畴把联合劳动确立为新的社会经济组织原则，绝大多数企业为“联合劳动组织”所替代，并实现了“联合劳动组织”之间通过自治协议和社会契约进行协调。至此，以自治为核心的社会所有制占领了南斯拉夫的经济领域，其生产占到南斯拉夫生产总额的 80%以上。

这一阶段改革原本希望依靠自治协议、联合劳动和契约经济共同规范自治社会主义的经济发展，也确实起到了一定的作用，但由于“自治协议”和“社会契约”是出于联合劳动组织和社会政治共同体自身的利益考虑而签订的，所以在签订与执行过程中违背了客观的经济规律，打乱了计划对市场的调节作用，使市场在分散而不合理的协议下变得更加混乱，实际上造成既无计划又无市场的局面。

南斯拉夫在 20 世纪 90 年代初期解体。南斯拉夫的六个加盟共和国中的四个先后宣布独立。1992 年之后，剩下塞尔维亚和黑山两国，重组成立南斯拉夫联盟共和国。按照南斯拉夫分裂前的 1990 年社会产值计算，南联盟地区的经济占前南斯拉夫的 38%。在南联盟经济中，塞尔维亚共和国占 95%，黑山共和国占 5%。1991 年，南斯拉夫开始解体并发生武装冲突，各共和国经济因相互经济联系中断而遭受打击，经济出现大幅度下降。1992 年，南联盟正式成立后，又因波黑战争遭到国际社会的全面制裁和封锁，使经济加速下降，到 1993 年，南联盟的社会产值已比 1990 年下降 56%，比 1989 年的最高年份下降 60%。1993 年还出现了居世界历史上第二位的恶性通货膨胀，经济面临崩溃，人民生活水平急剧下降。

为了挽救国家经济，南联盟政府自 1994 年 1 月开始实施货币改革和经济恢复纲领。纲领规定的任务分三个阶段完成：第一阶段为期 6 个月，目标是将通货膨胀率降至个位，同时稳定货币和汇率，消除财政赤字。第二个阶段为 1994 年 7 月至 1996 年初，主要目标为经济结构调整和向市场经济过渡创造良好环境。第三个阶段是从预期解除制裁之日起到 2003 年底，目标是开始经济结构调整和向市场经济过渡。

第一阶段，南联盟政府采取了一系列非比寻常的经济措施，纲领的实施取得明显效果，新货币的汇率稳定，物价逐月回落，生产逐步恢复和回升，职工工资逐月增加。1994 年 3 月—12 月平均零售价格上涨率不到 1%，全年社会产值比上年增长 6%，工业增长 1.3%，农业增长 4%，商业增长 52.6%，旅游业增长 70%，其他部门增长 10%。但由于银行信贷超现实地过量发放与使用不当，使得第一阶段南联盟银行业陷入了困境，加之国际社会制裁尚未松动，第二阶段目标实现面临巨大阻力。虽然 1995 年 11 月代顿协议签订后，联合国安理会做出决议暂停对南联盟的制裁，使得改革促进经济有限回升，但并未达到预期目标。1995 年 12 月，南联盟政府通过了《1996 年经济政策》文件，即《经济纲领 2》，具体包括：对 1995 年经济政策及经济运行状况的评估，以及 1995 年 11 月通过的经济政策措施；1996 年经济政策构想和基本要求；宏观经济政策措施；各经济部门的发展政策；各部门经济政策的量化指标等。纲领的实施不仅对经济的恢复和增长起到了积极作用，而且明显改善了国家的外部环境。受制于国内大选的后遗症、过度增加货币投放量、科索沃地区的阿尔巴尼亚族骚乱、黑山独立倾向加剧以及西方国家的重新制裁和北约的军事威胁，南联盟经济于 1998 年遭受挫折。1999 年开始的北约轰炸，使南联盟经济再落低谷，几乎所有的重要经济设施均遭到严重破坏，近 100 万人沦为难民，50 多万工人因工厂被毁而失业，200 万人失去生活来源，经济损失高达 1 000 多亿美元。据南联盟官方统计，1999 年，该国人均国民收入仅为 900 美元，比轰炸前减少了近一半，不足 1990 年的三分之一。

进入 21 世纪，南联盟在积极重建的同时，还积极采取各种经济措施保障社会的稳定。南联盟议会于 2002 年 11 月通过了政府提议的《税收征收管理法》与一揽子减轻税负的有关法律的补充修正案，包括《企业所得税法》《居民所得税法》《流通税法》《消费税法》等，目的是创造良好的投资环境，扩大就业机会，增加家庭可支配收入，提高居民生活水平。同时，南联盟政府还制定了以“全盘自由化”为导向的转型方案，强调贸易自由化、宏观经济稳定和大规模私有化。

2002 年 3 月 14 日，南联盟领导人以及南联盟塞尔维亚和黑山两个共和国领导人在首都贝尔格莱德签署了两个共和国未来关系协议，欧盟促成塞尔维亚和黑山建立松散的国家共同体。2003 年，南联盟共和国议会通过《塞尔维亚和黑山宪章》，改国名为“塞尔维亚和黑山”；宪章还规定，3 年后，两个成员国有权通过全民公决，决定是否另立门户，分别成为独立国家。2005 年，世界银行年度报告《2006 年经济业务的代价》正式发表。该报告对全球 155 个国家的调查表明，2004 年在促进经济发展、增加就业岗位方面，塞尔维亚和黑山所做的改革力度最大，且最为成功。在 155 个国家排名中，塞黑为第 93 位；在该地区的 12 个经济转型国家中，塞黑高居首位。

2006年5月21日，黑山通过公民投票决定正式独立，6月3日黑山议会正式宣布独立，6月5日，塞尔维亚国会亦宣布独立并且成为塞尔维亚和黑山的法定继承国，塞尔维亚和黑山因而解散。塞尔维亚独立之初，受世纪之交的改革惯性影响，依然保持着较好的发展势头。2006年至2008年，塞尔维亚实际GDP增长率均超过5%，分别达到5.11%、6.44%以及5.66%。受国际金融危机的影响，塞尔维亚经济再次面临严峻挑战，其连续经济增长被打破，2009年，实际GDP缩减2.73%。经历了两年缓慢的经济复苏，受欧债危机的波及以及国内洪涝灾害影响，相较于2008年，塞尔维亚经济形势依旧不佳，2012年实际GDP缩减0.68%，2014年缩减1.59%。

这一时期，塞尔维亚农业生产及农副产品出口大幅度下降，人民生活必需品价格上涨，生活消费指数比欧洲某些发达国家还要高。根据塞尔维亚《百力滋生活报》的统计，德国公民用于食品的消费只占人均工资的9%，而塞尔维亚这一比例超过40%；德国人均月工资为2 000欧元，塞尔维亚仅为372欧元；德国1升牛奶的价格为0.50～0.70欧元，在塞尔维亚却需要花费0.83～0.93欧元。其他诸如巧克力、鸡蛋、食用油等食品价格均高于德国、法国和荷兰，其中食用油价格是法国和荷兰的3倍。针对这一问题，塞尔维亚政府宣布将通过法律条文，对面粉、食糖、食油、肉类、牛奶等基本食品实行价格限制，规定零售商在这些基本食品中的盈利必须控制在10%以内。这一时期经济的衰退虽然主要源于国际大环境及国内天灾的冲击，但亦暴露出塞尔维亚经济改革顾此失彼、经济结构依然脆弱的问题。与此同时，提高就业率是塞尔维亚面临的最紧迫问题之一。塞尔维亚失业问题主要是经济重组和转轨期间大量裁员所导致的。2006年，塞尔维亚失业率高达20%以上，虽然在2007年有所改善，但2009年后又陷入挣扎，2012年，塞尔维亚失业率甚至攀升至24%。事实上，塞尔维亚的就业政策目标是加强劳动力市场的灵活性，从而支持市场自由化和私有化进程，而非以保障就业为主要目的，保障就业在改革进程中仅居于从属地位，因此这一时期失业率居高不下是必然的。

在一系列改革措施的推动下，塞尔维亚经济于2015年开始加速发展。2015年—2021年，塞尔维亚GDP总体保持增长态势，以2015年不变价美元计算的实际GDP从396.56亿美元增至485.24亿美元，实际GDP年均增长率达5.6%。虽然在2020年全球新冠疫情的影响下，塞尔维亚实际GDP下降0.94%，但降幅远低于欧盟及欧元区整体水平，展现出了良好韧性。2022年初，俄乌冲突爆发，塞尔维亚受到了战争的牵连，经济面临新的巨大挑战。由于塞尔维亚对俄能源的高度依赖，因此，塞在此次乌克兰危机中拒绝追随美欧的态度，这在一定程度上减轻了塞能源与通胀压力，但塞尔维亚对欧洲，特别是对德国、意大利等大型经济体的进出口和投资的依赖是非常确定的，如果这些国家受能源供应影响而发生大规模生产中断，那么塞尔维亚也难以独善其身，未来塞经济复苏之路仍充满着极大的不确定性。

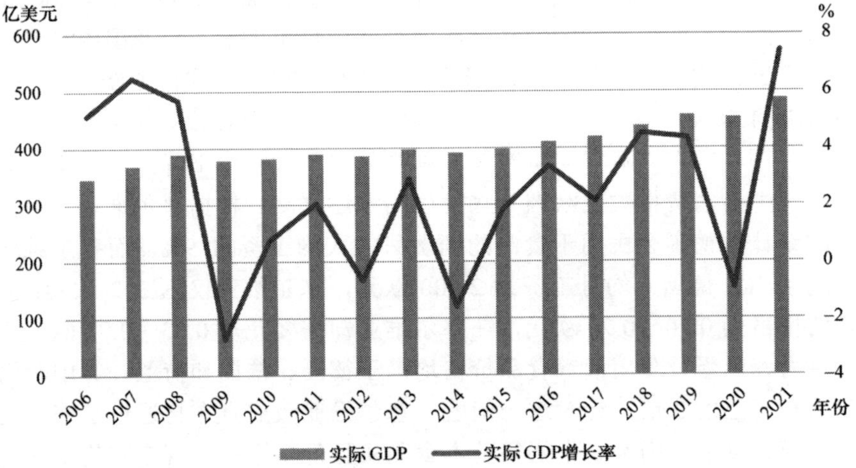

图 1－6　2006 年—2021 年塞尔维亚实际 GDP 和实际 GDP 增长率

注：实际 GDP 是指以 2015 年不变价美元计算的 GDP。

数据来源：World Bank。

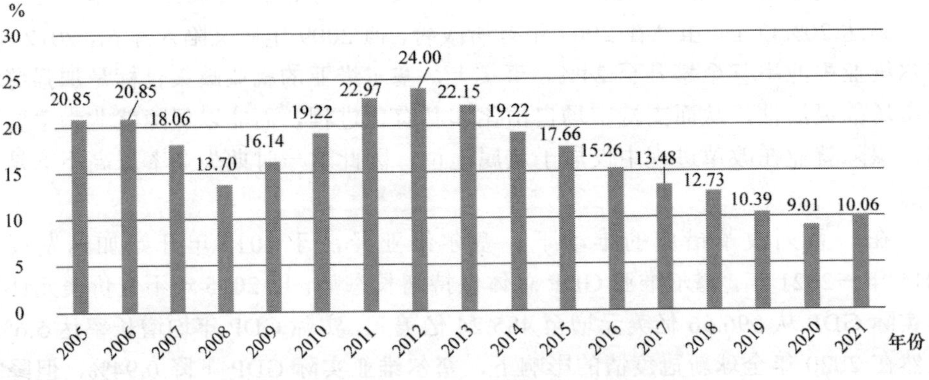

图 1－7　2005 年—2021 年塞尔维亚失业率

数据来源：World Bank。

1.3.2 农业发展情况

农业在塞尔维亚国民经济中长期扮演着重要角色，农业增加值占 GDP 的比重一直维持在 6%左右。2016 年，塞尔维亚农业开始恢复性增长，全年农业产值达 5 898.2 亿第纳尔[①]，同比上涨 10.3%，2017 年，塞农业产值稍有回落，但自 2018 年起继续保持快速增长，2021 年，塞全年农业产值达 7 243.4 亿第纳尔，创历史新高，且相较于 2017 年增长 33.2%，增幅显著。

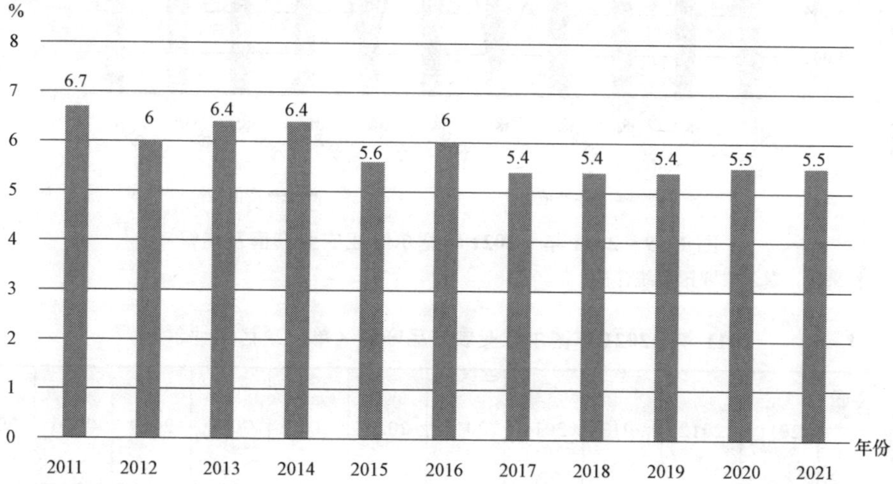

图 1－8 2011 年—2021 年塞尔维亚农业增加值占 GDP 的比重

数据来源：塞尔维亚国家统计局。

从农业产出构成来看，塞尔维亚农作物占比最大，2021 年比重达到了 70.1%；其次为畜产品，占比达 27.4%；而农业服务占比最低，仅为 2.5%。农作物品种包括粮食作物、经济作物和各种瓜果蔬菜等。谷物在粮食作物中占比最大，2017 年以来产出不断增加，2017 年，塞谷物产值为 1 137.6 亿第纳尔，占粮食作物产值的 31.9%，到了 2021 年，这一数值上升至 2 169.9 亿第纳尔，占粮食作物比重上升至 39.9%。畜产品中，猪肉产值最高，2021 年达 558.1 亿第纳尔，虽然较 2020 年有所下滑，但占畜产品产出仍达到了 34.2%。农业服务产出近年来同样增长明显，2017 年，塞农业服务产值达 138.6 亿第纳尔，2021 年至 171.2 亿第纳尔，四年增长 23.5%，发展活力持续增强。

① 第纳尔（DINAR）是塞尔维亚货币名称。

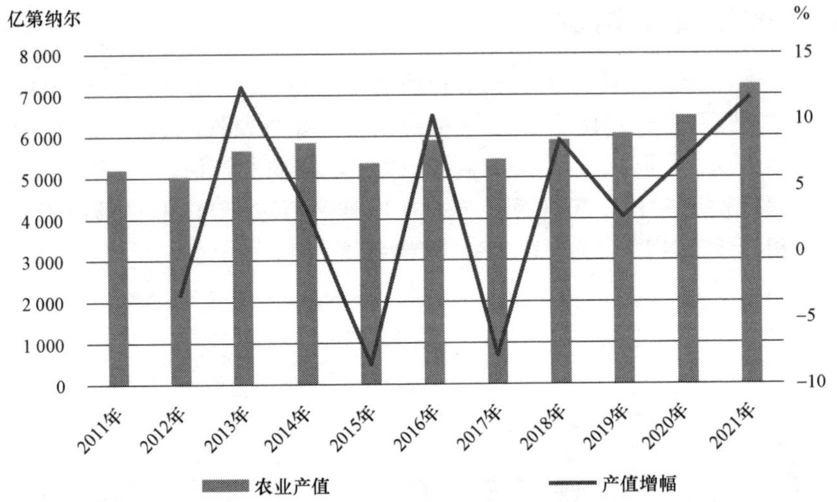

图 1-9　2011 年—2021 年塞尔维亚农业产值及增幅

数据来源：塞尔维亚国家统计局。

表 1-6　　2011 年—2021 年塞尔维亚农产品产值（单位：亿第纳尔）

产业或产品 \ 年份	2011	2012	2013	2014	2015	2016	2017	2018	2019	2020	2021
农业产出	5 199.6	5 026.8	5 655.2	5 843	5 347.8	5 898.2	5 437.5	5 897	6 052.9	6 483.6	7 243.3
农作物	3 591	3 244.5	3 788.3	3 907.5	3 519.3	4 194	3 570.6	3 985.1	4 145.3	4 544.2	5 442
谷物	1 752.2	1 383.2	1 746	1 787.8	1 395.8	1 648.3	1 137.6	1 570	1 586.3	1 707	2 169.9
畜产品	1 500.2	1 671.5	1 732.5	1 785.3	1 690.4	1 554.2	1 728.3	1 761.9	1 754.5	1 779.4	1 630.1
猪肉	487.7	586.4	609.8	657.6	571	542.7	662	575	635.8	652.6	558.1
农业服务	108.3	110.9	134.4	150.2	138.1	150	138.6	150	153.1	160	171.2

数据来源：塞尔维亚国家统计局。

与此相对，近年来，塞尔维亚多数农产品采购价格都保持了较快上涨的状态，其中树莓、向日葵、大豆、葡萄、玉米等农作物价格上涨幅度最大，2021 年较 2018 年增幅均超过 50%以上，而多数农产品价格也有所上升，但其中畜产品涨幅总体较小，屠宰奶牛、屠宰仔猪等采购价格甚至出现了下滑。

表 1-7　2018 年—2021 年塞尔维亚部分农产品销售价格（单位：第纳尔/千克）

产品＼年份	2018	2019	2020	2021
树莓	96.26	143.64	196.28	377.37
向日葵	26.95	28.18	32.45	51.79
大豆	35.39	34.67	40.14	67.21
葡萄	53.66	70.67	79.31	95.55
玉米	14.57	14.39	16.31	23.43
油菜籽	34.85	37.74	38.84	55.61
蜂蜜	323.93	318.41	402.74	510.3
白菜	21.92	23.84	18.87	33.61
大豆种子	52.68	58.58	61.69	79.96
西红柿	48.93	62.65	58.42	72.01
青豆	100.64	123.45	112.84	147.83
热白兰地	1 097.9	1 166.64	1 407.72	1 570.43
杏子	89.35	63	114.17	123.56
小麦	16.31	17.83	17.98	21.92
梨	69.72	69.66	77.81	92.9
蒜	193.97	215.79	259.67	252.77
黑麦	17.99	20.16	19.52	23.44
桃	67.95	57.67	67.67	88.32
甜菜	3.56	3.8	4	4.62
花椰菜	73.55	67.74	90.18	91.64
酿造大麦	16.14	17.34	16.35	19.64
甜瓜	29.66	32.13	59.43	35.85
种薯	51.93	63.22	52.69	62.55
苜蓿	12.04	9.93	11.56	14.05
燕麦	19.01	15.07	15.98	22.15

续表

年份 产品	2018	2019	2020	2021
烟草	214.69	214.98	256.19	249.6
草莓	126.16	130.42	146.18	145.25
佐餐酒	250.9	285.92	275.43	288.56
苹果	44.58	41.23	49.46	50.79
黄瓜	37.34	46.07	44.48	42.1
小麦种子	19.72	20.52	20.09	21.76
肉鸡	104.71	95.57	96.52	112.91
蛋	7.7	8.04	8.02	8.24
屠宰公牛	214.44	202.8	183.44	228.59
屠宰犊牛	333.16	351.15	338.95	354.89
甜樱桃	154.46	161.91	188.28	163.89
生菜	94.99	92.2	87.96	99.32
屠宰猪（小于 110 公斤）	144.48	150.98	152.6	150.22
屠宰猪（超过 110 公斤）	139.66	141.07	146.95	143.94
李子	57.54	40.43	53.32	59.74
生山羊奶	46.04	46.38	45.25	47.24
生牛奶	31.73	31.69	32	32.48
屠宰绵羊	116.94	110.84	113.1	117.03
屠宰母猪	117.02	122.1	124.49	116.42
生羊奶	84.19	82.91	80.33	83
胡萝卜	36.53	30.61	25.03	35.79
屠宰奶牛	153.35	140.06	133.09	144.29
酸樱桃	127.04	114.51	77.34	118.74
羊毛	115.02	128	97.74	105.87
辣椒	62.19	76.03	75.4	56.71
鳟鱼	398.34	387.26	371.13	362.4
屠宰仔猪	228.54	232.15	224.99	205.01
早熟土豆	44.49	48.39	45.25	39.29

续表

产品 \ 年份	2018	2019	2020	2021
西瓜	19.04	17.41	25.64	16.78
玉米种子皮奥尼尔	389.64	342.62	340.52	341.61
野豌豆	203.12	210.62	202.01	176.45
优质葡萄酒	571.31	602.71	520.19	490.83
洋葱	31.84	41.77	28.59	26.51
核桃	234.14	180.31	159.04	191.49
马铃薯	32.02	30.59	22.73	26.17
鲤鱼	314.98	295.65	268.19	257
葵花籽	1 734.15	1 626.17	1 646.29	1 221.4
豌豆	83.43	97.57	35.26	33.91
软白兰地	1 433.48	1 411.67	1 510.34	474.69

数据来源：塞尔维亚国家统计局。

1.3.3 工业发展情况

2008年之前，塞尔维亚工业增加值一直处于较快增长态势，2006年，塞尔维亚工业增加值为96.2亿美元，2008年升至105.8亿美元，两年增幅近10%，工业增加值占GDP比重在2008年达27.6%。受2008年全球金融危机影响，2009年、2010年，塞尔维亚工业产值连续两年分别下滑9.82%和0.83%，直到2011年才开始再度回升。在经历了2014年经济颓势后，近年来，塞尔维亚工业再次步入快速上升区间。2016年，塞工业增加值为105亿美元，2021年升至126.5亿美元，5年间，年均增幅超4%，但是工业增加值占GDP比重有所降低，从2015年的25.8%略降至2021年的25.3%，且占比在短期内存在波动。

从具体领域来看，采矿业和制造业产出增长迅猛，根据塞尔维亚国家统计局（Statistical Office of the Republic of Serbia）公布数据显示，2011年，以2015年为基期的塞尔维亚采矿业和制造业工业生产指数分别为100.5和95.7，到了2021年，指数分别上升至 133.1 和 121.6，而电力、燃气、蒸汽和空调供应业的指数却由 104.1 下降为 99.7。可见，自 2011 年以来，塞尔维亚的工业结构不断调整，对采矿业和制造业的重视程度越来越高。

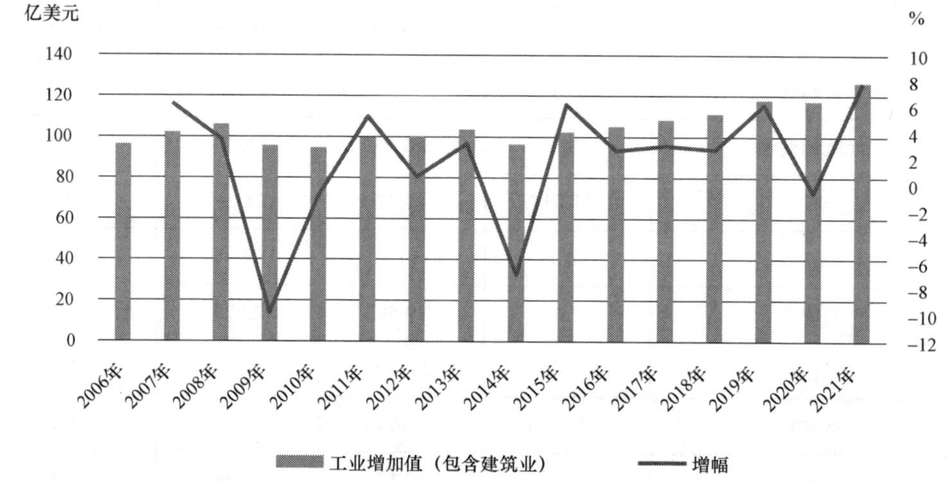

图 1-10　2011 年—2021 年塞尔维亚实际工业增加值及增幅

注：实际工业增加值是指以 2015 年不变价美元计算的工业增加值。

数据来源：World Bank。

一方面，采矿业是塞重要的经济部门。塞矿产资源 90%由石油、天然气、煤炭及铜等金属矿物质组成。金属矿产主要分布在塞尔维亚东部地区。西部洛兹尼察附近还探明有硼酸锂矿床，是世界上最优质的的锂矿床之一。

另一方面，塞尔维亚的制造业集中在其北部，特别是贝尔格莱德附近，该地区具有基础设施悠久、劳动力丰富、国内最大的单一市场和现有企业最集中的优势。近年来，塞制造业发展迅猛，其中，汽车工业是推动其制造业发展的重要驱动力之一。2001 年以来，共有 60 家外资企业在塞尔维亚投资汽车组装、零配件生产等，投资总额约 17 亿欧元，创造了 2.7 万个就业机会，占塞尔维亚吸引外资总量的 10%。2008 年，汽车工业被塞政府列为重点发展产业，这为其发展注入了新的政策活力，2018 年，汽车工业为塞出口创汇贡献超过 24 亿美元，成为制造业发展当之无愧的主力。

表 1-8　　2011 年—2021 年塞尔维亚工业产值指数（2015＝100）

指数 \ 年份	2011	2012	2013	2014	2015	2016
总体工业生产指数	97.5	95.3	100.6	93.2	100	105.2
采矿业	100.5	100.5	105.8	89.1	100	103.2
制造业	95.7	94.8	99.3	94.6	100	106
电力、燃气、蒸汽和空调供应	104.1	96.6	104.5	88.9	100	102.7
指数 \ 年份	2017	2018	2019	2020	2021	
总体工业生产指数	109.3	110.7	111	111.5	118.6	
采矿业	105.5	100.4	101.6	104.3	133.1	
制造业	112.7	114.9	115.1	115.2	121.6	
电力、燃气、蒸汽和空调供应	96.4	97.5	98	99	99.7	

数据来源：塞尔维亚国家统计局。

表 1-9　　2006 年—2019 年塞尔维亚工业就业人口比重

年份	在总就业人口中的比重（%）	在女性就业人口中的比重（%）	在男性就业人口中的比重（%）
2006	29.30	18.64	36.67
2007	29.46	19.64	36.59
2008	26.22	16.03	33.75
2009	25.33	15.51	32.72
2010	25.60	16.02	32.82
2011	26.80	16.55	34.49
2012	26.46	17.12	33.43
2013	25.86	17.13	32.33
2014	24.66	16.99	30.48
2015	24.46	16.91	30.19
2016	24.43	16.30	30.76
2017	25.30	16.93	31.90
2018	26.90	18.65	33.38
2019	27.43	18.96	34.13

数据来源：World Bank。

表 1－10　　2015 年—2021 年塞尔维亚工业就业人数（单位：人）

工业种类 / 年份	采矿业	制造业	电力、燃气、水力和空调供应	供水；污水处理、废物回收和管理
2015	22 388	380 336	31 363	38 107
2016	24 169	393 906	30 533	33 970
2017	24 466	417 564	28 724	34 715
2018	24 246	444 888	27 295	34 123
2019	25 989	459 647	26 015	35 602
2020	28 969	476 040	24 643	35 518
2021	27 286	493 413	25 305	35 621

数据来源：塞尔维亚国家统计局。

表 1－11　　2012、2016 和 2020 年塞尔维亚工业企业人员成本（单位：第纳尔/时）

工业种类 / 年份	采矿业	制造业	电力、燃气、水力和空调供应	供水；污水处理、废物回收和管理
2012	718	426	825	417
2016	824	448	812	478
2020	1 217	620	1 239	594

数据来源：塞尔维亚国家统计局。

1.3.4　建筑业发展情况

2011 年—2021 年，塞尔维亚建筑业迎来了较快发展，建设规模以及建设价值稳步提升。2011 年，塞尔维亚完成建筑建设数量 13 536 座，完成建设面积为 2 716 488 平方米，其中住宅建筑 7 688 座，建设面积为 1 747 176 平方米，非住宅建筑 5 848 座，建设面积为 969 312 平方米。2021 年，塞建设规模实现了大幅提升，完成建筑建设数量 32 954 座，完成建设面积为 6 234 886 平方米，相较于 2011 年分别增长 143.5%和 129.5%，其中，完成住宅建筑达 22 848 座，建设面积 3 146 407 平方米，相较于 2011 年分别增长 197.2%与 80.1%，非住宅建筑 10 106 座，建设面积 3 088 479 平方米，相较于 2011 年分别增长 72.8%与 218.6%。同时，从完成建设价值来说，2011 年，塞尔维亚竣工的建筑价值为 2 209.4 亿第纳尔，2021 年升至 5 811.9 亿第纳尔，年均增长高达 16.3%。2019 年底，塞尔维亚宣布实施《塞尔维亚2025发展计划》，以促进塞尔维亚经济增长。该计划包括一揽子投资项目，投资总额约140亿欧元，基础设施建设是其主要投资方向，保守估计投资将达93.5亿欧元以上，占比近七成。可见，塞尔维亚建筑业未来将有着更为广阔的发展空间。

表1-12　　2011年—2021年塞尔维亚建筑规模

建筑类别＼年份		2011	2012	2013	2014	2015	2016	2017	2018	2019	2020	2021
建筑物	数量（座）	13 536	18 385	12 089	12 196	15 302	14 911	18 538	23 271	28 194	275 76	32 954
	平方米	2 716 488	2 336 278	2 044 063	1 875 379	2 022 727	2 222 873	2 961 550	3 468 976	4 954 208	5 444 973	6 234 886
住宅建筑	数量（座）	7 688	12 079	6 600	6 045	8 450	8 007	10 884	14 551	17 943	17 752	22 848
	平方米	1 747 176	1 414 446	1 253 820	1 029 726	983 341	1 153 372	1 518 116	1 961 158	2 854 410	2 767 527	3 146 407
非住宅建筑	数量（座）	5 848	6 306	5 489	6 151	6 852	6 904	7 654	8 720	10 251	9 824	10 106
	平方米	969 312	921 832	790 243	845 653	1 039 386	1 069 501	1 443 434	1 507 818	2 099 798	2 677 446	3 088 479

数据来源：塞尔维亚国家统计局。

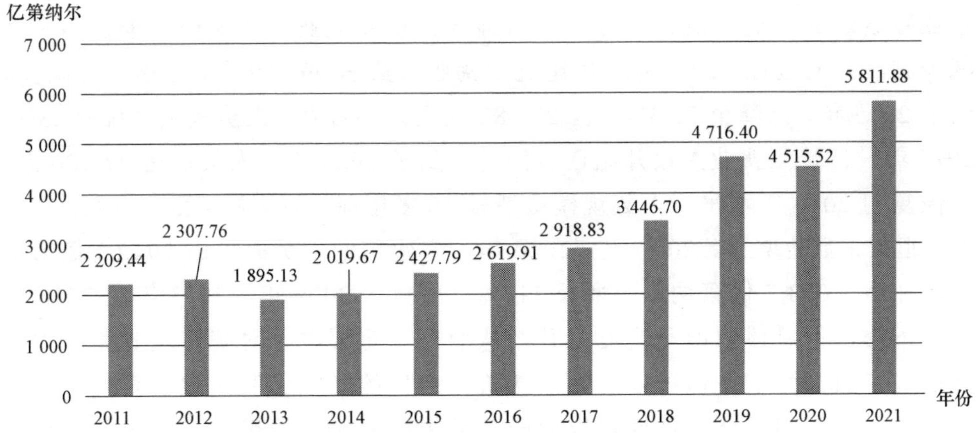

图1-11　2011年—2021年塞尔维亚历年完工的建设价值

数据来源：塞尔维亚国家统计局。

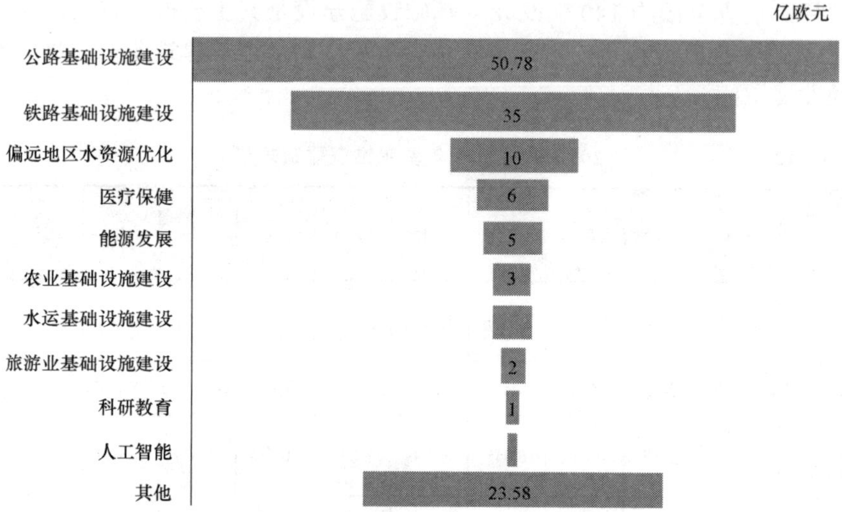

图 1－12 《塞尔维亚 2025 发展计划》主要投资领域及投资额

2007 年—2013 年，塞尔维亚建筑企业数量持续增加，企业由 5 823 家增加至 7 526 家。受塞尔维亚百年洪灾及国内经济形势的影响，2014 年、2015 年，塞建筑企业数量连续下滑，2014 年下降至 7 431 家，2015 年下降至 7 293 家。2017 年塞建筑企业数量开始上升，由 7 281 家增加至 2020 年的 8 329 家，企业数量达到历史峰值。同时，塞尔维亚建筑业就业人数在近年来经历了从减少到回升的过程。2008 年，塞建筑业就业人数达 99 559 人，之后逐年减少，到了 2015 年，已降至 72 379 人，27 180 人离开该行业，人员规模收缩 27.3%；2016 年，建筑业就业人数开始逐步回升，到了 2020 年，人员已达 87 200 人，已恢复到 2010 年水平。人数规模虽然较 10 多年前没有明显扩张，但人员成本却在近年来显著增加。2007 年—2020 年，塞建筑业人员成本由 504.63 亿第纳尔增加至 1 083.7 亿第纳尔，增长 114%，虽然在 2009 年、2013 年及 2016 年稍有下降，但总体依旧呈明显上升，从而在一定程度上对塞建筑业竞争力提升造成了负面影响。但可以看到，建筑业产值的增幅已明显大于其人员成本的上升，这说明了塞尔维亚建筑业的劳动生产率一直在提高，这将有效助力塞建筑业发展，强化它在国民经济中的支柱作用。

表 1-13　2007 年—2020 年塞尔维亚建筑业企业数量、人员成本和就业人数

年份	企业数量	人员成本 （百万第纳尔）	就业人数
2007	5 823	50 463	96 769
2008	6 719	60 268	99 559
2009	6 838	57 319	91 845
2010	7 142	57 391	86 768
2011	7 280	63 726	86 943
2012	7 378	66 209	83 133
2013	7 526	65 684	77 108
2014	7 431	69 260	74 208
2015	7 293	69 679	72 379
2016	7 622	64 665	72 495
2017	7 281	71 318	73 795
2018	7 562	80 368	78 006
2019	7 899	97 491	83 682
2020	8 320	108 373	87 200

数据来源：塞尔维亚国家统计局。

1.3.5　服务业发展情况

2006 年—2021 年，塞尔维亚服务业增加值整体保持增长态势。2006 年，塞服务业增加值为 154.6 亿美元，一年后，该数值便突破了 200 亿美元大关，达到 209.9 亿美元。2021 年，塞尔维亚服务业增加值升至 325.1 亿美元，同比增幅 17.5%。相较于 2006 年，增长率更是高达 110.2%。与此同时，服务业在塞尔维亚经济中的比重也有所上升。2006 年，塞服务业增加值占其 GDP 的 47.6%，之后连续多年保持上升，2010 年，比重上升至 51.7%。之后多年，塞服务业比重基本维持在 50%的水平，2021 年，比重达到 51.54%，具有明显的产业比较优势。此外，纵观近年来塞服务业人均产值，变化并不明显。以 2015 年不变价格美元计算，2006 年，塞服务业从业人员人均产值为 12 366.9 美元，而到了 2019 年，仅升至 14 014.3 美元，增幅仅为 13.3%，相较于 2012 年的 15 993.1 美元，甚至下降了 12.4%，产业发展效率偏低，存在转型升级的诉求与空间。

表 1－14　　2006 年—2021 年塞尔维亚服务业产值

年份	服务业增加值（亿美元）	服务业在 GDP 中的比重（%）	服务业人均产值（2015 年不变价格美元）
2006	154.62	47.60	12 366.88
2007	209.86	48.61	13 030.90
2008	253.45	48.56	13 678.10
2009	233.13	51.62	14 129.26
2010	216.19	51.70	14 977.07
2011	247.59	50.26	15 907.86
2012	220.71	50.96	15 993.09
2013	243.74	50.37	15 672.30
2014	243.28	51.69	14 336.97
2015	201.72	50.87	14 092.48
2016	204.75	50.32	13 417.57
2017	225.01	50.93	13 356.79
2018	258.32	51.01	13 726.93
2019	263.59	51.17	14 014.33
2020	276.61	51.86	—
2021	325.05	51.54	—

数据来源：World Bank。

从分行业产值来看，2007 年—2020 年，塞尔维亚服务业中，房地产业发展最为活跃。2007 年，房地产业产值为 97.7 亿第纳尔，到了 2020 年，增至 605.8 亿第纳尔，13 年间增幅高达 520%，这主要是由于塞尔维亚没有发达的黄金、股票和证券市场，因此人们偏好以房地产作为投资对象，从而使塞房地产市场近年来一直处于供不应求的状态，进而带动了房地产业的繁荣。塞尔维亚行政和支持服务业产值增幅也十分显著。2007 年，该行业产值为 430.1 亿第纳尔，2020 年升至 1 751.7 亿第纳尔，增长达 307.3%。信息通信技术业同样是塞尔维亚具有比较优势的产业之一。2007 年，塞尔维亚信息和通信业产值达 1 850 亿第纳尔，2020 年升至 5 054.8 亿第纳尔，涨幅 173.2%。作为塞尔维亚政府大力推动发展的核心产业之一，塞尔维亚政府积极完善信息通信业法律法规，推动实施电子商务、电子政务、电子财会、电子健康等智能信息化计划，以提升政务公开、商业效益、政府廉洁和民生关怀水平，这也为塞信息通信技术业发展提供了更多机会与空间。

从分行业营业额指数来看，2011年—2020年间，塞服务业中多数行业指数增幅达50%以上，其中，就业服务，计算机编程、咨询和相关活动，水路运输服务，安全和调查服务，建筑和工程活动、技术测试和分析服务，行政和支持服务，房地产等行业指数增幅甚至达到了3倍以上，而增幅较小的行业则集中于旅游、住宿、餐饮等。由此可知，近年来，塞尔维亚服务业需求已逐渐转向以专业化与个性化为核心的行业，这将带动服务业供给结构的调整，促进塞服务业逐步转型升级。

表1-15　2007年—2020年塞尔维亚服务业分行业产值（单位：亿第纳尔）

服务业种类 / 年份	批发和零售贸易及机动车修理	运输和仓储业	住宿和餐饮	信息和通信	房地产	专业、科学和技术活动	行政和支持服务	其他服务活动
2007	4 564.58	1 912.59	284.50	1 850.04	97.71	1 408.86	430.11	—
2008	5 457.69	2 099.78	329.26	2 152.89	145.81	1 870.56	571.60	—
2009	5 305.15	2 342.10	321.06	2 217.93	195.27	1 821.89	587.97	—
2010	5 542.31	2 407.03	353.03	2 426.23	197.81	1 757.99	619.77	—
2011	5 993.01	2 564.65	383.30	2 561.92	219.41	1 964.54	661.25	—
2012	6 776.49	2 786.17	427.77	2 804.87	236.98	2 045.63	750.75	—
2013	6 365.87	3 134.86	455.14	2 891.83	232.21	1 915.63	772.20	—
2014	6 661.19	3 446.89	465.43	2 919.96	274.61	1 986.17	793.86	—
2015	7 002.55	3 763.07	533.09	3 118.50	331.63	2 168.60	871.88	—
2016	7 724.90	3 886.77	644.04	3 454.42	365.47	2 458.91	1 034.78	—
2017	7 932.21	4 201.80	695.68	3 727.86	408.17	2 645.36	1 256.49	43.71
2018	8 682.98	4 534.17	765.05	4 136.07	431.09	3 075.66	1 446.55	53.85
2019	9 526.96	5 053.23	865.71	4 798.98	562.51	3 474.96	1 798.64	56.57
2020	9 971.73	4 615.37	633.34	5 054.83	605.80	3 517.20	1 751.68	60.20

数据来源：塞尔维亚国家统计局。

表 1-16　　2011 年—2020 年分季度服务业营业额指数（2015 年 = 100）

年份	2011				2012				2013				2014				2015			
季度	第一季度	第二季度	第三季度	第四季度	第一季度	第二季度	第三季度	第四季度	第一季度	第二季度	第三季度	第四季度	第一季度	第二季度	第三季度	第四季度	第一季度	第二季度	第三季度	第四季度
商业经济服务（金融和保险活动除外）	78.4	78.4	81.3	95.6	80	79.1	86.7	95.1	80.8	81	84.3	100.1	80.9	81.4	84.3	110.2	96.7	93.6	97.9	111.8
运输和仓储业	80.1	61.9	64.8	88.2	82.9	63.5	74.7	94.4	81.9	71.2	73.9	96.1	81.5	75.2	81	123	106.4	87.6	94.4	111.7
陆路运输和管道运输	89.3	62.9	59.6	96.3	85.4	61.2	68.2	91.8	87.7	68.8	69.3	95.9	86.9	78.7	78.1	113.7	117.5	84.8	90.4	107.3
水路运输	31.7	45.8	42.7	50.5	47.9	77	69.1	65.4	57.8	83.4	110.9	128.1	75	97.5	81.4	98.7	120.7	102.9	92.1	84.3
空运	33.3	46.8	64.4	53	36.7	61.2	66.6	84.6	46.5	60.5	91.4	55.9	50.2	79.7	118.8	87.5	81.8	109.5	121.9	86.9
仓储和运输支持	67.8	58.6	75.1	75.8	88.3	64.1	91.4	104.3	74.6	75	77.2	101.9	72.9	61.2	78.7	157.4	85.2	87.4	98.5	128.8
邮政和快递	82.6	82.8	82.5	91.2	77.3	86.6	81.2	92.7	84.7	89.2	89.2	100.6	88.1	91.3	92.1	106.6	92.8	98.5	97.9	110.8
住宿和餐饮服务	74.4	86.5	89.4	87.7	82.1	89.9	95.2	94.5	88.3	93.5	96	96.3	90.9	95	96.3	99.8	91.9	102	102.9	103.2
信息与通信	80.7	92.7	93.7	100.9	83.3	92.3	100.2	99.5	88.3	95	99.6	107.2	90.9	96	94.3	100.7	88.6	99.2	104.2	108
发布活动	146.6	167.1	181.9	158.3	120.5	137.5	170.6	142.4	137	155.5	181.8	169.4	123.2	133.9	142.4	144.1	83.2	98.6	121.5	96.8

续表

年份	2011				2012				2013				2014				2015			
季度	第一季度	第二季度	第三季度	第四季度	第一季度	第二季度	第三季度	第四季度	第一季度	第二季度	第三季度	第四季度	第一季度	第二季度	第三季度	第四季度	第一季度	第二季度	第三季度	第四季度
电影、录像和电视节目制作、录音和音乐出版	89.7	99.4	101.9	130.5	99.2	100.9	77.7	125	73.2	73.8	73.1	160.5	117.4	82	65.3	97.7	93.3	104.5	79.2	123
节目和广播	209.8	268.1	257.6	319.8	165.4	250.2	190.2	241	149.4	203	184.9	238.6	194.3	225.1	145.6	132	84.1	97.4	92.2	126.3
电信	76.3	85.6	86.9	90.9	82.1	88.1	98.8	94	87.9	91	99.2	98.3	89.6	93.2	95.9	97.9	91.9	99.3	108.4	100.4
计算机编程、咨询和相关活动	39.4	47.3	43.9	56.3	52.2	51.2	61.7	65.9	59.5	63.3	54.6	72.2	54.5	62.4	64	86.7	80.2	98.1	91.8	130
信息服务	76.4	80.6	90.1	100.7	78.2	90.6	96.8	83.3	96.3	103.8	107.4	126.8	101.2	108	95.5	105.9	91.7	107.5	97.4	103.4
房地产	51.8	55.7	71.3	72	52.3	57.7	66.7	58	81.4	91.2	75.9	81.1	55.9	57.7	69.6	75.3	93.7	104.3	99	103
专业、科学和技术活动	84.9	111.7	116.4	126.1	75.3	102.8	97	100.5	70.6	82.5	90.7	111.9	64.1	76.6	79.6	105.4	85.7	95.6	93.2	125.5
法律和会计活动	50.3	49.9	51.4	52.2	43.2	61	79.1	48.3	42.3	46.1	42.3	55.7	60.6	73.7	70.5	87.2	83.5	98.3	96.4	121.9
管理咨询	144.7	199.8	216.9	210.3	103.5	134.9	140.2	142.1	89.1	116.5	124.8	173.5	79.7	89.7	115.3	134.9	93.2	87.2	94.2	125.4
建筑和工程活动；技术测试和分析	56.4	64.5	88.1	91.4	66.9	85.9	73.2	84.5	65.6	69.9	89.5	96	53.2	58.1	56	89.3	73.2	95.8	107.4	123.7

续表

年份	2011				2012				2013				2014				2015			
季度	第一季度	第二季度	第三季度	第四季度	第一季度	第二季度	第三季度	第四季度	第一季度	第二季度	第三季度	第四季度	第一季度	第二季度	第三季度	第四季度	第一季度	第二季度	第三季度	第四季度
广告和市场研究	69.9	103.9	78	113.1	69.5	108.2	78.4	99.9	74.4	83	87.1	99.8	61.8	83.6	72.7	102.8	92.3	102.2	76	129.4
其他专业、科学和技术活动	129.2	141.6	159.6	203.8	136.9	147.4	221.7	165.9	57.1	67.6	70.4	88.9	57.9	76.8	75.2	98.6	83.6	96.9	92.4	127
行政和支持服务活动	53.6	69.5	71.2	71.5	64	88.1	100	82.5	63.7	84.5	82.2	83.9	77.5	80.1	78.2	81.3	86.2	102.9	106.4	104.5
租赁和租赁活动	81.8	91.2	91.1	85.5	90.2	102.4	112.5	35	55.3	82	81.4	76.6	64.4	71.2	84.6	79.1	69.6	108	108.6	113.8
就业活动	19.9	23.3	23.2	27.5	20.1	29.6	34.8	32.4	32.5	42.6	66.9	41.9	30.3	35.6	32.6	68.4	86.9	99.7	102.6	110.7
旅行社、旅游经营者等预订服务及相关活动	36.5	52.5	57	67.6	49.1	79.8	83.1	59	66.2	92.3	70.1	87.9	70.4	81.9	92.3	87.6	81.7	98.7	132.7	86.8
安全和调查活动	60.3	73.9	76.8	80.2	73	89.2	96.6	99.7	72.2	85.4	94.8	104.6	91.1	88.2	78.8	78.8	94.7	100.5	98.2	106.6
为建筑和景观活动提供的服务	57.2	84.1	88.1	88.7	70.1	100.7	118.8	108.9	69.2	89.9	87.1	91.4	88.5	101.1	99.3	99.1	86.2	101	105.7	107.1

续表

年份	2016				2017				2018				2019				2020			
季度	第一季度	第二季度	第三季度	第四季度	第一季度	第二季度	第三季度	第四季度	第一季度	第二季度	第三季度	第四季度	第一季度	第二季度	第三季度	第四季度	第一季度	第二季度	第三季度	第四季度
商业经济服务（金融和保险活动除外）	100.1	105.6	108.8	125.3	102.1	105	108.4	121.5	101.6	114.9	120.9	134.5	120.1	130.6	139.1	153.7	123.2	109.6	126.4	139.1
运输和仓储业	98.6	94.7	104.7	125.2	98.9	90.6	98.7	108.7	81	88.6	99	104.3	104.2	105.9	121.3	127.5	94.8	76	96.7	101.9
陆路运输和管道运输	105.6	93	94.5	122.2	107.4	87.7	89.3	99.4	78.2	85	90.1	103.5	103.6	100.8	113.4	128.5	90	67.7	88.2	99
水路运输	91.2	113.1	117.5	106.8	94.9	126.8	122.5	123.6	85.7	98.1	124.1	111.2	124.2	117.6	155.5	154	180.9	111.3	173.4	198.3
空运	76.2	115.1	182.4	136.9	89.9	143.1	189.8	97.7	83.3	135.8	193.9	107.3	81.8	135.7	209.1	119.3	86.6	45.3	96.2	60.4
仓储和运输支持	86.5	93.3	115.8	136	78.1	82.5	102	130.3	83.2	84.9	101	101.5	108.7	112	124.5	124.1	98	87.3	104.6	102.5
邮政和快递	95.8	99.2	101.4	102.8	106.9	109.3	108	123	100.9	105	103	123.5	106.1	108.7	112.4	133.3	127	142.9	145.1	151.6
住宿和餐饮服务	101.1	115.6	116.7	114.3	112.2	123.8	126.4	119.9	119.1	132.6	138.2	131.7	131.3	145.2	154.2	154.9	138	84.2	111.4	95
信息与通信	105.7	116.4	112.4	121.7	109.5	113.9	112.1	126	123.5	129	135.7	151.8	127.7	141.1	146.1	163.5	140.1	143.9	150	168.5
发布活动	94.3	105.1	114.1	106	91.8	94.5	91.4	112.9	85.4	95.4	117.5	101	104.2	106.9	138.5	128.2	91.2	86	129.2	122.8

续表

年份	2016				2017				2018				2019				2020			
季度	第一季度	第二季度	第三季度	第四季度	第一季度	第二季度	第三季度	第四季度	第一季度	第二季度	第三季度	第四季度	第一季度	第二季度	第三季度	第四季度	第一季度	第二季度	第三季度	第四季度
电影、录像和电视节目制作、录音和音乐出版	69.3	78.5	48	149.1	132.9	130.7	140.3	156.4	167.2	145.1	158.5	178.1	157.9	152	145	252.9	165.8	149.8	160.8	206.6
节目和广播	145.2	198.5	160.9	220.2	168.8	177.5	164.8	200.1	157.8	174.7	157.2	229.7	183.6	227.6	188.6	229.2	164.4	190	162.1	243.4
电信	103.6	105.5	107.5	101.8	107.5	97.4	101.7	102.1	102.1	104.6	110.6	113.7	102.6	111.3	111.5	117.9	108.7	109.3	112.4	112.6
计算机编程、咨询和相关活动	114.3	143.2	127.5	163.5	106.2	157.6	136.2	185.6	190.7	205.7	213.7	269.7	195.7	225.1	248.2	290.3	246.5	262.7	271.1	336.9
信息服务	93	108.9	99.4	125.6	92.2	100.1	107.8	120	129.4	138.4	139.2	154.3	166.7	166.2	165.2	188.2	169.8	166.1	176.3	215.1
房地产	88.5	94	92.4	93.4	108.1	123.2	139.9	132	160	173.9	168.1	173.3	167.9	179	172.8	194.5	201.5	161	172.6	211.2
专业服务、科学和技术活动	97.6	116.5	112.5	132.1	87.4	114	107.1	139.5	100.9	129.6	119.7	174.8	123.1	149.8	138.8	184.2	137	129.5	147.8	177.4
法律和会计活动	121.9	123.6	92.5	125.1	94.8	117.3	106	124.4	121.4	146.2	114.9	143.6	130.5	149.4	136.8	150	113.2	108.9	125	141.5
管理咨询	108.3	115.9	130.8	144	86.5	110.9	114.3	158.8	116	133	126.9	170.9	128.7	156.3	137.7	189.9	158.8	130.2	130.1	178.3

续表

年份	2016				2017				2018				2019				2020			
季度	第一季度	第二季度	第三季度	第四季度	第一季度	第二季度	第三季度	第四季度	第一季度	第二季度	第三季度	第四季度	第一季度	第二季度	第三季度	第四季度	第一季度	第二季度	第三季度	第四季度
建筑和工程活动；技术测试和分析	76.1	104.3	121.9	135	94.5	121.9	123.4	149.7	91.8	120.4	130.8	218.1	144.4	172.6	176.9	259.5	176.5	199.4	242.1	239.4
广告和市场研究	95.9	126	96.4	121.4	76.3	105.7	82.6	115.6	80.9	123.6	102.2	152.5	90.3	120.2	103.2	125.3	87.7	68.1	82	130.3
其他专业、科学和技术活动	77.6	106.9	110	130.6	95.8	135.5	125.4	181.1	131.1	160.9	147	183.8	141.3	151.2	129.9	145.7	153.4	158.4	172.4	235.6
行政和支持服务活动	99.2	115.6	115.4	141	122.3	136.9	145.6	153.8	142.2	189.7	201.7	188.4	178.5	201.7	222.1	225.8	202.1	184.4	203.6	224.1
租赁和租赁活动	128.3	133.5	183.2	196.9	106.2	121.6	135.2	136.4	171	205.2	256.5	226	222.1	224.6	247.5	247.8	257.1	274.8	274.1	277.7
就业活动	123.2	121	119	134.6	140.8	145.2	147.5	153.9	141.2	148.6	182.9	199.7	218.5	219.1	236.7	230.2	245.8	178.8	204.6	256.4
旅行社、旅游经营者等预订服务及相关活动	79.4	120.7	122.4	131.1	86.1	117.5	162.7	142.9	90.3	220.9	252.2	168.5	125.2	188.5	272.9	173	101.7	22.2	66.5	47
安全和调查活动	98	106.1	96.9	112.8	151.4	153.3	162	184.5	186.2	228.8	247.6	234.2	198.1	202.1	228.4	281	219.8	231.7	249.8	286.9
为建筑和景观活动提供的服务	80	106.4	103.8	158.6	111	110.4	122.5	134.4	110.7	126.1	136.1	135.6	138.4	162.1	176.1	167.5	155.1	182.5	203.9	180.4

2007年—2020年，塞尔维亚运输和仓储业，住宿和餐饮业，信息和通信业，房地产业，专业、科学和技术活动，以及行政和支持服务业企业数量均大幅上升，特别是信息和通信业以及专业、科学和技术活动，企业数增加都超过2 000家，增幅达79.7%和61.7%，而房地产业仅增加1 215家，但由于原先企业数量的基数偏低，因此增幅高达265.9%，再次说明了塞房地产业的高度活跃。同时，批发和零售贸易及机动车修理企业数量出现了明显收缩。2007年，该行业企业数量为34 205家，2020年减少至29 975家，有4 230家相关企业退出了该行业。由此可以看出，塞尔维亚服务业结构正在经历调整优化。

表1－17　　2007年—2020年塞尔维亚服务业企业数量

服务业种类／年份	批发和零售贸易及机动车修理	运输和仓储业	住宿和餐饮	信息和通信	房地产	专业服务、科学和技术活动	行政和支持服务	其他服务活动
2007	34 205	4 342	1 666	3 352	457	7 796	2 352	—
2008	35 243	4 608	1 911	3 577	597	8 965	2 564	—
2009	34 385	4 586	2 070	3 607	604	9 316	2 631	—
2010	33 860	4 744	2 254	3 760	710	10 007	2 690	—
2011	33 270	4 901	2 480	3 924	780	10 541	2 787	—
2012	32 752	4 938	2 601	4 064	837	10 797	2 867	—
2013	33 554	5 131	2 856	4 244	930	11 280	3 016	—
2014	33 115	5 178	3 031	4 260	1 000	11 239	3 093	—
2015	32 196	5 232	3 123	4 336	1 043	11 416	3 163	—
2016	33 175	5 949	3 440	4 664	1 170	11 993	3 393	—
2017	30 190	5 754	3 284	4 615	1 276	11 669	3 340	459
2018	30 591	5 942	3 414	4 935	1 403	11 976	3 390	467
2019	30 136	6 071	3 568	5 216	1 533	12 242	3 513	448
2020	29 975	6 315	3 649	6 022	1 672	12 606	3 587	450

数据来源：塞尔维亚国家统计局。

从2012年、2016年以及2020年数据可知（见表1－18），塞尔维亚服务业分行业就业人数存在着一定的动态波动，其中，批发和零售贸易及机动车修理业就业人数增长最高，8年增加67 872人，增幅为47.1%，其次是行政和支持服务业以及教育业，2012年—2020年就业分别增加35 144人与34 557人，增幅分别达 87.2%与 27%。住宿和餐饮就业人员增幅最为显著，2012 年，塞住宿和餐饮就业人员为 20 526 人，2020 年增至 47 307 人，增幅高达 130.5%。因此可看出，虽然批发和零售贸易及机动车修理业企业数量在下滑，但就业人数却出现显著上升，说明该行业相对门槛偏低而服务同质性强，因此行业的集中度正在逐步提升。同时，住宿和餐饮业虽然就业人员增幅巨大，但营业额指数增幅相对有限，说明行业存在供过于求现象，行业未来发展活力不足。此外，值得注意的是，信息和通信业产值增幅在 80%以上，但就业人数却仅增加 52.1%，说明该行业就业弹性低，劳动生产率表现出了明显上升趋势。

表 1－18　2012、2016、2020 年塞尔维亚服务业分行业就业人数

服务业种类 \ 年份	2012	2016	2020
批发和零售贸易及机动车修理	144 142	165 969	212 014
运输和仓储业	83 691	92 594	89 769
住宿和餐饮	20 526	23 695	47 307
信息和通信	37 517	41 441	57 047
金融和保险	44 572	38 743	38 671
房地产	2 983	3 495	3 707
专业服务、科学和技术活动	39 107	43 656	51 568
行政和支持服务	40 282	62 119	75 426
公共行政和国防、强制性社会保障	154 232	156 781	151 014
教育	127 807	134 913	162 364
健康和社会工作活动	155 811	138 219	139 297
艺术、娱乐和休闲	22 951	24 912	26 803
其他服务活动	4 190	7 177	7 723

数据来源：塞尔维亚国家统计局。

最后，从各类服务业的人员成本来看，2007 年—2020 年，塞尔维亚保持了高速增长的状态，其中，信息和通信、行政和支持服务，以及专业、科学和技术活动人员成本增幅都超过 200%，而信息和通信、行政和支持服务甚至超过了 300%。以信息和通信业为例，塞尔维亚工程师、技术人员大多拥有良好的教育背景（70%以上具有大学及以上学历），但却享受着相对较低的薪金水平（税前工资 1 000～

2 000 欧元)。低人力成本虽然是塞尔维亚信息通信业的竞争优势，但长期来看，容易造成人才流失。为了保持劳动力优势，塞尔维亚服务业企业都在加大对人力资本的投资，以期为其产业转型升级的加速注入更大的人才动能。

表 1－19　2007 年—2020 年塞尔维亚服务业分行业人员成本（单位：亿第纳尔）

行业 年份	批发和零售贸易及机动车修理	运输和仓储业	住宿和餐饮	信息和通信	房地产	专业服务、科学和技术活动	行政和支持服务	其他服务活动
2007	1 004.87	617.82	116.15	350.84	26.35	317.68	149.21	—
2008	1 222.71	702.09	117.28	401.15	27.75	417.55	190.58	—
2009	1 265.27	729.92	110.05	426.66	26.84	438.81	203.06	—
2010	1 292.34	752.36	111.05	453.54	23.15	460.13	223.93	—
2011	1 382.15	798.51	117.37	512.28	26.20	502.67	246.17	—
2012	1 459.46	866.41	128.56	547.83	30.54	573.84	291.51	—
2013	1 529.55	908.25	126.68	609.44	34.62	606.55	334.10	—
2014	1 592.29	928.44	119.34	662.74	39.08	622.81	351.45	—
2015	1 676.03	969.23	133.11	731.93	44.49	661.59	397.89	—
2016	1 824.30	1 019.74	144.22	816.23	47.54	745.83	470.57	—
2017	1 962.86	1 049.56	162.79	881.68	51.44	823.71	561.80	11.09
2018	2 265.20	1 118.42	188.42	1 044.47	58.49	932.80	644.01	12.56
2019	2 500.64	1 207.47	219.10	1 131.22	66.74	1 052.80	765.83	13.48
2020	2 752.15	1 281.84	225.80	1 556.61	71.01	1 131.11	833.38	16.98

数据来源：塞尔维亚国家统计局。

1.3.6　财政收支情况

（1）政府收入

2006 年—2021 年，塞尔维亚政府收入整体保持增长态势，从 9 036 亿第纳尔增长到 27 119.36 亿第纳尔，增加了 200.1%，年均增长率达 13.3%。2020 年受全球新冠疫情影响，政府收入缩减了 1%，但 2021 年收入迅速回升，同比增长达 20.3%。塞尔维亚政府收入占 GDP 的比重长期围绕 40%上下波动。在收入项目中，税收收入占比最高，且税收额呈现增长的趋势。2006 年，塞尔维亚政府税收收入为 7 921.6 亿第纳尔，占当年政府收入的 87.7%，到了 2021 年，税收收入升至 24 201.3 亿第纳尔，相较于 2006 年增长 205.5%，占当年政府收入的比重也达到了

89.2%。其中，企业所得税增长最为显著，2006年—2021年年均增幅高达51.4%。个人所得税（不包含工资税）、增值税、进口增值税、消费税等年增长速度也都超过10%。同时，企业所得税、进口增值税、消费税、其他生产税、社会保险福利捐税占政府收入的比重有所提高，分别提高了4.5个百分点、4.8个百分点、2.7个百分点、0.2个百分点以及3.4个百分点，个人所得税（包括工资税）、增值税、关税占政府收入比重出现下滑，分别减少了3个百分点、4.3个百分点以及2.9个百分点，这表明，塞尔维亚以所得税和增值税为核心的税收体系虽没有发生根本性转变，但税收结构存在调整，税种比重趋于均衡。

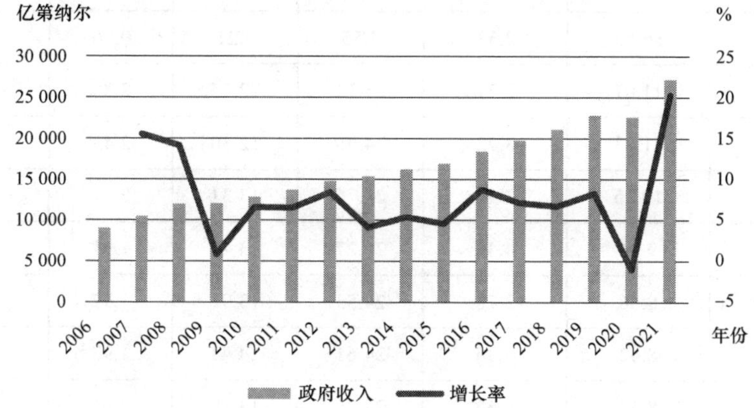

图1－13　2006年—2021年塞尔维亚政府收入及增长率

数据来源：塞尔维亚财政部。

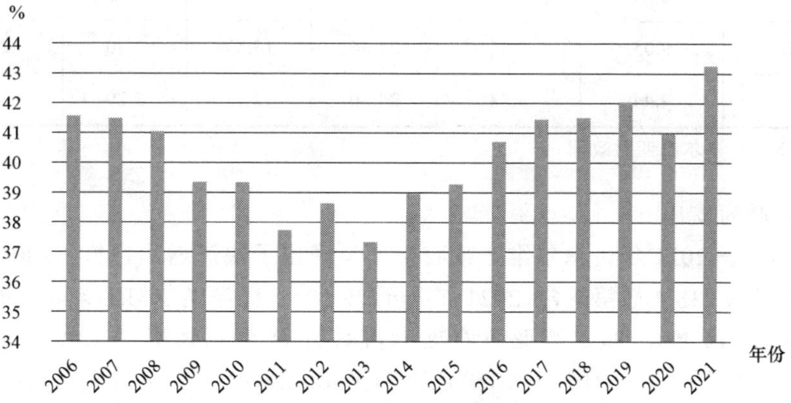

图1－14　2006年—2021年塞尔维亚政府收入占GDP的比重

数据来源：塞尔维亚财政部。

表 1-20　2006 年—2021 年塞尔维亚主要税种占政府收入的比重（%）

年份＼收入税种	个人所得税	企业所得税	增值税	消费税	关税	社会保险福利捐税
2006	13.08	2.02	24.84	9.58	5.01	29.52
2007	11.06	2.84	25.36	9.42	5.48	29.90
2008	11.43	3.27	25.28	9.23	5.43	30.51
2009	11.12	2.60	24.73	11.22	4.00	31.07
2010	86.85	2.53	2.55	0.21	0.86	3.59
2011	11.07	2.77	25.13	12.55	2.85	29.85
2012	11.23	3.72	24.96	12.30	2.43	30.27
2013	10.15	3.94	24.75	13.31	2.11	31.76
2014	9.04	4.49	25.27	13.11	1.91	31.43
2015	8.66	3.70	24.55	13.91	1.97	29.84
2016	8.42	4.36	24.61	14.41	1.98	28.63
2017	8.51	5.66	24.29	14.19	2.01	28.75
2018	8.52	5.34	23.74	13.78	2.07	29.43
2019	8.94	5.56	24.16	13.45	2.11	29.66
2020	9.05	5.45	24.36	13.57	2.30	29.88
2021	9.44	5.88	24.30	12.17	2.29	31.78

数据来源：塞尔维亚财政部。

（2）政府支出

2006 年—2021 年，塞尔维亚政府支出呈现出了快速增加趋势。2006 年，塞政府支出为 9 238.4 亿第纳尔，2021 年升至 29 194.5 亿第纳尔，15 年间上升 216%，年均增幅达 14.4%。塞尔维亚政府支出占 GDP 比重总体围绕 42%上下波动，但 2020 年出现了大幅激增，占 GDP 比重增至 48.2%，这主要是由于塞政府在 2020 年新冠疫情期间进行了大规模干预，划拨 58 亿欧元（约占 GDP 的 12.5%）用以支持经济和人民生活保障，从而保证了其经济衰退降至最低限度。

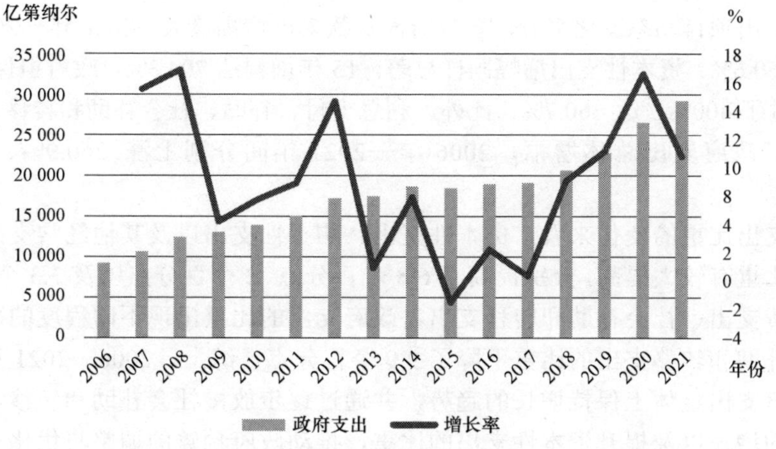

图 1-15 2006 年—2021 年塞尔维亚政府支出及增长率

数据来源：塞尔维亚财政部。

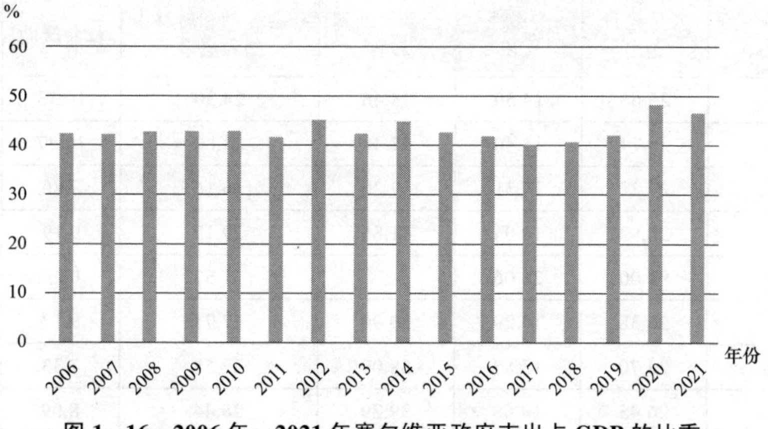

图 1-16 2006 年—2021 年塞尔维亚政府支出占 GDP 的比重

数据来源：塞尔维亚财政部。

在政府支出项目中，社会补助和转移占比最高，2021 年达 8 500.3 亿第纳尔，在政府支出中占比达 28.6%，其中主要支出为养老金，2021 年达 6 086.9 亿第纳尔，在政府支出中占比达 20.5%。人员经费支出在塞政府支出中同样占有较高比例，2021 年，塞政府人员经费支出为 6 289.7 亿第纳尔，占其政府支出比重达 21.2%。此外，塞政府购买性支出和资本性支出也是其政府支出中的重要项目，2021 年，上述两项支出分别达 4 903.2 亿第纳尔和 4 666.3 亿第纳尔，在政府支出中比重分别为 16.5%和 15.7%。

从支出项目动态变化来看，塞政府净贷款支出增幅最大，2006 年—2021 年间增长 1 460.6%，资本性支出增幅同样显著，15 年增幅达 704.3%，政府担保 15 年增幅也超过了 400%，达 460.7%。此外，利息支付、补贴、社会补助和转移支出增幅也超过了政府支出总体增幅，2006 年—2021 年间分别上涨 260.9%、260%和 271.3%。

从支出比重的变化来看，资本性支出、购买性支出以及其他经常支出占政府支出的比重有较大提高，分别提高了 6.8 个百分点、2 个百分点以及 3.3 个百分点，人员经费支出、社会补助和转移支出占政府支出的比重出现不同程度的减少，其中社会补助和转移支出的比重下降了 9.9 个百分点。综上，2006—2021 年，塞尔维亚政府支出整体上保持增长的趋势，并通过逐步放慢社会补助和转移、人员经费支出的增速以及提升资本性支出的比重，推动政府预算的调整与优化平衡。

表 1－21　2006 年—2021 年塞尔维亚主要支出项目占政府支出的比重（%）

年份＼支出项目	人员经费支出	购买性支出	社会补助和转移	社会补助和转移中的养老金	社会援助	资本性支出
2006	25.66	14.50	38.46	24.30	10.33	8.88
2007	25.74	15.40	37.48	23.80	10.77	10.45
2008	27.22	14.31	39.26	26.16	9.86	8.37
2009	26.82	14.04	41.84	29.17	9.19	7.02
2010	92.00	26.06	5.59	41.57	0.49	1.65
2011	26.38	14.29	39.90	27.71	9.17	7.28
2012	25.70	13.87	38.00	27.58	7.33	7.36
2013	26.45	13.68	39.29	28.44	8.09	4.80
2014	24.36	13.67	37.09	27.04	7.48	5.14
2015	22.73	13.97	38.50	26.58	9.00	6.21
2016	22.02	14.95	37.64	26.06	8.27	7.35
2017	22.19	15.70	37.48	25.91	8.26	6.97
2018	22.62	16.56	35.98	25.34	7.76	9.61
2019	22.55	16.56	34.19	24.43	7.23	11.63
2020	21.46	16.35	29.89	21.63	5.79	10.87
2021	21.17	16.50	28.61	20.49	5.70	15.70

数据来源：塞尔维亚财政部。

（3）收支平衡

塞尔维亚财政大多年份处于赤字状态。2006年—2021年的13年间，塞政府财政均为赤字，且呈现出扩大趋势。2006年，塞财政赤字为308.6亿第纳尔，而到了2020年，为了对冲新冠疫情对经济的影响，塞政府加大支出力度，塞财政赤字增长至4 427.9亿第纳尔，是2006年的14.3倍。随着经济转暖，2021年，即便塞降低了政府支出规模，赤字仍达2 593.9亿第纳尔。

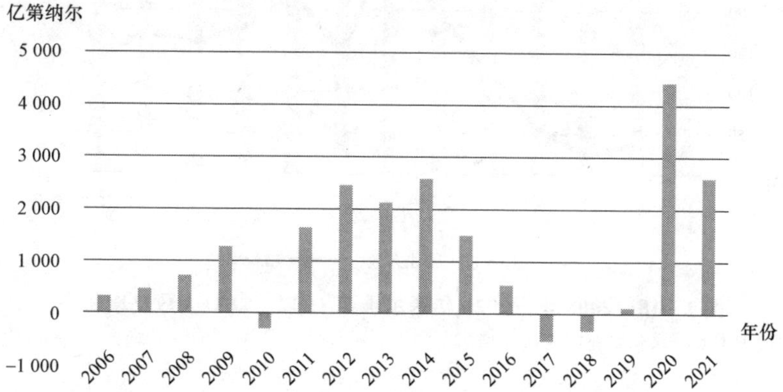

图1－17　2006年—2021年塞尔维亚政府赤字

数据来源：塞尔维亚财政部。

1.3.7　就业、失业率和工资收入情况

（1）就业情况

2008年—2012年，塞尔维亚15岁以上就业人数逐年递减，从2008年的282.2万降至2012年的222.8万，年均降幅达5.3%，其中，50岁～54岁、30岁～34岁就业人数减少最为显著，分别减少了9.4万、8.8万，而60岁～64岁就业人数有所上升，从2008年的10.6万增长至2012年的12.7万，增加了2.1万人。2013年开始，塞尔维亚就业人数开始逐步回升，到了2020年，塞15岁以上就业人数已增至289.5万，较2013年增加25.3%，年均增幅达3.6%。在这一时期，25岁～44岁就业人口增长明显，7年间增加32.4万人。从就业人口年龄比重来看，25岁～54岁占比最高，基本维持在总就业人口的72%左右，2020年，该年龄段就业人口占比为71.6%，相较于2008年略降1.3个百分点，15岁～24岁就业人口比重也下降了1.7个百分点，但55岁～64岁就业人口比重却上升了3.2个百分点，就业结构出现了轻微老龄化倾向。同时，从性别结构上来看，塞尔维亚男女就业比例

在近年来更趋平衡。2014 年，男性就业人数为 145.7 万，占比 56.9%，2020 年，男性就业人数上升 160.9 万，而占比略降至 55.6%，较 2014 年收缩 1.3 个百分点。

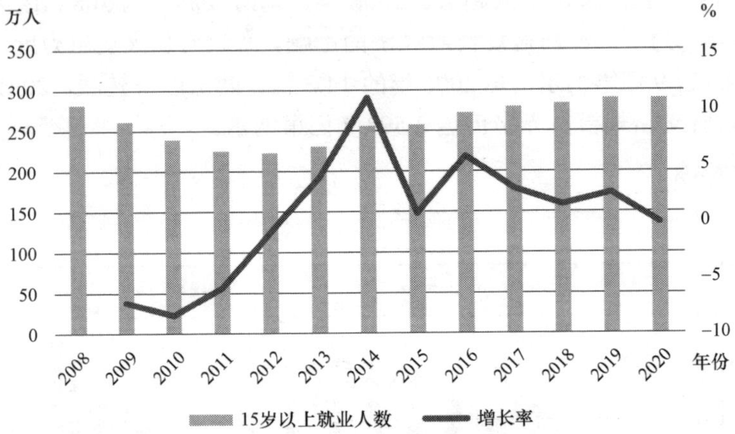

图 1－18　2008 年—2020 年塞尔维亚 15 以上就业人数及增长率

数据来源：塞尔维亚国家统计局。

表 1－22　2006 年—2020 年塞尔维亚就业年龄结构（单位：万人）

年龄段 年份	15 岁～24 岁	25 岁～34 岁	35 岁～44 岁	45 岁～54 岁	55 岁～64 岁	65 岁以上
2008	18.92	58.16	69.26	78.35	40.25	17.24
2009	14.44	53.59	65.17	72.53	41.13	14.77
2010	13.04	45.97	61.10	67.73	39.52	12.28
2011	11.77	42.18	59.46	63.83	39.43	8.66
2012	11.79	42.53	58.27	61.43	40.24	8.57
2013	11.14	43.49	61.38	62.24	41.57	11.25
2014	12.01	56.43	69.81	65.57	40.76	11.37
2015	12.95	57.23	70.92	65.32	40.66	10.34
2016	14.93	58.59	72.75	66.16	45.52	13.99
2017	15.44	59.90	74.93	66.79	47.72	14.67
2018	15.34	61.75	76.27	67.28	47.90	14.75
2019	15.38	61.89	77.10	68.86	50.12	16.75
2020	14.64	60.22	77.09	69.93	50.54	17.06

数据来源：塞尔维亚国家统计局。

表 1-23　2014—2020 年塞尔维亚就业性别结构（单位：万人）

性别＼年份	2014	2015	2016	2017	2018	2019	2020
男性	145.70	146.63	153.16	156.51	159.01	161.66	160.94
女性	110.25	110.79	118.78	122.95	124.29	128.44	128.53

数据来源：塞尔维亚国家统计局。

2010 年—2021 年，在塞尔维亚 15 岁～74 岁就业者中，受过高等教育的人数快速增加，从 49.2 万增长到 78.8 万，增加了 60.1%，年增长速度为 5.5%，并且受过高等教育的人数占总就业人数的比重也同步提升，2021 年达到 27.8%，相较于 2010 年提高 7 个百分点。同时，受过高中及中专教育的 15 岁～74 岁就业者人数也显著增长，2010 年—2021 年，人数由 135 万增长至 166 万，增幅达 22.9%，占总就业人数的比重也从 57.1%增至 58.6%。因此，2010 年—2021 年，塞尔维亚的适龄就业者仍然以高中及以上非高等教育学历为主，高等教育的普及还具有一定的发展空间。此外，在受过高等教育的 15 岁～74 岁就业者中，25 岁～39 岁的人数增幅最为显著，且所占比重逐年提高，2010 年，该年龄段人数为 16.5 万，2021 年升至 35.7 万，增幅达 117.1%，所占比重也由 33.4%上升至 45.4%，而 40 岁～59 岁就业者占比显著降低，由 2010 年的 58.3%降至 44.2%。

表 1-24　2010—2021 年塞尔维亚 15 岁～74 岁就业者受教育程度分布（单位：万人）

年份＼教育程度	初中以下学历	高中及以上非高等教育学历	高等教育学历
2010	52.05	135.02	49.21
2011	46.47	127.73	48.57
2012	43.68	126.01	49.94
2013	45.84	129.57	51.45
2014	45.28	146.92	60.52
2015	43.27	147.78	63.98
2016	47.33	154.02	67.25
2017	47.44	158.05	70.7
2018	45.4	160.75	74.08
2019	45.94	164.41	76.14
2020	43.51	166.99	75.83
2021	38.59	165.95	78.77

数据来源：Eurostat。

表 1-25　2010 年—2021 年塞尔维亚各年龄段高等教育学历就业人数（单位：万人）

年份＼年龄段	15 岁～24 岁	25 岁～39 岁	40 岁～59 岁	60 岁～69 岁
2010	0.71	16.46	28.7	3.19
2011	0.78	16.69	27.6	3.24
2012	0.74	18.13	27.29	3.75
2013	0.56	20.23	26.1	4.39
2014	1.01	26.77	28.56	4.03
2015	1.12	28.95	29.15	4.54
2016	1.04	30.33	29.95	5.66
2017	1.3	32.73	30.11	6.14
2018	1.1	34.2	32.16	6.23
2019	1.08	34.99	32.73	6.76
2020	1.36	33.75	33.14	7.04
2021	1.33	35.73	34.8	6.47

数据来源：Eurostat。

2010 年—2021 年，在塞尔维亚 15 岁～74 岁就业者中，仅农林渔业、金融和保险业人数出现减少，其中农林渔业减少 9 万，而金融和保险业仅减少 100 人，无明显影响。制造业、建筑业、批发零售贸易、机动车修理、信息和通信的就业人数增长均超过 5 万，增幅明显。同时，在 15 岁～74 岁就业者中，农林渔业、金融和保险产业 50 岁以上就业人数有所下降，而制造业，批发和零售贸易、机动车辆和摩托车修理，专业、科学和技术，公共行政和国防、强制性社会保障人数增长较为明显，在 2010 年—2021 年间的增幅均超过 1 万人，产业发展存在老龄化趋势。

表 1-26　2010 年—2021 年塞尔维亚 15 岁～74 岁就业人口产业结构（单位：万人）

产业＼年份	2010	2011	2012	2013	2014	2015	2016	2017	2018	2019	2020	2021
农林渔业	50.23	45.84	44.33	46.32	48.31	48.16	48.51	46.4	43.39	43.45	40.36	41.22
采矿和采石	2.33	3.12	2.58	2.21	3.19	3.09	2.94	3.2	3.26	3.09	3.7	3.61
制造业	40.16	38.6	37.8	39.16	40.61	41.39	44.85	47.73	51.77	54.16	54.17	56.36

续表

年份 产业	2010	2011	2012	2013	2014	2015	2016	2017	2018	2019	2020	2021
电力、燃气、蒸汽和空调供应	3.63	3.12	3.54	3.75	3.82	3.09	3.33	3.98	4.23	3.83	3.57	3.7
供水；污水处理、废物管理和修复	3.08	3.5	3.35	3.37	3.97	3.71	3.67	4.23	4.37	4.58	3.9	3.91
建筑	12.06	11.83	11.48	10.9	11.46	11.67	11.58	11.53	12.55	13.89	15.54	17.14
批发和零售贸易；机动车辆和摩托车的修理	32.6	30.01	30.05	29.61	33.82	35.97	37.62	37.09	37.33	38.54	39.32	40.21
运输和仓储	12.53	12.35	12.91	13.37	13.71	13	13.2	14.45	15	15.7	15.23	16.08
住宿和餐饮服务	7.16	6.17	6.04	5.84	6.72	8.76	8.74	9.39	10.18	10.52	9.24	9.12
信息和通信	4.7	4.38	3.33	4.73	6.07	5.98	6.17	6.64	7.25	7.82	9.03	10.51
金融和保险	4.47	4.37	4.18	4.21	4.56	4.8	4.51	4.58	4.28	4.65	4.47	4.46
房地产	—	0.31	0.23	0.25	0.28	0.36	0.35	0.39	0.35	0.49	0.33	0.5
专业服务、科学和技术	5.93	5.46	5.17	6.13	7.02	7.32	8.87	9.65	10.14	9.47	9.59	10.14
行政和支持服务	4.42	4.91	4.93	4.81	5.62	5.62	5.23	4.83	5.41	5.31	6.09	5.88
公共行政和国防；强制性社会保障	12.04	11.91	11.78	13.1	15.3	14.83	14.31	14.65	15.3	15.24	15.01	15.15
教育	15.93	14.96	15.11	14.89	16.06	16.18	16.34	17.11	17.8	18.32	18.45	17.93
人类健康和社会工作	15.67	14.39	14.19	13.02	15.18	15.37	16.03	15.72	15.62	15.83	15.75	16.11
艺术、娱乐和休闲	3.7	2.64	3.09	3.78	4.93	4.87	4.66	5.27	4.87	4.75	4.64	5.1
其他服务	4.68	3.58	3.88	4.59	5.08	4.71	4.68	4.97	5.15	5.05	5.38	5.24

数据来源：Eurostat。

表 1-27　2010 年—2021 年塞尔维亚 50 岁以上就业人口产业结构（单位：万人）

产业 \ 年份	2010	2011	2012	2013	2014	2015	2016	2017	2018	2019	2020	2021
农林渔业	31.22	26.37	26.08	28.7	27.74	26.24	27.47	26.12	24.77	25.65	24.31	24.36
采矿和采石	0.61	0.79	0.86	0.73	0.98	0.85	0.94	1.05	1.18	1.06	1.04	1.04
制造业	12.35	12.13	11.78	11.51	10.22	10.66	11.36	11.79	12.9	14.24	14.39	14.72
电力、燃气、蒸汽和空调供应	1.2	1.1	1.32	1.48	1.54	1.14	1.23	1.57	1.47	1.4	1.44	1.48
供水；污水处理、废物管理和修复	0.99	1.28	1.16	1.38	1.31	1.23	1.25	1.39	1.43	1.67	1.5	1.44
建筑业	4.17	4.15	3.84	3.29	3.15	3.4	3.47	3.7	4.01	4.06	4.73	5.37
批发和零售贸易；机动车辆和摩托车修理	6.17	6.48	6.44	6.46	5.86	6.76	6.97	7.32	7.35	8.2	8.72	8.52
运输和储存	3.63	4.04	4.37	5.12	4.57	3.97	4.04	4.28	4.27	4.86	5.21	5.38
住宿和餐饮服务	1.62	1.57	1.36	1.31	1.23	1.6	1.8	1.92	1.74	1.96	1.89	2.16
信息和通信	1.24	1.15	0.99	1.37	1.41	1.27	1.17	1.1	1.26	1.28	1.51	1.68
金融和保险	0.96	1.31	1.2	1.2	0.95	1.12	1.05	0.96	0.99	0.91	1.02	0.95
专业服务、科学和技术	1.97	1.79	1.88	2.46	2.17	2.12	2.48	2.54	2.82	2.64	2.63	3.04
行政和支持服务	1.44	1.46	1.48	1.37	1.51	1.57	1.87	1.66	1.74	1.91	1.94	2.05
公共行政和国防；强制性社会保障	3.47	3.53	3.49	4.18	4.53	4	3.91	4.23	4.71	5.1	4.89	4.58
教育	5.79	5.32	5.51	5.21	5.21	5.51	5.75	5.97	6.39	6.63	6.79	6.46
人类健康和社会工作	5.51	4.77	4.69	4.5	4.96	5.64	5.76	5.64	5.52	5.49	5.86	6.31
艺术、娱乐和休闲	0.84	0.7	0.85	1	1.22	0.97	0.88	0.97	0.97	1	0.98	1.16
其他服务	1.23	0.83	1.11	0.93	1.2	0.97	1.06	1.16	1.37	1.22	1.19	1.31

数据来源：Eurostat。

（2）失业率

2010年—2021年，塞尔维亚15岁～74岁人口的失业率总体呈下降趋势，2010年，其失业率为21.1%，2012年达峰值26%，2021年降至11.1%，较2012年降低14.9个百分点。其中，15岁～24岁人口的失业率降幅最大，2010年为48.4%，2021年降为26.4%，下降了22个百分点。

与此相对，2000年—2021年，塞尔维亚无论男性、女性，15岁～74岁人口的失业率均不断展现出下降趋势，该年龄段男性失业率由19.9%下降至10.2%，而该年龄段女性失业率由22.7%下降至12.1%，分别降低了9.7个百分点和10.6个百分点。其中男性15岁～24岁、25岁～54岁、55岁～74岁失业率分别降低了22.8个百分点、8.1个百分点以及7.9个百分点，而女性在这三个年龄段分别降低了20.6个百分点、9.6个百分点和4.1个百分点。值得注意的是，虽然塞尔维亚各年龄段女性人口失业率的发展趋势与男性相同，但女性失业率明显高于同龄男性，进一步说明了塞就业市场仍存在一定性别差异。

表1-28　　2010年—2021年塞尔维亚15岁～74岁失业率（%）

年份＼年龄段	15岁～24岁	25岁～54岁	55岁～74岁	15岁～74岁
2010	48.4	19.7	12.5	21.1
2011	53.1	23.5	16.2	25
2012	53.3	24.4	19.1	26
2013	51.7	23.1	16.2	24.2
2014	49.1	19.7	12.1	20.7
2015	44.6	18.1	11.4	19
2016	36.2	16.4	8.6	16.5
2017	33.1	14.4	8	14.6
2018	30.8	13.5	8.4	13.8
2019	28.6	11	6.2	11.3
2020	27.7	9.5	4.9	9.8
2021	26.4	10.9	5.9	11.1

数据来源：Eurostat。

表 1-29　2010 年—2021 年塞尔维亚 15 岁～74 岁分性别失业率分布（%）

年份	男性				女性			
	15 岁～24 岁	25 岁～54 岁	55 岁～74 岁	15 岁～74 岁	15 岁～24 岁	25 岁～54 岁	55 岁～74 岁	15 岁～74 岁
2010	47.4	17.9	13.7	19.9	50.1	21.8	10.2	22.7
2011	49.4	22.3	16.9	24	60	24.9	14.6	26.3
2012	49.7	22.8	20.1	24.9	59.7	26.3	17	27.6
2013	46.5	20.8	18	22.5	60.2	25.7	12.8	26.5
2014	47.2	18.2	13.2	19.7	52.3	21.5	10	21.9
2015	41.1	17	12.1	18.1	50.5	19.4	9.9	20.2
2016	33.1	15.6	9.2	15.8	41.5	17.4	7.7	17.4
2017	30	13.6	8.7	13.9	38.1	15.5	6.8	15.5
2018	29.1	12.4	8.6	12.9	33.7	14.8	8.1	14.8
2019	26.9	10.3	6	10.7	31.5	11.9	6.6	12.1
2020	25.8	8.9	5.4	9.5	31	10.3	4.3	10.2
2021	24.6	9.8	5.8	10.2	29.5	12.2	6.1	12.1

数据来源：Eurostat。

此外，2014 年—2020 年，在塞尔维亚 15 岁～74 岁人口中，初中及以下学历、高中及以上非高等教育学历、高等教育学历的失业率均呈下降趋势，六年间分别下降了 9.1 个百分点、11.6 个百分点以及 7.4 个百分点，降幅明显。同时，作为失业人口比重最大的部分，20 岁～64 岁人口中不同学历失业率降幅与 15 岁～74 岁人口相当，2014 年—2020 年分别降低了 9.6 个百分点、11.3 个百分点与 7.4 个百分点。

表 1-30　2014 年—2020 年塞尔维亚 15 岁～74 岁、20 岁～64 岁不同教育程度人口失业率分布（%）

年份	15 岁～74 岁			20 岁～64 岁		
	初中以下学历	高中及以上非高等教育学历	高等教育学历	初中以下学历	高中及以上非高等教育学历	高等教育学历
2014	18.2	21.2	15.4	19.9	20.7	15.5
2015	15.6	19.4	15.3	16.8	19	15.5
2016	13.1	16.7	13.9	14.6	16.5	14.1

续表

年份	15岁～74岁			20岁～64岁		
	初中以下学历	高中及以上非高等教育学历	高等教育学历	初中以下学历	高中及以上非高等教育学历	高等教育学历
2017	11.6	14.8	12.3	12.9	14.4	12.4
2018	12.6	13.8	10.9	13.9	13.6	11
2019	11.2	11.2	8.4	12.3	11.1	8.5
2020	9.1	9.6	8	10.3	9.4	8.1

数据来源：Eurostat。

（3）工资收入

近年来，塞尔维亚净收入中位数稳步提高。2018年1月，塞人均净收入中位数为38 721第纳尔，到2021年12月，这一数值已增至53 349第纳尔，三年增幅高达37.8%。同时，不同年龄区间收入及增长也有明显差异。以2018年至2021年历年9月份统计数据为例，65岁以上群体人均收入总体最高，2021年9月，该年龄段人均净收入达71 138第纳尔。而30岁～34岁人群人均净收入增幅最为显著，2021年9月，该人群人均净收入为67 687第纳尔，相较于2018年9月上升43.9%。此外，不同性别收入也存在差异，除60岁以上群体以外，其他年龄段人口男性收入普遍高于女性，其中，35岁～39岁人口最为显著，2021年9月该年龄段男性比女性净收入高13 391第纳尔，占到了女性收入的21.7%。

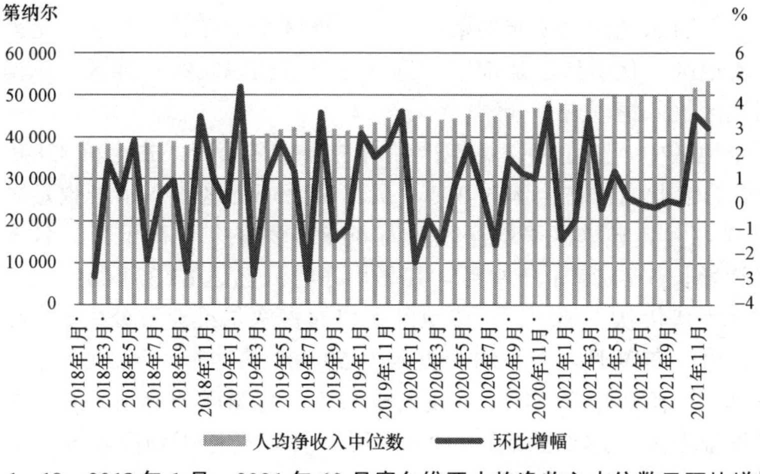

图1－19　2018年1月—2021年12月塞尔维亚人均净收入中位数及环比增幅

数据来源：塞尔维亚国家统计局。

表 1-31　2018 年 9 月—2021 年 9 月塞尔维亚各年龄段分性别平均净收入分布（单位：第纳尔）

时间	2018 年 9 月			2019 年 9 月			2020 年 9 月			2021 年 9 月		
年龄	总体	男性	女性	总体	男性	女性	总体	男性	女性	总体	男性	女性
15 岁～19 岁	31 115	31 998	29 471	35 865	36 816	34 169	37 887	38 588	36 461	41 666	42 593	39 789
20 岁～24 岁	35 184	36 193	33 590	39 833	40 875	38 186	44 512	45 625	42 725	49 239	50 690	46 965
25 岁～29 岁	43 073	44 136	41 693	48 423	49 753	46 719	55 410	57 385	52 815	62 598	65 226	59 201
30 岁～34 岁	47 037	49 363	44 152	52 822	55 747	49 230	60 400	64 346	55 402	67 687	72 810	61 239
35 岁～39 岁	49 999	53 131	46 539	55 998	60 158	51 420	62 628	67 489	57 189	68 903	75 221	61 830
40 岁～44 岁	50 684	54 129	47 184	57 268	61 939	52 553	63 137	67 989	58 201	69 208	75 606	62 728
45 岁～49 岁	49 298	52 557	46 008	55 746	60 172	51 327	61 708	66 186	57 248	66 964	72 221	61 800
50 岁～54 岁	48 074	50 911	45 207	53 617	57 413	49 742	59 155	62 854	55 385	63 897	68 017	59 698
55 岁～59 岁	48 488	49 496	47 410	53 412	55 000	51 764	58 404	59 726	57 052	62 284	64 210	60 325
60 岁～64 岁	52 512	51 097	55 252	56 743	55 914	58 138	61 306	60 258	62 852	65 123	64 303	66 213
65 岁以上	69 392	69 045	70 557	69 826	69 598	70 657	70 593	70 253	71 800	71 138	70 112	74 452

数据来源：塞尔维亚国家统计局。

塞尔维亚依地区可分为：贝尔格莱德地区、伏伊伏丁那地区、舒马迪亚及西塞尔维亚地区、东南塞尔维亚地区和科索沃及梅托西亚地区（Kosovo and Metohija）。根据塞尔维亚国家统计局公布的数据，不同地区平均净收入存在一定差距，现对贝尔格莱德地区、伏伊伏丁那地区、舒马迪亚及西塞尔维亚地区、东南塞尔维亚地区等四地区收入情况进行介绍。

在四个地区中，贝尔格莱德地区经济总量排名第一，占全国 GDP 的四成左右，且提供的就业岗位占全国的 30%。贝尔格莱德地区收入水平也是高居四区榜首。2019 年 9 月，该地区平均净收入为 66 829 第纳尔，高于第二名 30%以上，且随后持续增长，到 2021 年 9 月，其平均净收入已达 81 331 第纳尔。收入排名第二的地区为伏伊伏丁那地区，该地区人口约占塞尔维亚五分之一，经济贡献占 14%左右。2019 年 9 月，其平均净收入为 50 908 第纳尔，到 2021 年 9 月，升至 61 735 第纳尔，两年增幅 21.3%。收入排名第三和第四的分别为东南塞尔维亚地区、舒马迪亚及西塞尔维亚地区。2019 年 9 月，两地平均净收入分别为 47 007 第纳尔和 45 698 第纳尔，显著低于前两个地区，且经过两年增长，于 2021 年 9 月分别升至 57 078 第纳尔和 55 570 第纳尔，虽然两年增幅分别达 21.4%和 21.6%，但均未突破 6 万第纳尔，收入水平仍然滞后。

表 1－32 2019 年 9 月—2021 年 9 月塞尔维亚分地区平均净收入（单位：第纳尔）

区域 \ 时间	2019 年 9 月	2020 年 9 月	2021 年 9 月
贝尔格莱德地区	66 829	73 702	81 331
伏伊伏丁那地区	50 908	56 941	61 735
东南塞尔维亚地区	47 007	52 554	57 078
舒马迪亚及西塞尔维亚地区	45 698	50 910	55 570

数据来源：塞尔维亚国家统计局。

1.3.8 消费价格水平

2006 年—2013 年，塞尔维亚调和消费者物价指数增长速度较快，年增长速度基本在 6%以上，其中食品和非酒精饮料，含酒精的饮料、烟草和麻醉品，住房、水、电、气和其他燃料，运输的物价指数增速较高，远高于其他产品和服务。2014 年—2021 年，塞尔维亚年调和消费者物价指数增速有所放缓，年增幅基本维持在 3%以下水平，总体表现稳定。其中含酒精的饮料、烟草和麻醉品价格上升依然明显，以 2015 年调和消费者物价指数为 100 计算，2014 年—2021 年，此类商品指数上涨 39.7，同时，娱乐与文化服务价格也在该期间经历了较快上涨，指数增加 33.4。

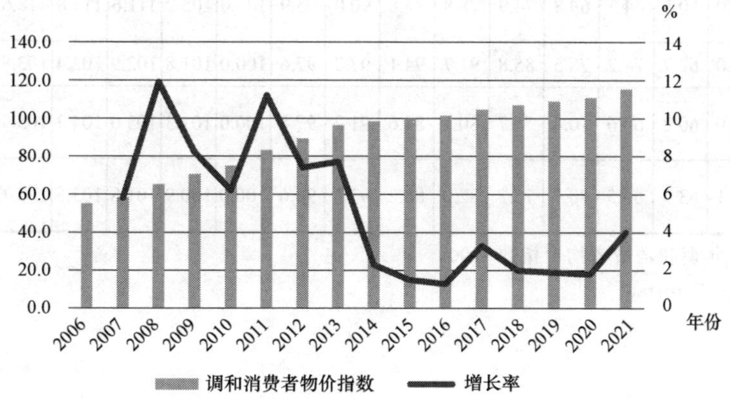

图 1－20 2006 年—2021 年塞尔维亚调和消费者物价指数及增长率

注：2015 年调和消费者物价指数=100。

数据来源：Eurostat。

表 1－33　2006 年—2021 年塞尔维亚各类产品和服务的调和消费者物价指数

产品或服务＼年份	2006	2007	2008	2009	2010	2011	2012	2013	2014	2015	2016	2017	2018	2019	2020	2021
食品和非酒精饮料	53.9	56.5	68.6	71.8	73.7	84.5	90.8	98.0	97.7	100.0	100.1	103.8	105.7	108.4	111.7	116.6
含酒精的饮料，烟草和麻醉品	30.8	37.7	42.1	51.5	57.5	66.7	75.4	91.7	101.1	100.0	106.8	113.7	120.0	126.2	133.2	140.8
服装和鞋类	71.8	76.9	82.4	88.9	93.7	97.9	101.6	103.4	101.9	100.0	98.6	97.2	96.2	94.9	93.1	93.1
住房，水，电，气和其他燃料	50.8	54.1	58.0	65.1	71.1	79.8	85.1	91.7	96.4	100.0	102.3	104.6	106.4	108.1	110.4	116.2
家具，家用设备和日常家庭维护	64.6	65.7	67.8	71.2	77.2	83.3	91.8	99.7	99.7	100.0	100.7	102.3	103.0	103.9	104.4	106.4
健康	59.0	64.6	66.3	76.1	79.3	85.8	88.7	97.0	100.9	100.0	103.1	104.6	106.4	108.7	110.5	113.3
运输	59.6	60.7	67.3	71.9	80.3	88.3	97.8	100.2	101.4	100.0	98.6	102.9	105.8	106.8	102.0	108.9
通信	75.1	76.2	75.5	82.3	84.9	86.2	89.6	97.3	96.7	100.0	101.8	106.6	106.4	106.9	112.4	114.5
娱乐与文化	57.0	60.5	64.3	69.8	74.9	78.8	84.8	90.0	95.9	100.0	105.2	111.6	115.8	118.6	125.5	129.3
教育	65.0	69.7	74.2	78.5	85.8	91.7	94.1	97.2	97.6	100.0	101.8	102.9	103.4	103.8	104.8	105.6
餐厅和酒店	57.0	60.2	64.6	70.4	75.7	80.1	84.6	91.2	97.4	100.0	101.3	103.0	104.3	105.9	107.9	111.3
杂项商品和服务	61.1	63.9	66.5	70.7	75.3	82.0	88.2	93.5	96.6	100.0	100.9	101.8	103.5	105.1	106.3	108.5

注：2015 年调和消费者物价指数=100。

数据来源：Eurostat。

第2章 塞尔维亚法律环境

2.1 塞尔维亚法律体系概述

“塞尔维亚”的全称是“塞尔维亚共和国”，其前身为南斯拉夫联盟共和国以及后来的塞尔维亚和黑山。一战后，塞尔维亚加入南斯拉夫王国。二战后，塞尔维亚成为南斯拉夫6个共和国之一。1991年，南斯拉夫开始解体。1992年，塞尔维亚与黑山组成南斯拉夫联盟共和国。2003年2月4日，南联盟更名为塞尔维亚和黑山。2006年6月3日，黑山共和国宣布独立。同年6月5日，塞尔维亚共和国宣布继承塞黑的国际法主体地位。

历史上的塞尔维亚共和国，在欧洲，是继法国、奥地利和荷兰之后第四个拥有成文编纂法律体系的国家。塞尔维亚的法律体系根源于古罗马法（Roman Law），塞尔维亚目前的法律体系属于欧洲大陆法系（Continental Law System），又称民法法系（Civil law System），法院判决主要依据的是成文法律的相关规定。塞尔维亚的法律渊源主要包括成文法规则，即塞尔维亚的立法机关制定的法律与其他一般性规定，塞尔维亚批准加入的国际条约以及受到普遍接受的国际法规则，这些国际法规则也是塞尔维亚法律体系的一部分。

2003年，南斯拉夫联盟共和国议会通过了《塞尔维亚和黑山宪章》，南斯拉夫联盟共和国改为由塞尔维亚共和国与黑山共和国组成的国家共同体。这个阶段的较为松散的联邦制国家，除了总统、军队组建、外交等方面的一致，已分别形成了不同的法律、海关政策、通用货币以及边防部队，塞尔维亚的独立的法律体系与法律环境已初步成型。2006年，塞尔维亚独立后，也进一步建立了更加独立自主与完善的法律体系。

塞尔维亚共和国是一个军事中立国，也是联合国、欧洲委员会、欧洲安全与合作组织等许多国际组织与条约的成员国之一。此外，塞尔维亚共和国于2012年3月1日获得了欧盟的候选国资格，并从2014年1月21日起开始更积极地推进加入欧盟进程，以在2025年之前成为欧盟成员国之一为目标。截至目前，塞尔维亚共和国尚未成为欧盟成员国，其国内的法律框架与欧盟的法律标准也有很多区别。另外，目前塞尔维亚暂时不是世界贸易组织（WTO）成员，仅具有观察员的资格。

近年来，塞尔维亚共和国正在加快法律体系的建设，不断完善更系统化的法律制度。然而，有评论认为，塞尔维亚的法律体系透明度不高、法律规定之间相互冲突、缺乏实施细则、法律执行效率低下等问题在客观上仍然存在。

塞尔维亚共和国现有的成文法律包括：《宪法》（Constitution）、《贸易法》（Law on Trade）、《对外贸易法》（Law on Foreign Trade）、《合同与侵权法》（Law on Contract and Torts）、《海关法》（The Customs Law）、《海关关税法》（Law on Customs Tariff）、《自由贸易区法》（Law on Free Trade Zone）、《保护竞争法》（Law on Protection of Competition）、《消费者保护法》（Law on Customer Protection）、《与其他国家法律冲突解决办法》（Law on Resolving Conflict of Laws with Regulations of Other Countries）、《投资法》（Law on Investment）、《公私合作与特许权法》（Law on Public-Private Partnership and Concessions）、《农业用地法》（Law on Agricultural Land）、《外汇业务法》（Law on Foreign Exchange Operations）、《公司法》（The Company Law）、《商事实体登记法》（Law on Registration of Commercial Entities）、《在塞尔维亚设立和运营境外代表处的条件规定》（Regulations on Conditions for Establishing and Operation of Foreign Representative Offices in Serbia）、《塞尔维亚商业登记署注册登记程序法》（Law on the Procedure of Registration with the Serbian Business Registers Agency）、《证券及其他金融工具市场法》（Law on Markets of Securities and Other Financial Instruments）、《联合股份公司收购法》（Law on Acquisition of Joint Stock Companies）、《建设和规划法》（Law on Construction and Planning）、《能源法》（The Energy Law）、《劳动法》（The Labor Law）、《破产法》（Law on Bankruptcy）、《增值税法》（Law on Value Added Tax）、《公司所得税法》（Law on Corporate Tax）、《个人所得税法》（Law on Individual Income Tax）、《房产税法》（Law on Real Estate Tax）、《强制社会保险法》（Law on Compulsory Social Insurance Contributions）、《国家银行法》（Law on National Bank of Serbia）、《反洗钱和反资助恐怖主义法》（Law on Prevention of Money Laundering and Financing

Terrorism）、《支付服务法》（Law on Payment Services）、《金融服务用户保护法》（Law on Protection of Users of Financial Services）、《征收法》（Law on Expropriation）、《民事程序法》（Law on Civil Procedure）、《仲裁法》（Law on Arbitration）、《公共采购法》（The Public Procurement Law）、《一般行政程序法》（The Law on General Administrative Procedure）、《行政法院程序法》（The Administrative Court Proceedings Act）、《私有化法》（Law on Privatization）、《国家测绘与不动产地籍法》（Law on State Survey and Cadastre of Real Estate）、《建设用地使用权有偿转换所有权法》（Law on Conversion of the Usage Right into Ownership Right over Construction Land with Compensation）、《所有权和所有权关系法》（The Law on Basis of Ownership and Proprietary Relations）、《森林法》（Law on Forest）、《抵押法》（Law on Mortgage）、《外国公民就业法》（Law on Employment of Foreigners）、《就业和失业保险法》（Law on Employment and Unemployment Insurance）、《工作中防止骚扰法》（Law on Prevention of Harassment at Work）、《职业安全与健康法》（Law on Occupational Safety and Health）、《养老金和伤残保险法》（Pension and Disability Insurance Law）、《环境保护法》（The Law on Environmental Protection）、《废物管理法》（The Law on Waste Management）、《水体法》（The Law on Waters）、《包装和包装废物法》（Law on Packaging and Packaging Waste）、《空气保护法》（The Law on the Air Protection）、《化学物品法》（Law on Chemicals）、《环境影响评估法》（Law on Environmental Impact Assessment）、《公用事业法》（The Law on Utilities）、《政府机构法》（Law on Government Administration）、《针对有效保护知识产权的特殊权力法》（Law on Special Authorities for the Sake of Efficient IPR Protection）、《专利法》（Law on Patent）、《商标法》（Law on Trademarks）、《著作权及邻接权法》（Law on Copyright and Related Rights）、《刑法》（Criminal Law）、《法院组织法》（Law on Organization of Courts）、《法院与检察院地域管辖权法》（Law on the Seats and Territorial Jurisdictions of Courts and Public Prosecutor’s Offices）、《民事程序法》（Law on Civil Procedure）、《仲裁法》（Law on Arbitration）、《调解法》（Law on Mediation）、《执行与担保法》（Law on Enforcement and Security）。

其中，与企业营商环境密切相关的部门法主要有《贸易法》《对外贸易法》《合同与侵权法》《投资法》《海关法》《海关关税法》《自由贸易区法》《保护竞争法》《消费者保护法》《劳动法》《增值税法》《公司所得税法》《外汇业务法》《公司法》等。

2.2 塞尔维亚政治体制与宪法

2.2.1 议会及政党

塞尔维亚共和国实行“三权分立”和“议会民主”的制度，塞尔维亚的立法权、行政权与司法权互相独立，同时互相制衡。根据塞尔维亚宪法的相关规定，塞尔维亚实行议会民主制，这也是塞尔维亚宪政和法制的最主要的体现。塞尔维亚国民议会是塞尔维亚国家的最高权力机关和塞尔维亚人民的最高代表机构，也是国内唯一的立法机关。塞尔维亚国民议会具有广泛的立法权限，具体包括批准和修改宪法、颁布法律、批准国家预算等。除立法的职责外，塞尔维亚议会还承担其他多重职责，包括且不限于国家机构的要职选举权、国家机构监督权、行使代议职能等。

塞尔维亚议会实行“一院制”，全称为“塞尔维亚共和国国民议会”，总计设有 250 个议席。根据法律规定，这些议席称为“人民代表”。这些代表以全民直选的形式产生，任期一般为 4 年。

2022 年 4 月 3 日，塞尔维亚举行了总统、议会和地方选举。本届塞尔维亚国民议会经由此次选举组成，议长是弗拉迪米尔・奥尔利奇（Vladimir ORLIĆ）。本届议会的任期为 2022 年至 2026 年。

塞尔维亚实行多党制，设党自由。当前，塞尔维亚已登记的政党超过 100 多个，本届议会的最大党为塞尔维亚进步党。在国民议会的 250 个议席中，塞尔维亚进步党占有 120 席，“团结为了塞尔维亚的胜利”联盟占有 38 席，社会党占有 31 席，“国家民主替代”联盟占有 15 席，“我们必须”联盟占有 13 席，“塞尔维亚王国爱国集团”和“守护者”党各占有 10 席，其余议席由少数民族政党获得。

2.2.2 政府

根据塞尔维亚宪法的相关规定，在国民议会的席位超过半数的政党即可组成政府，政府是塞尔维亚最高权力执行机构。当前，塞尔维亚总统是武契奇，于 2017 年 5 月就任，2022 年 4 月在首轮选举中获胜，以 60.01%的得票率再度当选总统，2022 年 5 月 31 日就任。

塞尔维亚总统是塞尔维亚共和国的国家元首，也是共和国武装力量的最高统帅。总统通过全民直选的方式产生，任期一般为五年。塞尔维亚《宪法》规定，总统最多连任两届。

塞尔维亚政府有建议立法、提出预算、执行法律、指导外交和内政等权力。塞尔维亚总理是塞尔维亚的政府首脑，由总统任命议会最大政党或政党联盟推举的人选担任。内阁成员名单由总理提名，议会任命。

2022 年 8 月 27 日，武契奇总统提名阿娜·布尔纳比奇（Ana Brnabić）牵头组阁。本届政府内阁由 21 个部委组成，设 23 个部长，分别是：第一副总理兼教育、科学和技术发展部长布兰科·鲁日奇（Branko Ružić），副总理兼农业、林业和水利部长布拉尼斯拉夫·奈迪莫维奇（Branislav Nedimović），副总理兼矿业和能源部长佐拉娜·米哈伊洛维奇（Zorana Mihajlović），副总理兼国防部长奈博伊沙·斯特法诺维奇（Nebojša Stefanović），副总理兼文化和信息部长玛娅·戈伊科维奇（Maja Gojković），财政部长西尼沙·马利（Siniša Mali），经济部长安杰尔卡·阿塔纳斯科维奇（Anđelka Atanasković），环保部长伊雷娜·武约维奇（Irena Vujović），建设、交通和基础设施部长托米斯拉夫·莫米罗维奇（Tomislav Momirović），贸易、旅游和电信部长塔特娅娜·马蒂奇（Tatjana Matić），司法部长玛娅·波波维奇（Maja Popović），国家管理和地方自治部长玛莉娅·奥布拉多维奇（Marija Obradović），人权、少数族裔权利和社会对话部长戈尔达娜·乔米奇（Gordana Čomić），内务部长阿莱克桑达尔·武林（Aleksandar Vulin），外交部长尼科拉·塞拉科维奇（Nikola Selaković），欧洲一体化部长亚德兰卡·约克西莫维奇（Jadranka Joksimović），卫生部长兹拉蒂博尔·伦查尔（Zlatibor Lončar），劳动、就业、退伍军人和社会事务部长达里娅·基西奇—特帕夫切维奇（Darija Kisić Tepavčević），家庭和人口事务部长拉特科·德米特罗维奇（Ratko Dmitrović），青年和体育部长瓦尼亚·乌多维契奇（Vanja Udovičić），农村事务部长米兰·克尔科巴比奇（Milan Krkobabić），负责创新和科技的不管部长奈纳德·波波维奇（Nenad Popović），负责市政发展的不管部长诺维察·顿切夫（Novica Tončev）。

2.2.3 宪法

历史上，塞尔维亚的《1835 年宪法》是欧洲最早的现代宪法。此后，塞尔维亚先后通过了 10 部不同的宪法。现行塞尔维亚《宪法》是于 2006 年 11

月经塞尔维亚议会通过后的新宪法。2006 年 10 月 28 日，塞尔维亚就是否接受新宪法草案举行了全民公投，结果显示该草案获得通过。2006 年 11 月 8 日，塞尔维亚共和国议会举行了特别会议，正式颁布了新宪法。新宪法代替了 1990 年制定的塞尔维亚宪法，自颁布之日起生效。新宪法也宣告了塞尔维亚的独立。

塞尔维亚《宪法》规定了一般原则、人权与自由、公共财政、共和国职权、国际机构权限和宪法法院管辖权等事项。此外，《宪法》还规定了公共事务管理职权的机构、政党、工会等组织的内部规程及集体协议，自治省和其他地方自治区域的行政法规、行政决定和其他政策性文件合法性等内容。

塞尔维亚《宪法》在国内具有最高的法律效力，最高法律效力体现在塞尔维亚的法律必须遵循合宪性及合法性原则；塞尔维亚加入的国际条约必须与塞尔维亚宪法和谐一致；同时，国内颁布的所有法律和其他一般性规定必须与塞尔维亚宪法及塞尔维亚业已加入的国际条约保持一致。另外，被授予公共事务管理职权的机构、政党、工会等组织的内部规程及集体协议，以及自治省和其他地方自治区域的行政法规、行政决定及其他政策性文件也必须符合法律规定，不得与法律规定相冲突。

2.2.4 宪法法院

塞尔维亚设有专门的宪法法院（constitutional court），对有关宪法的事项做出判决，以保障《宪法》的实施。塞尔维亚宪法法院是独立自主的国家机构，根据《宪法》的规定，负责维护合宪性和合法性，保护人权与自由。

塞尔维亚宪法法院位于贝尔格莱德，前身是南斯拉夫宪法法院，其成立可追溯至 1963 年，并于 1964 年起开始运作至今。

塞尔维亚宪法法院的现任院长是斯内扎娜 • 马尔科维奇（Snežana Marković），于 2019 年 12 月当选，2020 年 1 月就任，任期 3 年。塞尔维亚宪法法院由 15 名法官组成。其中，5 名法官由塞尔维亚总统提名产生，5 名法官由国民议会选举产生，另外 5 名法官由塞尔维亚最高上诉法院全体会议选举产生。选举结束后，塞尔维亚宪法法院的在任法官须在国民议会议长面前宣誓。塞尔维亚宪法法院法官的任期一般为 9 年，最多不超过两届。法官必须年满 40 周岁且至少有 15 年的执法经验，且除了可兼任大学法学院的教学职务外，不得兼任其他公职或从事其他工作。塞尔维亚宪法法院的法官享有免于起诉的豁免权。

宪法法院的管辖事项包括：审查法律和其他一般规定是否符合宪法、经普遍认可的国际法规则和批准加入的国际条约；审查批准加入的国际条约的合宪性；审查其他一般规定的合法性；审查自治省和地方自治政府的法律和一般规定的合宪性及合法性；审查被授权管理公共事务的组织、政党、商会、民间组织的一般规定的合宪性及合法性；协调解决法院和其他国家机关之间的管辖权冲突；协调解决共和国与自治省或地方自治政府之间的管辖权冲突；决定自治省和地方自治政府之间的管辖权冲突；协调解决不同自治省之间的或者不同地方自治政府之间的管辖权冲突；确定法律规定不明的纠纷所辖法院；确定政党、工会及协会的禁止事项等。

2.3 塞尔维亚司法体系

2.3.1 塞尔维亚法院体系概述

塞尔维亚共和国的司法机构主要包括宪法法院、最高法院、地方各级法院、共和国检察院与地方各级检察院等。其中，前文所述的宪法法院较为特殊，独立于法院的体系之外，仅依据宪法对法律法规的合宪性及合法性做出判决。

塞尔维亚最高法院院长和检察院检察长由议会选举产生。最高法院院长娅斯米娜·瓦索维奇（Jasmina Vasović），2021 年 4 月就任。共和国检察长扎戈尔卡·多洛瓦茨（Zagorka Dolovac），2010 年 1 月就任，2015 年连任。

在塞尔维亚，法律审判权独立，审判权具体由最高法院和各级法院行使。上述法院判决时的依据包括宪法、法律和其他法令以及普遍认可的国家法规则和已批准加入的国际条约等。塞尔维亚上级法院做出的判决对下级法院日后的判决不具有强制性的拘束力，仅有参考性的意义，这也体现了大陆法系国家司法上的特点。

塞尔维亚的法院包括普通管辖法院与特殊管辖法院。其中，普通管辖法院包括基层法院、高等法院、上诉法院和最高法院。特殊管辖法院包括商事法院、商事上诉法院、行政法院、轻罪法院、轻罪上诉法院。不同法院之间的管辖权主要根据《法院组织法》界定。

塞尔维亚的法院系统设有三个层级，即基层法院和高等法院管辖一般案件的一审，上诉法院管辖上诉审，最高法院为终审机关。经过上一次司法体系改革，塞尔维亚现有 66 个基层法院、25 个高等法院、4 个上诉法院、16 个商事法院以及 44 个轻罪法院。上诉法院中，商事上诉法院、行政法院、轻罪上诉法院各 1 个，主要办公地址均在贝尔格莱德。

2.3.2 塞尔维亚最高法院

根据塞尔维亚《宪法》和《法院组织法》，塞尔维亚最高级别的法院是塞尔维亚最高法院（Supreme Court of Cassation）。最高法院是塞尔维亚的最高司法机关，其前身为塞尔维亚最高上诉法院。塞尔维亚最高法院设于贝尔格莱德，由 1 名法院院长和 49 名法官组成。

塞尔维亚最高法院有权就塞尔维亚共和国境内所有法院的判决和决定进行审查和提供救济，并有权推翻下级法院先前做出的判决；最高法院还负责决定法院管辖权冲突的事项和移送管辖权的事宜。

塞尔维亚最高法院的职权还包括：确定一般法律立场以便法院系统统一适用法律；就行使司法职权有关的法律法规草案提出意见；对法律、法规的适用及法院的工作进行分析；从法官中遴选最高司法委员会成员，并提名一位常任成员；决定法官诫勉和履职标准；对有损法官尊严、独立性和损害法院声誉的事项做出决定；对法官高级培训的类型和方式等做出决定；执行法律规定的其他任务。

2.3.3 塞尔维亚司法部

塞尔维亚司法部的职责包括：监督司法行政部门，监督法院与检察院相关管理条例的实施；负责与司法机关的组织和运作有关的人事、分析和监督任务；负责公证员、法警和其他司法职业的专业引导工作；负责支持律师考试等活动；负责与司法警卫有关的任务等。

2.4 塞尔维亚民商事争议解决制度

2.4.1 民商事争议解决制度概述

在塞尔维亚，民商事争议的解决方式主要包括诉讼和仲裁两种。除诉讼之外，在塞尔维亚还可以通过仲裁与调解等行政性争议解决方式解决民商事争议。相关法律规定有《法院组织法》《民事程序法》《仲裁法》《执行与担保法》《破产法》等。

此外，塞尔维亚还加入了关于法院判决或仲裁裁决承认与执行的相关公约。这些公约包括《日内瓦议定书》（Geneva Protocol）、《日内瓦公约》（Geneva Conventions）、《联合国承认及执行外国仲裁裁决公约》（the New York Convention on the Recognition and Enforcement of Foreign Arbitral Awards）、《关于解决国家和其他国家国民投资争端公约》（Convention on the Settlement of Investment Disputes Between States and Nationals of Other States）等。

2.4.2 诉讼制度

作为争议解决手段之一的诉讼手段，通过塞尔维亚的法院行使职权达成。

塞尔维亚《民事程序法》最新的修订内容中，将塞尔维亚主要庭审程序和证据开示程序进行了一体化处理，旨在提升民事诉讼效率。当事人与法院均可以就特定事项指定专家证人。一审结束后，任何一方当事人可以在15天内提起上诉。上诉法院在案卷材料送达之日起9个月之内应做出相应裁决。但在实践中，该时限规定可能不被遵守。

通常情况下，民商事案件的初审法院是基层法院，负责管辖一个或多个市镇的案件。高等法院负责管辖一个或多个基层法院辖区的一审案件，在少数案件中作为基层法院的二审法院。上诉法院是基层法院和高等法院的二审法院。商业法院管辖商事案件，商事上诉法院是这些案件的二审法院。最高法院有权决定特别司法救济，裁决管辖权冲突。

由于塞尔维亚法治建设尚不完善，某些诉讼可能需要几年才能获得最终判决。通常，外国企业在塞投资时如与塞方合作伙伴产生纠纷，应以磋商解决作为首选方案，或将诉讼法律途径作为最终手段。此外，外国企业可在合同中明确仲裁条款，以降低相关商业风险。

2.4.3 仲裁制度

因仲裁作为一种常见的民商事争议解决的形式，具有独立性、公正性、保密性、专业性与高效性等优势，仲裁已在国际舞台上越来越成为一种受欢迎的替代性民商事争议解决的方法。

在塞尔维亚，由于诉讼进展普遍缓慢，仲裁的成本更低、解决速度更快。在民商事纠纷解决过程中，仲裁是比诉讼更具优势的常用争议解决方式。2006年，塞尔维亚修订了《仲裁法》，整合和完善了《民事诉讼法》及《法律冲突法》中关于仲裁的内容。《仲裁法》以1985年《联合国国际贸易法委员会示范法》（UNCITRAL Model Law On International Commercial Arbitration）文本为基础，并结合塞尔维亚实际增加了一些内容，例如：仲裁员人数必须是奇数；当事人必须在一定时间内指定仲裁员；如果裁决是基于虚假证人或专家证词、伪造文件或仲裁员或当事人的犯罪行为（经由具有约束力的刑事法院最终判决确定），则可以撤销。此外，塞尔维亚还是《欧洲国际商事仲裁公约》（European Convention on International Commercial Arbitration）的缔约国，并缔结了一些关于承认和执行问题的双边协议。

塞尔维亚暂未设立专门配套处理仲裁事项的仲裁法院，但塞尔维亚高级法院和商业法院有权管辖与仲裁有关的事项（管辖权取决于争端各方）。总体上，塞尔维亚司法机构在处理仲裁事项的专业知识和能力尚待培养和提升，但仲裁法在塞尔维亚是受到大力鼓励发展的领域，与仲裁相关的司法实践有望在未来几年得到加强和提升。

在塞尔维亚，除法律规定不可仲裁的事项之外，其他民商事争议在原则上均可以通过仲裁协议或仲裁条款的形式，约定以仲裁的形式解决。一般来说，只有仲裁协议的当事人受其条款约束，除另有约定外，仲裁协议产生的权利和义务可通过合同或索赔的转让和代位权的方式转移。

根据塞尔维亚《仲裁法》，仲裁协议要想有效力和可执行性，（1）必须提及可仲裁的争端；（2）必须以书面形式写就；（3）必须由具有必要素质或能力的当事人缔结；（4）缔结协议的一方不得因受胁迫、欺诈或基于错误缔结；以及（5）必须提到涉及确定法律关系的争端。对此，塞尔维亚法院在审理相关案件中形成的总体立场是，可仲裁的纠纷是除法院有专属管辖权的事项外，涉及当事人可以自由处置的权利的金钱纠纷。在实践中，涉及不动产产权、塞尔维亚国内破产程序、私有化问题、知识产权以及与塞尔维亚具体公司事务的相关争议被认为是不可仲裁的。

塞尔维亚国内目前有两大仲裁机构，第一大机构是塞尔维亚商会常设仲裁院，又称 PACC（Permanent Arbitration at the Chamber of Commerce）①，由此前的塞尔维亚对外贸易仲裁院和常设仲裁院合并而成。第二大机构是贝尔格莱德仲裁中心，又称 BAC（Belgrade Arbitration Center）②。此两大仲裁机构行使管辖权的唯一条件是民商事争议当事人之间存在书面仲裁协议或其他仲裁条款。此外，贝尔格莱德仲裁中心适用的仲裁规则与《联合国国际贸易法委员会仲裁示范法》保持一致，即允许当事人选择任何仲裁规则。目前，外国仲裁机构在塞尔维亚暂未

① https://www.pks.rs/o-nama
② http://www.arbitrationassociation.org

设有分支机构。此外，塞尔维亚法律通常允许外国仲裁机构管辖在塞尔维亚进行的仲裁。

与全球通行的做法一样，塞尔维亚的仲裁采取一裁终局制度，仲裁的裁决即为终裁，对当事人双方存在法律约束力。在塞尔维亚，仲裁机构出具的可执行的裁决书须满足以下要求：（1）书面签发；（2）由全部办案仲裁员签署；（3）注明签发日期和地点。当事人可以以申请强制执行的形式保障仲裁裁决的执行。在塞尔维亚，涉及以下情况的裁决视为无效仲裁：（1）违反塞尔维亚的法律或公共政策；（2）超出仲裁协议约定范围；（3）仲裁执行程序与仲裁规则不符；（4）涉及虚假证词或伪造文件等情况。

关于外国仲裁裁决的承认和执行方面，塞尔维亚是《纽约公约》的缔约国，《纽约公约》于1981年10月在塞尔维亚生效。塞尔维亚对不溯及既往、互惠和商业争端予以保留。

另外，对于《仲裁法》没有明确规定的一些关于仲裁进行的内容，塞尔维亚商会常设仲裁院的《常设仲裁规则》等仲裁规则对此也进行了细化规定。例如，对第三方参与诉讼，《常设仲裁规则》允许在双方当事人同意的情况下，对提起诉讼有合法利益的人加入其中一方；对于单独的仲裁程序的合并，《常设仲裁规则》规定，如果当事人同意适用，且针对对方由相同或不同的法律关系引起的争端提交了多份仲裁申请书，则合并仲裁是一个可选项。

2.4.4 调解制度

调解作为一种替代性争端解决方式，提供了更快、更廉价和更有效的替代方案。经过几十年的发展，调解制度已经在塞尔维亚得到了长足的发展。塞尔维亚司法部继续鼓励在塞尔维亚更多地使用调解方式。调解不仅对当事人切实友好解决争端有利，而且节约司法资源，为真正需要全面司法审查的案件留出了空间，从而对整体司法效率产生了积极影响。

塞尔维亚是《联合国关于调解所产生的国际和解协议公约》（United Nations Convention on International Settlement Agreements Resulting from Mediation）缔约国，如发生国际纠纷，可以通过签署和解协议的方式解决（对方无须属于该公约缔约国）。该和解协议必须是书面形式，口头协议无效。通过《新加坡调解公约》进行调解的纠纷须满足以下条件：（1）国际纠纷（该公约仅适用国际争议，不适用国内纠纷）；（2）第三方调解员（调解必须有第三方调解员介入，双方当事人不得自行达成和解协议）。

为了加强调解领域的法律制度体系，使其符合欧盟法律和最佳的国际、当代和比较做法，塞尔维亚司法部成立了立法工作组，负责起草《争端解决中的调解法》的修正案。由于新的法规预计将通过各种机制大大促进调解需求，其规定也将确保适当的质量标准，以创建一个可持续的系统。

自 2019 年 1 月 1 日起适用的《法院收费修正和补充法》中规定了另一项激励各方使用调解的措施。这些修正案推迟了法院费用的收取，以便在法院程序启动后，为当事人留下再次考虑友好解决争端的机会。来自商业、基层和高级法院的数据显示，在该法实施的前 9 个月，有近 3 000 起案件在预审或初审结束前就得到了解决，而有 12 000 多起案件以各种方式得到了解决。

在国际层面上，塞尔维亚是 2019 年 8 月 7 日签署《联合国关于调解所产生的国际和解协议公约》的首批 46 个国家之一。在这方面，欧盟及其成员国的立场对于塞尔维亚这个入世谈判成员来说非常重要，这不仅是因为与潜在的批准有关的法律影响，而且还考虑到与欧盟单一市场的公司的贸易和商业关系的重要性，这些公司肯定也会从《联合国关于调解所产生的国际和解协议公约》和《联合国国际商事仲裁示范法》框架提供的更多执行和解协议的可能性中受益。

截至目前，塞尔维亚已有 1 100 多名注册调解员，16 个组织获得了开展调解员培训的许可证，迄今已有 12 个组织开展培训，培训学员总数超过 2 600 人。大多数注册的调解员来自贝尔格莱德市，其中来自律师队伍的人数最多。

调解的真正成功，取决于法律和其他专业、商业界和广大公众对它的广泛接受。因此，所有相关人员必须加强对调解及其优势的了解。

塞尔维亚促进调解的工作也得到了欧盟的支持，通过在该国资助的各种方案以及在司法领域设定基准。

2.4.5 执行制度

在塞尔维亚，案件的强制执行主要受《执行与担保法》调整。为了减轻工作量、提升司法效率，塞尔维亚在欧洲理事会和欧洲司法效率委员会的建议下设置了法院执行官（court bailiff）和公共执行官（public bailiff）两套体系。执行官在强制执行过程中，可以对被执行人的动产、不动产和银行账户资金采取相应措施。

除了国内法院判决外，塞尔维亚执行官在一定条件下还可承认和执行外国法院判决，这些条件包括：（1）外国法院判决的确定性和终局性，且不存在与之冲突的塞尔维亚诉讼；（2）该外国法院判决的标的事项非塞尔维亚法院享有绝对专属管辖权的事项；（3）承认和执行该外国法院判决不会违反塞尔维亚宪法；（4）塞尔维亚与该外国之间存在互惠关系。由于塞尔维亚加入了《联合国承认及执行外国仲裁裁决公约》，当事人也可根据该公约在150多个国家申请强制执行塞尔维亚的仲裁裁决，或者在塞尔维亚申请强制执行《联合国承认及执行外国仲裁裁决公约》其他成员国的仲裁裁决，这也是仲裁较之诉讼的另一大优势。

2.5 塞尔维亚经贸相关法律制度

2.5.1 外国投资法律制度

塞尔维亚国内与外国投资相关的基本法律法规包括塞尔维亚《宪法》《投资法》及其实施细则、《关于吸引直接投资条款和条件的法令》《外汇业务法》《对外贸易法》《公司法》《在塞尔维亚设立和运营境外代表处的条件规定》《公私合作和特许权法》《保护竞争法》《破产法》等。其中，《宪法》是最高位阶的法律，规定了国民待遇原则，而《投资法》则是最为核心和重要的法律。塞尔维亚也是《关于解决国家与其他国家国民之间投资争端公约》（又称《1965年华盛顿公约》）的缔约国之一。

《投资法》于2015年11月4日正式生效（塞尔维亚官方公报第89/2015号），取代此前的《外商投资法》。新法与旧法的名称差异表明了新法兼管外国投资与国内投资。由此可见，不同于以往的相关法律规定，《投资法》赋予了外国投资者与国内投资者同等的法律地位。

《投资法》系基于国际投资法规则的最佳标准制定，在投资自由、投资者权益保护以及投资管理机构体系方面表现尤甚。这些管理机构贯穿投资准备阶段、投资开展阶段及投资收益阶段，旨在为投资者提供高效的服务，加强各级政府机构之间的协作，以削减成本、节约时间。在塞尔维亚，国家为国内外的投资者提供多种激励措施。激励措施的享有者既可以是个人，也可以是法人等实体。但是有一个条件，这些享有者须是塞尔维亚的纳税人、税收贡献者或者其他公共财政支出的承担者。激励措施包括：国家资助、税收激励、强制社保激励、关税减免等。

《投资法》属于商法范畴，其法律细则亦已颁布实施。在《投资法》的内容中，最重要的三个法律术语分别是“投资”（investment）、“投资者”（investor）、“权益”（stake）。《投资法》主要确保的事项包括：投资自由、既有权保护、非国有化、国民待遇、权益转让、争议解决。

《投资法》中，投资分为两类。第一类是“特别重要的投资”（investment of special

importance)，第二类是“局部重要性投资”（investment of local importance）。

特别重要的投资指对塞尔维亚整体经济发展前景能造成重大影响与作用的投资，例如可以提升塞尔维亚经济竞争力的投资、有利于平衡塞尔维亚区域经济发展或各领域发展的投资、重大固定资产投资及增加较大量就业岗位的投资。这类投资既可以是在一个或多个领域的投资，也可以是基于双边协定或跨境合作协定产生的投资。特别重要的投资不需要政府公告（public call）也可以直接申请国家资助（state aid）。

局部重要性投资，包括除特别重要投资之外的投资，这些投资一般能够促进投资目的地的局部经济发展。局部重要性投资可以申请当地政府政策优惠，具体因地方政府而异。

《投资法》第一次对外国投资与国内投资的管理机构体系做出了明确的规定。这一体系中的机构包含：（1）经济发展委员会（Economic Development Council）；（2）经济部（Ministry of Economy）；（3）塞尔维亚发展署（Development Agency of Serbia）；（4）就投资事项拥有管辖权的自治省行政机构及授权公共事务组织；（5）其他地方政府的经济发展及投资支持机构。上述主管机构均承担有支持与保障投资、维护投资者权益、及时采取行动的义务。主管机构没有尽到法定义务的，投资者可以向塞尔维亚发展署提起投诉。

塞尔维亚国内负责国内与国外投资的政府主管部门是塞尔维亚经济部。经济部内部负责就外商投资事务提供服务与咨询的直属部门为经济部开发署。

在塞尔维亚，指导国外投资、外商投资的法律以《吸引外资法》为主，也受对外资给予优惠和奖励政策的相关规定的影响与制约。具体如下：

（1）《吸收投资条例》对在塞尔维亚进行投资的符合条件的项目给予激励。

（2）《公共采购法》（包括供货、服务和工程建设项目）规定了政府出资的公共工程均须公开招标，采取有限招标方式选择承包商。

（3）《公共私营合作制和特许经营法》对公共私营合作制（PPP）中国居民赴塞尔维亚共和国投资税收指南 11 模式和特许经营进行了区分。

（4）《公共项目采购与招标规则》对于国际金融机构贷款建设的项目进行了规定。

2.5.2 贸易法律制度

塞尔维亚的国内外贸易政策主要由《贸易法》（塞尔维亚官方公报第 53/2010 号及第 10/2013 号）和《对外贸易法》（塞尔维亚官方公报第 36/2009 号、第 35/2011 号、第 88/2011 号和第 89/2015 号）予以明确规定。

《贸易法》的主要内容包括：在塞尔维亚单一市场的贸易条件、贸易实施、贸易促进、市场保护、反不正当竞争与市场监管。

《贸易法》还规定了相关贸易原则，如贸易自由原则、平等与反歧视原则、单一市场原则、诚信原则、稳定供应原则、均衡原则、合作原则等。

《贸易法》规定贸易可以批发或零售的方式进行，但不得实施不公平市场竞争，旨在打击其他贸易商违反商业伦理准则，以及对其他贸易商造成损害或可能造成损害的行为。《贸易法》特别禁止给竞争者带来损害的下列行为：

（1）对其他贸易商进行虚假和攻击性陈述。

（2）就其他贸易商的货物或服务进行损害其名誉及业务的陈述。

（3）混淆销售行为，即所销售的产品标签、数据或形状与特定产品的来源、质量和其他特征相似，导致消费者产生混淆。

（4）未经商业秘密持有人同意，获取、使用、披露商业秘密等旨在恶化其市场地位的行为。

（5）给予或承诺给予其他贸易商高价值的礼品、财产或其他利益，旨在确保较之其他竞争者更具优势的地位。

《对外贸易法》与世界贸易组织规则和欧盟规则保持一致，旨在调整外贸业务，包括货物贸易、服务贸易等，同时也调整塞尔维亚国内的个人和企业在塞尔维亚关税区域外或其他国家的贸易行为。

《对外贸易法》规定某些种类的货物及服务的对外贸易可能单独适用世界贸易组织规则或欧盟规则，而武器、军用设备或两用货物的对外贸易应由其他专门法律单独调整。该法还规定，对外贸易是指国内外商事主体基于符合国内规定和国际规则的合约而进行的贸易。而商业经营行为则包括外国主体在塞尔维亚的直接投资项目以及塞尔维亚国民在其他国家或关税区域的投资和资金项目。

塞尔维亚已加入的自由贸易协定有：（1）欧盟，塞尔维亚与欧盟之间的过渡性自由贸易协定约定原产于塞尔维亚的产品出口至欧盟国家免收关税及相关费用。少数商品实行年度进口配额制，如嫩牛肉、糖、葡萄酒。（2）俄罗斯，塞尔维亚与俄罗斯于2000年签署自由贸易协定，并在2009年和2011年进一步自由化。根据前述协定，对于在塞尔维亚境内增值51%以上的产品出口至俄罗斯免收关税。（3）中欧自由贸易区，塞尔维亚是中欧自由贸易区（Central European Free Trade Area，简称 CEFTA）的成员国。根据中欧自由贸易协定，原产于塞尔维亚的产品出口至欧洲东南部地区（阿尔巴尼亚、波斯尼亚和黑塞哥维那、北马其顿、摩尔多瓦、黑山）免收关税和相关税费。（4）欧洲自由贸易联盟，塞尔维亚与欧洲自由贸易联盟（European Free Trade Association，简称 EFTA）的成员于2009

年12月签订自由贸易协定，该协定于2010年对瑞士和列支敦士登生效，于2011年对挪威和冰岛生效。（5）美国，塞尔维亚与美国之间的贸易可享受普惠制优惠（Generalized System of Preferences，简称GSP），美国免税商品约4 650种，免税产品目录每年复检两次。

塞尔维亚迄今为止已签订了若干自由贸易协定。值得注意的是，塞尔维亚与已签订自由贸易协定的部分组织或国家在海关免税制度方面存在例外，而且针对少数商品实行年度配额制。

自由贸易区，指某一国家或独立关税地区在本国或本地区境内所划出的特定贸易区。这个区域内实行独立自主给予外国或其他地区特殊优惠税收和监管政策。塞尔维亚出于鼓励商业实体运营、创造就业机会、吸引和利用好来自国内外的投资、促进本国的经济发展的目的，在国内的一些指定区域设置了多个自由贸易区，并积极推进配套基础设施的完善，为区域内的生产与服务活动提供政策上的支持。针对自由贸易区的运行，塞尔维亚制定了专门的《自由贸易区法》。其他主要规定还包括《对外贸易法》《海关法》《海关关税法》《增值税法》《企业所得税法》《2015年海关关税命名统一规范》《自由贸易区海关程序》《海关货物批准处理条例》《自由贸易区运作报告形式与内容规则手册》《确定自由贸易区经济可行性评估详细标准条例》等。

自由贸易区将多种服务整合在同一处，如生产、仓储、装卸、包装、运输、货代、银行、海关与行政管理等。自由贸易区主要特点包括：在国际贸易业务中，货物和服务可以自由进出自由贸易区，法律禁止的货物除外；在税收优惠方面，自由贸易区内相关货物免征关税与增值税；在海关监管方面，程序显著便捷。

2.5.3 税收法律制度

塞尔维亚在全国建立了统一的税收制度，以所得税和增值税为税收体系的核心。主要税种包括公司所得税、个人所得税、增值税、不动产税、财产转让税、消费税、社会保障税和关税等。每个税种都经过立法确认，并相应受到法律的保护。不同的税种有不同的税种政策，塞尔维亚还有一些税收优惠政策。

税收种类、税收征管以及税收减免等事项原则上须由法律做出明确规定，部分事项也可由财政部颁布的行政法规进行调整。根据不同的税收种类，相关法律包括：《增值税法》《公司所得税法》《个人所得税法》《海关法》《消费税法》等。

在缔结新协定前，塞尔维亚将继续适用相关国家与南斯拉夫联盟共和国、前塞尔维亚和黑山缔结的税收协定，并通过官方公告正式发布，使之成为塞尔维亚法律的组成部分，其法律效力高于塞尔维亚国内法。例如，1997年3月1日，我国与南斯拉夫联盟共和国签署了《关于对所得和财产避免双重征税的协定》。2003年，南斯拉夫联盟共和国更名为塞尔维亚和黑山，上述协定继续适用。2006年，塞尔维亚和黑山分别成为新的主权国家，但上述协定对塞尔维亚和黑山仍然适用。协定内容共30条，主要包括适用范围、双重征税的解决办法、无差别待遇、协商程序和情报交换等内容，并以避免双重征税为核心宗旨。

根据塞尔维亚《宪法》第137条，法律可将塞尔维亚共和国所享有的权力赋予自治省与地区政府（包括市、县和贝尔格莱德市）。塞尔维亚《税收征管法》规定，自治地区应在税收征管法规定的范围内合理适用征管规定。塞尔维亚只有中央税，没有地方税，因此，地方政府主要负责所在地区的中央税的征管。

塞尔维亚税务机关是国家行政机关，隶属于塞尔维亚财政部，由大约180个职能单位构成，负责决定、控制管理及征收公共税收，行使纳税人登记、税务审计、税收征管以及税收犯罪披露等职权。其具体职责包括：纳税人的税务登记管理及合并纳税登记管理；依法决定税收事项；依法履行税收控制职责；税款的常规征收及执行；监控税收犯罪及犯罪者并采取适当的法律措施；管理轻罪诉讼及申诉程序，对于轻罪纳税人判决加处罚金及采取预防性措施；负责税收程序中的上诉；监管国际税收协定的执行以避免双重征税；开发税收信息系统；管理税收会计；计划及执行税收人员的培训；依法为纳税人提供专业协助；保持税收工作的透明度；依法履行其他涉税相关的行政职能。

2017年1月1日生效的新《税收征管法》规定，财政部将取代税务机关成为新的上诉机构，负责税务部门裁决的诉讼。2019年12月6日，议会通过了《税收征管法修正法案》，该法案于12月14日生效。

企业在营商活动中需要注意的税务风险事项包括：（1）未申领纳税人识别号风险；（2）违法行为查处风险；（3）子公司纳税申报风险；（4）分支机构纳税申报风险；（5）转让定价调查风险；（6）未享受协定待遇风险。

2.5.4 其他经贸相关法律制度

塞尔维亚经贸相关法律还有公司设立法、外汇法、土地法、劳动法、环境法、知识产权法等。

第3章 塞尔维亚贸易环境

3.1 塞尔维亚对外贸易现状

3.1.1 对外贸易整体现状

2022 年 1 至 7 月，塞以美元计的对外贸易总额为 403.43 亿美元，同比增长 21.1%；其中出口 166.73 亿美元，同比增长 16.3%；进口 236.70 亿美元，同比增长 26.5%，逆差 69.97 亿美元，同比增长 59.7%。进出口比率为 70.4%，低于去年同期的 76.6%。主要出口目的地分别是德国（22.35 亿美元）、意大利（13.15 亿美元）、波黑（12.35 亿美元）、匈牙利（8.28 亿美元）、中国（8.06 亿美元）。主要进口来源地为中国（28.73 亿美元）、德国（27.62 亿美元）、俄罗斯（18.05 亿美元）、意大利（16.54 亿美元）、匈牙利（16.37 亿美元）。

2021 年，塞尔维亚进出口总额 5.91 万亿第纳尔，同比增加 25.5%，约合 593.65 亿美元。其中，出口总额 2.54 万亿第纳尔，同比上升 26.8%，约合 255.66 亿美元；进口总额 3.37 万亿第纳尔，同比增加 24.6%，约合 337.99 亿美元；逆差 8 206 亿第纳尔，同比增加 18.3%，约合 82.33 亿美元。从国别看，塞尔维亚前五位出口目的地依次为德国（占出口总额比例 12.7%）、意大利（8.5%）、波黑（7.2%）、罗马尼亚（5.5%）和匈牙利（5.0%）；前五位的进口来源地分别为德国（13.2%）、中国（12.3%）、意大利（8.1%）、俄罗斯（5.4%）和土耳其（5.0%）。

表 3-1　　2017 年—2021 年塞尔维亚进出口额（单位：百万美元）

	2017 年	2018 年	2019 年	2020 年	2021 年
出口	16 997	19 239	19 633	19 501	25 566
进口	21 921	25 883	26 731	26 233	33 799
逆差额	-4 923	-6 644	-7 098	-6 732	-8 233

数据来源：data.stat.gov.rs。

表 3-2　2005 年、2012 年、2021 年塞尔维亚产品出口额（单位：千美元）

年份 / 出口产品	2005	2012	2021
食物和活体动物	776 123.3	2 095 454.8	3 614 209.3
饮料和烟草	54 777.0	286 127.7	788 865.7
原油（不可食用，燃料除外）	197 771.3	560 259.0	1 673 662.1
矿物燃料、润滑油及相关材料	164 024.8	400 960.5	744 318.0
动物和植物油、脂肪和蜡	40 724.0	195 848.9	306 530.0
化学品和相关产品（未在其他地方指定）	496 018.8	909 327.0	2 637 899.9
主要按材料分类的制成品	1 594 972.8	2 572 962.7	5 720 530.0
机械和运输设备	442 328.2	2 545 353.6	6 826 414.0
杂项制品	677 115.3	1 552 341.9	2 908 538.7
国际贸易标准分类第 4 修订版中的商品	37 917.4	107 830.2	345 192.9

数据来源：data.stat.gov.rs。

表 3-3　　2005 年、2012 年、2021 年塞尔维亚产品出口额占比（%）

年份 / 出口产品	2005	2012	2021
食物和活体动物	17.32	18.67	14.14
饮料和烟草	1.22	2.55	3.09
原油（不可食用，燃料除外）	4.41	4.99	6.55
矿物燃料、润滑油及相关材料	3.66	3.57	2.91
动物和植物油、脂肪和蜡	0.91	1.74	1.20
化学品和相关产品（未在其他地方指定）	11.07	8.10	10.32
主要按材料分类的制成品	35.59	22.92	22.38
机械和运输设备	9.87	22.67	26.70
杂项制品	15.11	13.83	11.38
国际贸易标准分类第 4 修订版中的商品	0.85	0.96	1.35

数据来源：data.stat.gov.rs。

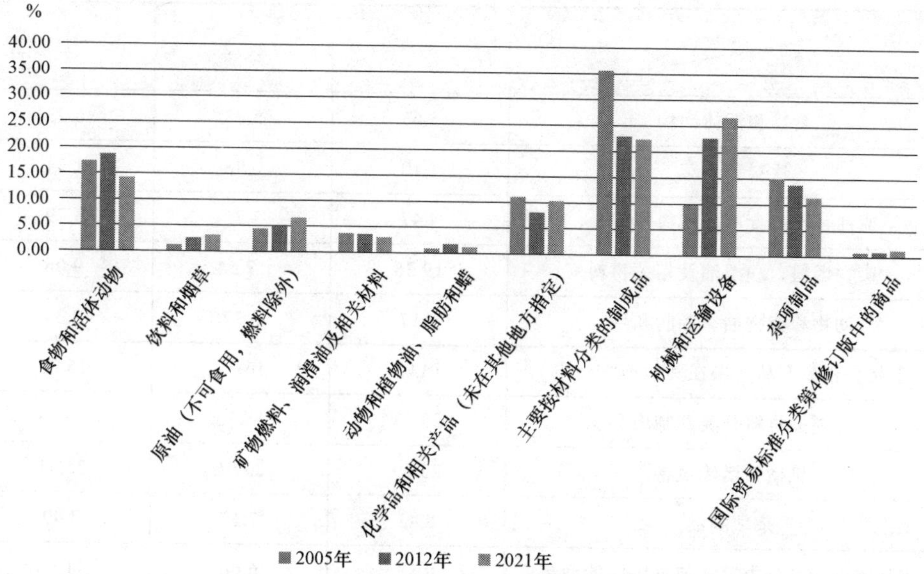

图 3-1　2005 年、2012 年、2021 年塞尔维亚产品出口额占比

表 3-4　2005 年、2012 年、2021 年塞尔维亚产品进口额（单位：千美元）

年份 进口产品	2005	2012	2021
食物和活体动物	590 805.9	1 103 875	2 107 333
饮料和烟草	115 344.9	184 874.9	419 507.3
原油（不可食用，燃料除外）	466 932.3	614 845.8	1 281 669
矿物燃料、润滑油及相关材料	2 023 837	3 319 934	3 063 549
动物和植物油、脂肪和蜡	18 269.3	51 088.2	98 207.2
化学品和相关产品（未在其他地方指定）	1 469 142	3 134 989	5 165 929
主要按材料分类的制成品	2 167 660	3 477 723	6 469 373
机械和运输设备	2 685 863	4 533 371	8 620 418
杂项制品	883 090	1 355 899	2 700 177
国际贸易标准分类第 4 修订版中的商品	34 141.4	1 146 159	3 872 468

数据来源：data.stat.gov.rs。

表 3-5　2005 年、2012 年、2021 年塞尔维亚产品进口额占比（%）

进口产品 \ 年份	2005	2012	2021
食物和活体动物	5.65	5.83	6.23
饮料和烟草	1.10	0.98	1.24
原油（不可食用，燃料除外）	4.47	3.25	3.79
矿物燃料、润滑油及相关材料	19.36	17.54	9.06
动物和植物油、脂肪和蜡	0.17	0.27	0.29
化学品和相关产品（未在其他地方指定）	14.05	16.57	15.28
主要按材料分类的制成品	20.73	18.38	19.14
机械和运输设备	25.69	23.96	25.51
杂项制品	8.45	7.17	7.99
国际贸易标准分类第 4 修订版中的商品	0.33	6.06	11.46

数据来源：data.stat.gov.rs。

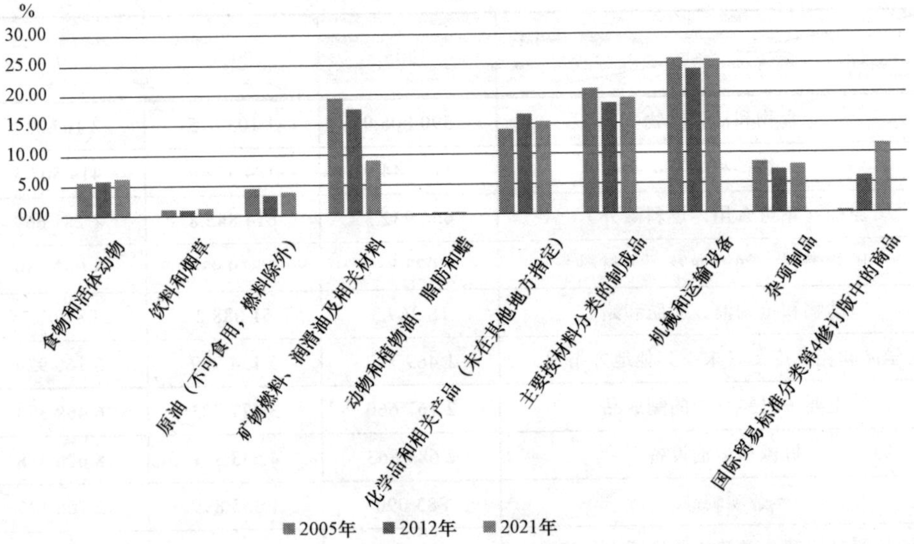

图 3-2　2005 年、2012 年、2021 年塞尔维亚产品进口额占比

3.1.2 对外货物贸易现状

（1）出口贸易

2000 年—2008 年，塞尔维亚对外货物出口贸易保持高速增长状态，从 15.58 亿美元增长至 109.74 亿美元，增加了 604.36%，年均增长率为 67.15%。2009 年和 2010 年受到全球金融危机的影响，出口贸易额有所下降。2011 年—2021 年，货物出口贸易快速发展，从 2011 年的 117.79 亿美元增长至 2021 年的 255.66 亿美元，增加了 117.05%，和 2000 年相比，则增加了 1 540.96%。

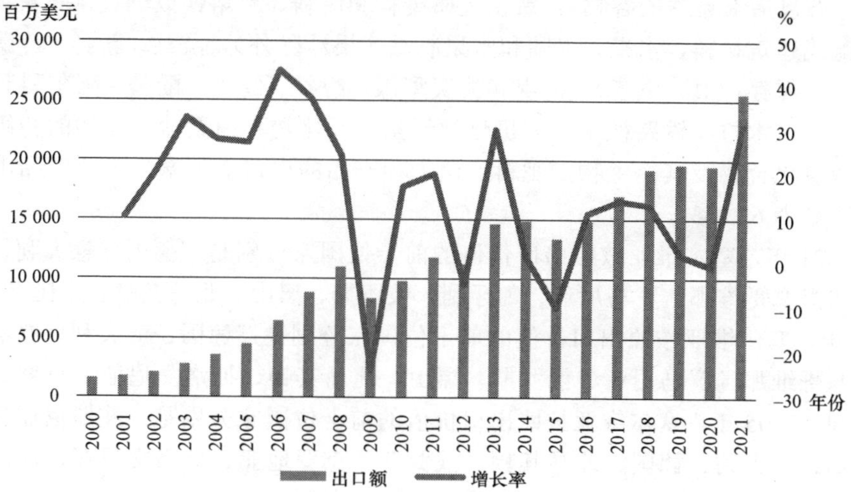

图 3-3 2000 年—2021 年塞尔维亚货物出口贸易额及增长率

2021 年，塞尔维亚出口额前十位产品分别是：未碾磨的玉米（不包括甜玉米），小麦和麦斯林（未碾磨），粘土建筑材料和耐火建筑材料，铁或非合金钢的扁平轧制产品（未包层、电镀或涂层），石油和从沥青矿物（碎石除外）获得的油，石头、沙子和砾石，铜矿石和精矿、哑光铜、水泥铜，肥料，动物饲料（不包括未碾磨的谷物），非酒精饮料。这十种产品的出口额占塞尔维亚产品出口总额的比重为 48.91%，并且每种产品的占比都超过 2.50%。

2012 年，塞尔维亚出口额前十位产品分别是：未碾磨的玉米（不包括甜玉米），铁矿石和水泥，粘土建筑材料和耐火建筑材料，动物饲料（不包括未碾磨的谷物），黑色金属废料和废料、重熔铁或钢锭，石头、沙子和砾石，小麦和麦斯林，糖、糖蜜和蜂蜜，非酒精饮料，石油和从沥青矿物（碎石除外）获得的油，铁或非合金钢的扁平轧制产品（未包层、电镀或涂层）钢锭和其他主要形式的钢铁、半成品钢铁，颜料、油漆、清漆及相关材料，酒精饮料，肥料，水果、果脯和水果制品（果汁除外），固定植物油脂（“软”、粗、精制或分馏），无机化学元素、氧化物和卤素盐，纸和纸板，膳食和面粉或小麦和麦司林面粉。这十种产品的出口额占塞尔维亚产品出口总额的比重为70.39%，并且每种产品的占比都超过1.30%。

2005年，塞尔维亚出口额前十位产品分别是：铁或非合金钢的扁平轧制产品（未包层、电镀或涂层），未碾磨的玉米（不包括甜玉米），粘土建筑材料和耐火建筑材料，糖、糖蜜和蜂蜜，石油和从沥青矿物（碎石除外）获得的油，小麦和麦斯林，铁或非合金胶片的扁平轧制产品（镀层或涂层），石头、沙子和砾石，动物饲料（不包括未碾磨的谷物），黑色金属废料和废料、重熔铁或钢锭，石灰、水泥和装配式建筑材料，水果、果脯和水果制品（果汁除外），蔬菜（新鲜、冷藏、冷冻或简单保存；根、块茎），褐煤和泥炭型煤，醇类、酚类、酚类－阿尔科胆类及其衍生物，木材和铁路枕木，无机化学元素、氧化物和卤素盐，乙烯的初级聚合物，碳氢化合物及其衍生物，肥料。这十种产品的出口额占塞尔维亚产品出口总额的比重为62.85%。

2021年，塞尔维亚按照出口价值的前十位国家分别是：德国、意大利、波斯尼亚和黑塞哥维那、罗马尼亚、匈牙利、俄罗斯、黑山、北马其顿、中国和波兰。2012年，塞尔维亚按照出口价值的前十位国家分别是：德国、意大利、波斯尼亚和黑塞哥维那、罗马尼亚、俄罗斯、黑山、北马其顿、斯洛文尼亚、克罗地亚和匈牙利。2005年，塞尔维亚按照出口价值的前十位国家分别是：波斯尼亚和黑塞哥维那、意大利、德国、北马其顿、俄罗斯、克罗地亚、斯洛文尼亚、法国、匈牙利和罗马尼亚。

表3－6　2021年塞尔维亚产品出口前二十类别

类别	数量（吨）	比例（%）
未碾磨的玉米（不包括甜玉米）	2 300 638.2	14.22
小麦和麦斯林（未碾磨）	1 070 852.2	6.62
粘土建筑材料和耐火建筑材料	768 729.2	4.75
铁或非合金钢的扁平轧制产品（未包层、电镀或涂层）	744 485	4.60
石油和从沥青矿物（碎石除外）获得的油	605 308.9	3.74
石头、沙子和砾石	532 164.7	3.29
铜矿石和精矿、哑光铜、水泥铜	503 475.6	3.11
肥料	498 085.6	3.08

续表

类别	数量（吨）	比例（%）
动物饲料（不包括未碾磨的谷物）	468 666.7	2.90
非酒精饮料	421 192.5	2.60
颜料、油漆、清漆及相关材料	358 185.1	2.21
纸和纸板	278 019.9	1.72
新鲜或干的水果和坚果（不包括油坚果）	272 405.8	1.68
水果、果脯和水果制品（果汁除外）	236 926.5	1.46
残余石油产品及相关材料	236 255.2	1.46
固定植物油脂（“软”、粗、精制或分馏）	233 837.5	1.45
糖、糖蜜和蜂蜜	233 381.3	1.44
油籽和含油水果（用于提取“软”固定植物油）	232 762.4	1.44
其他原油矿物	232 112.5	1.43
黑色金属废料和废料、重熔铁或钢锭	225 381.7	1.39

数据来源：data.stat.gov.rs。

表 3－7　　2012 年塞尔维亚产品出口前二十类别

类别	数量（吨）	比例（%）
未碾磨的玉米（不包括甜玉米）	2 142 717.9	20.60
铁矿石和水泥	988 059.5	9.50
粘土建筑材料和耐火建筑材料	486 463.1	4.68
动物饲料（不包括未碾磨的谷物）	408 153.8	3.92
黑色金属废料和废料、重熔铁或钢锭	372 846.2	3.59
石头、沙子和砾石	361 585.6	3.48
小麦和麦斯林，未碾磨	316 820.2	3.05
糖、糖蜜和蜂蜜	252 425.7	2.43
非酒精饮料	224 051.3	2.15
石油和从沥青矿物（碎石除外）获得的油	223 544.9	2.15
铁或非合金钢的扁平轧制产品（未包层、电镀或涂层）	190 585.6	1.83
钢锭和其他主要形式的钢铁、半成品钢铁	187 578.4	1.80
颜料、油漆、清漆及相关材料	158 093.7	1.52
酒精饮料	151 957.6	1.46
肥料	151 366.2	1.46

续表

类别	数量（吨）	比例（%）
水果、果脯和水果制品（果汁除外）	150 360.4	1.45
固定植物油脂（“软”、粗、精制或分馏）	143 533	1.38
无机化学元素、氧化物和卤素盐	138 064.3	1.33
纸和纸板	136 819.1	1.32
膳食和面粉或小麦和麦司林面粉	135 328.2	1.30

数据来源：data.stat.gov.rs。

表 3－8　　2005 年塞尔维亚产品出口前二十类别

类别	数量（吨）	比例（%）
铁或非合金钢的扁平轧制产品（未包层、电镀或涂层）	855 388.2	14.01
未碾磨的玉米（不包括甜玉米）	813 139.1	13.31
粘土建筑材料和耐火建筑材料	395 953.6	6.48
糖、糖蜜和蜂蜜	300 826.7	4.93
石油和从沥青矿物（碎石除外）获得的油	243 319.9	3.98
小麦和麦斯林（未碾磨）	169 129.1	2.77
铁或非合金胶片的扁平轧制产品（镀层或涂层）	161 681.8	2.65
石头、沙子和砾石	154 486.1	2.53
动物饲料（不包括未碾磨的谷物）	152 414.1	2.50
黑色金属废料和废料、重熔铁或钢锭	143 975.2	2.36
石灰、水泥和装配式建筑材料	143 720.9	2.35
水果、果脯和水果制品（果汁除外）	129 478.1	2.12
蔬菜（新鲜、冷藏、冷冻或简单保存；根、块茎）	120 285.9	1.97
褐煤和泥炭型煤	118 752	1.94
醇类、酚类、酚类－阿尔科胆类及其衍生物	98 068.7	1.61
木材和铁路枕木	97 736.4	1.60
无机化学元素、氧化物和卤素盐	97 067.6	1.59
乙烯的初级聚合物	95 123.8	1.56
碳氢化合物及其衍生物	71 853.6	1.18
肥料	71 494.2	1.17

数据来源：data.stat.gov.rs。

表 3-9　　2021年塞尔维亚产品出口额前二十国家

国家	出口额（千美元）	比例（%）
德国	3 242 866.3	12.68
意大利	2 177 224.5	8.52
波斯尼亚和黑塞哥维那	1 846 745.4	7.22
罗马尼亚	1 410 718.9	5.52
匈牙利	1 289 162.4	5.04
俄罗斯	996 155.9	3.90
黑山	969 809.3	3.79
北马其顿	963 271.6	3.77
中国	944 546.6	3.69
波兰	895 778.4	3.50
捷克	887 709.1	3.47
保加利亚	828 708	3.24
斯洛文尼亚	810 550.2	3.17
克罗地亚	801 606.9	3.14
奥地利	755 904.2	2.96
法国	716 452.3	2.80
斯洛伐克	522 353.9	2.04
美国	511 377	2.00
荷兰	445 728	1.74
英国	421 940.7	1.65

数据来源：data.stat.gov.rs。

表 3-10　　2012年塞尔维亚产品出口额前二十国家

国家	出口额（千美元）	比例（%）
德国	1 310 228	11.67
意大利	1 198 499	10.68
波斯尼亚和黑塞哥维那	1 095 004	9.75
罗马尼亚	904 409.8	8.06
俄罗斯	866 971	7.72

续表

国家	出口额（千美元）	比例（%）
黑山	802 258.5	7.15
北马其顿	484 851.8	4.32
斯洛文尼亚	421 556.2	3.76
克罗地亚	386 261.7	3.44
匈牙利	315 646.1	2.81
保加利亚	287 136.3	2.56
奥地利	283 875.8	2.53
法国	282 818.9	2.52
斯洛伐克	252 881.7	2.25
土耳其	186 361.1	1.66
捷克	168 733.3	1.50
希腊	162 343.8	1.45
波兰	160 080.2	1.43
荷兰	144 269.1	1.29
英国	143 594.4	1.28

数据来源：data.stat.gov.rs。

表 3－11　　2005 年塞尔维亚产品出口额前二十国家

国家	出口额（千美元）	比例（%）
波斯尼亚和黑塞哥维那	744 038.2	16.60
意大利	653 680.4	14.58
德国	441 837.1	9.86
北马其顿	260 575.2	5.81
俄罗斯	225 251.5	5.03
克罗地亚	195 920.9	4.37
斯洛文尼亚	188 817.4	4.21
法国	161 526.8	3.60
匈牙利	131 236.6	2.93
罗马尼亚	130 069.5	2.90

续表

国家	出口额（千美元）	比例（%）
希腊	121 636.6	2.71
奥地利	120 637.4	2.69
保加利亚	93 030.8	2.08
英国	90 677	2.02
塞浦路斯	80 668.9	1.80
乌克兰	79 599.1	1.78
荷兰	76 341.2	1.70
捷克	64 912.3	1.45
比利时	64 538	1.44
西班牙	59 116.6	1.32

数据来源：data.stat.gov.rs。

（2）进口贸易

2021年，塞尔维亚进口总额达337.99亿美元，同比增加24.6%。2000年—2008年，塞尔维亚货物进口贸易保持高速增长状态，从33.3亿美元增长至240.42亿美元，增加了621.98%，年均增长率为77.75%。2009年—2018年受到全球经济形势的影响，进口贸易增速有所放缓，由158.07亿美元增长至258.83亿美元，增长率为63.74%，年均增长率为7.08%。

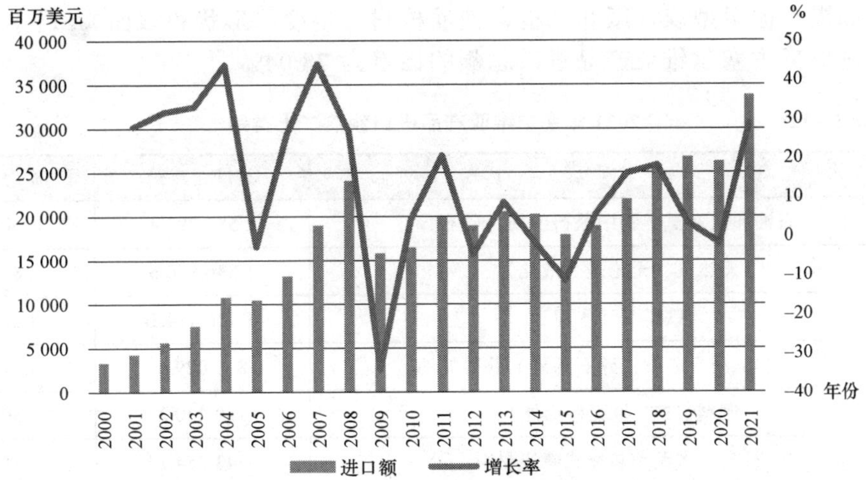

图3-4　2000年—2021年塞尔维亚货物进口贸易额及增长率

2021 年，塞尔维亚按照原产地进口值的前十位国家分别是：德国、中国、意大利、俄罗斯、土耳其、匈牙利、波兰、罗马尼亚、波斯尼亚和黑塞哥维那和法国。2012 年，塞尔维亚按照原产地进口值的前十位国家分别是：俄罗斯、德国、意大利、中国、匈牙利、罗马尼亚、奥地利、斯洛文尼亚、克罗地亚和波兰。2005 年，塞尔维亚按照原产地进口值的前十位国家分别是：俄罗斯、德国、意大利、中国、斯洛文尼亚、匈牙利、奥地利、法国、波斯尼亚和黑塞哥维那和乌克兰。

2021 年，塞尔维亚进口额前十位产品分别是：石油和从双虱矿物中获得的油、碎石，天然气（无论是否液化），铁矿石和水泥，石油和从沥青矿物（碎石除外）获得的油，肥料（272 组肥料除外），石灰、水泥和装配式建筑材料，未分类商品，煤、褐煤或泥炭的焦炭和半焦炭，纸和纸板，肥料（除 56 分区的肥料外）。这十种产品的进口额占塞尔维亚产品进口总额的比重为 67.98%。

2012 年，塞尔维亚进口额前十位产品分别是：天然气（无论是否液化），石油和从双虱矿物中获得的油、碎石，石油和从沥青矿物（碎石除外）获得的油，肥料，褐煤和泥炭型煤，铁矿石和水泥，纸和纸板，其他原油矿物，石灰、水泥和装配式建筑材料，铁筋、棒材（角度、形状和截面）。这十种产品的进口额占塞尔维亚产品进口总额的比重为 66.62%。

2005 年，塞尔维亚进口额前十位产品分别是：石油和从双虱矿物中获得的油、碎石，铁矿石和水泥，天然气（无论是否液化），煤、褐煤或泥炭的焦炭和半焦炭，石油和从沥青矿物（碎石除外）获得的油，肥料，其他原油矿物，褐煤和泥炭型煤，纸和纸板，铁筋棒材（角度、形状和截面）。这十种产品的进口额占塞尔维亚产品进口总额的比重为 78.04%。

表 3－12　　2021 年塞尔维亚产品进口额前二十类别

类别	数量（吨）	比例（%）
石油和从双虱矿物中获得的油、碎石	2 585 793.4	12.40
天然气（无论是否液化）	1 836 840.6	8.81
铁矿石和水泥	1 726 414.1	8.28
石油和从沥青矿物（碎石除外）获得的油	816 029.6	3.91
肥料（272 组肥料除外）	769 230.2	3.69
石灰、水泥和装配式建筑材料	743 354.1	3.56
未分类商品	710 789.2	3.41

续表

类别	数量（吨）	比例（%）
煤、褐煤或泥炭的焦炭和半焦炭	575 921.6	2.76
纸和纸板	528 361	2.53
肥料（除56分区的肥料外）	508 279.9	2.44
无机化学元素、氧化物和卤素盐	429 608.1	2.06
铁筋、棒材	416 477.9	2.00
褐煤和泥炭型煤	371 732.3	1.78
其他原油矿物	367 575.6	1.76
矿物制造	347 316.9	1.67
煤（无论是否粉碎但未结块）	331 769.1	1.59
新鲜或干的水果和坚果（不包括油坚果）	301 139.9	1.44
木皮层、胶合板、刨花板和其他木材（未另作规定的）	298 176.7	1.43
粘土建筑材料和耐火建筑材料	283 624.8	1.36
铁或非合金钢的扁平轧制产品（未包层、电镀或涂层）	230 591.7	1.11

数据来源：data.stat.gov.rs。

表3－13　　2012年塞尔维亚产品进口额前二十类别

类别	数量（吨）	比例（%）
天然气（无论是否液化）	1 289 673.8	10.67
石油和从双虱矿物中获得的油、碎石	1 091 762.4	9.03
石油和从沥青矿物（碎石除外）获得的油	882 417.5	7.30
肥料	793 637	6.57
褐煤和泥炭型煤	489 149.7	4.05
铁矿石和水泥	465 169.8	3.85
纸和纸板	385 438.2	3.19
其他原油矿物	343 001.6	2.84
石灰、水泥和装配式建筑材料	276 915	2.29
铁筋、棒材（角度、形状和截面）	252 669.9	2.09

续表

类别	数量（吨）	比例（%）
新鲜或干的水果和坚果（不包括油坚果）	218 662.9	1.81
未分类商品	206 300.5	1.71
液化丙烷和丁烷	202 107	1.67
煤（无论是否粉碎但未结块）	192 365.2	1.59
木材和铁路枕木	182 749.2	1.51
铁或非合金钢的扁平轧制产品（未包层、电镀或涂层）	168 383.9	1.39
煤、褐煤或泥炭的焦炭和半焦炭	166 811.1	1.38
木皮层、胶合板、刨花板和其他木材	163 892.4	1.36
残余石油产品及相关材料	142 422.8	1.18
矿物制造	137 160.4	1.13

数据来源：data.stat.gov.rs。

表 3－14　　　　2005 年塞尔维亚产品进口额前二十类别

类别	数量（吨）	比例（%）
石油和从双虱矿物中获得的油、碎石	2 791 238	21.38
铁矿石和水泥	1 807 942.9	13.85
天然气（无论是否液化）	1 174 374.7	8.99
煤、褐煤或泥炭的焦炭和半焦炭	770 749.1	5.90
石油和从沥青矿物（碎石除外）获得的油	516 499.8	3.96
肥料	447 819.7	3.43
其他原油矿物	349 378.1	2.68
褐煤和泥炭型煤	275 786.2	2.11
纸和纸板	274 224.1	2.10
铁筋、棒材（角度、形状和截面）	253 196.7	1.94
木材和铁路枕木	219 057.8	1.68
煤（无论是否粉碎但未结块）	218 581.2	1.67
木皮层、胶合板、刨花板和其他木材	188 026.6	1.44

续表

类别	数量（吨）	比例（%）
新鲜或干的水果和坚果（不包括油坚果）	173 041.9	1.33
钢锭和其他主要形式的钢铁、半成品钢铁	158 021.3	1.21
石头、沙子和砾石	127 637	0.98
铜矿石和精矿、哑光铜、水泥铜	115 269.1	0.88
动物饲料（不包括未碾磨的谷物）	114 907.5	0.88
矿物制造	107 289.9	0.82
玻璃器皿	105 378.5	0.81

数据来源：data.stat.gov.rs。

表 3－15　　2021 年塞尔维亚产品进口额前二十国家

国家	进口额（千美元）	比例（%）
德国	4 457 726	13.19
中国	4 158 724	12.30
意大利	2 726 162	8.07
俄罗斯	1 806 057	5.34
土耳其	1 701 794	5.04
匈牙利	1 422 716	4.21
波兰	1 107 783	3.28
罗马尼亚	1 001 048	2.96
波斯尼亚和黑塞哥维那	919 891.4	2.72
法国	884 229.2	2.62
奥地利	850 475.1	2.52
斯洛文尼亚	849 514.4	2.51
捷克	786 307.9	2.33
克罗地亚	778 206.1	2.30
伊拉克	755 000.4	2.23
比利时	731 706	2.16

续表

国家	进口额（千美元）	比例（%）
保加利亚	709 312.6	2.10
荷兰	584 151.9	1.73
西班牙	543 432.9	1.61
美国	481 179	1.42

数据来源：data.stat.gov.rs。

表 3-16　　2012 年塞尔维亚产品进口额前二十国家

国家	进口额（千美元）	比例（%）
俄罗斯	2 078 399	10.98
德国	2 058 119	10.88
意大利	1 825 835	9.65
中国	1 385 122	7.32
匈牙利	935 111.6	4.94
罗马尼亚	817 731.4	4.32
奥地利	654 394.8	3.46
斯洛文尼亚	581 273	3.07
克罗地亚	532 278	2.81
波兰	526 081.1	2.78
法国	516 031.1	2.73
保加利亚	500 163.1	2.64
波斯尼亚和黑塞哥维那	461 976.3	2.44
土耳其	439 142.8	2.32
哈萨克斯坦	415 255.4	2.19
捷克	388 261.6	2.05
比利时	336 675.6	1.78
美国	315 340.8	1.67
希腊	304 419.5	1.61
北马其顿	297 012.3	1.57

数据来源：data.stat.gov.rs。

表 3-17　　2005 年塞尔维亚产品进口额前二十国家

国家	进口额（千美元）	比例（%）
俄罗斯	1 668 726	15.96
德国	1 207 194	11.55
意大利	964 289.9	9.22
中国	508 756.7	4.87
斯洛文尼亚	366 551.1	3.51
匈牙利	348 054.6	3.33
奥地利	340 387.3	3.26
法国	315 122.6	3.01
波斯尼亚和黑塞哥维那	296 225.1	2.83
乌克兰	283 562.5	2.71
罗马尼亚	282 407.1	2.70
美国	279 172	2.67
克罗地亚	277 126.1	2.65
捷克	213 247.1	2.04
土耳其	211 684.4	2.02
保加利亚	208 895.2	2.00
希腊	177 728	1.70
波兰	170 519.2	1.63
北马其顿	168 381.9	1.61
荷兰	153 991.5	1.47

数据来源：data.stat.gov.rs。

（3）贸易均衡

2000 年—2021 年，塞尔维亚长期处于贸易逆差状态。2000 年—2004 年，逆差额不断增加，从 17.72 亿美元增至 72.27 亿美元，增加了 307.84%，年均增幅为 76.96%；2005 和 2006 年有所下降；2007 和 2008 年的贸易逆差额均在 100 亿美元以上。

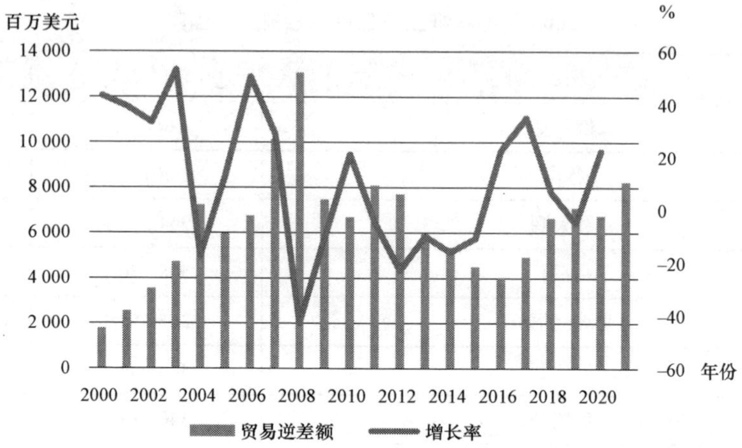

图 3-5 2000 年—2021 年塞尔维亚贸易逆差额及增长率

表 3-18 2021 年塞尔维亚贸易逆差额前二十类别

类别	总额（千美元）
石油和从双虱矿物中获得的油、碎石	1 067 047
主要为运送人员而设计的汽车和其他机动车辆	355 561.8
天然气（无论是否液化）	346 724.9
石油和从沥青矿物（碎石除外）获得的油	188 373.4
煤、褐煤或泥炭的焦炭和半焦炭	184 197.9
电信设备（未另作说明）和部件（未另作说明）	171 267.7
自动数据处理机及其装置	157 895
纸和纸板	157 790.9
铁矿石和水泥	151 294.5
家用型、电气和非电气设备（未另作说明）	135 176
铁筋、棒材（角度、形状和截面）	134 926.3
用于货物运输和特殊用途车辆的机动车辆	121 828.3
加热和冷却设备及其部件（未另作说明）	121 063.3
药物（包括兽药）	118 730.1
咖啡和咖啡替代品	99 753
香水、化妆品或盥洗用品（不包括肥皂）	94 511.9
其他非电气机械、工具和机械装置及其零部件（未另作说明）	86 540

续表

类别	总额（千美元）
肥料（272组肥料除外）	85 306.8
其他机械和设备（用于工业及其零件，未另作说明）	81 133.5
公路车辆（未另作说明）	80 925.4

数据来源：data.stat.gov.rs。

表 3－19　　2012 年塞尔维亚贸易逆差额前二十类别

类别	总额（千美元）
石油和从双虱矿物中获得的油、碎石	1 067 047
主要为运送人员而设计的汽车和其他机动车辆	355 561.8
天然气（无论是否液化）	346 724.9
石油和从沥青矿物（碎石除外）获得的油	188 373.4
煤、褐煤或泥炭的焦炭和半焦炭	184 197.9
电信设备（未另作说明）和部件（未另作说明）	171 267.7
自动数据处理机及其装置	157 895
纸和纸板	157 790.9
铁矿石和水泥	151 294.5
家用型、电气和非电气设备（未另作说明）	135 176
铁筋、棒材（角度、形状和截面）	134 926.3
用于货物运输和特殊用途车辆的机动车辆	121 828.3
咖啡和咖啡替代品	121 568.2
加热和冷却设备及其部件（未另作说明）	121 063.3
药物（包括兽药）	118 730.1
香水、化妆品或盥洗用品（不包括肥皂）	94 511.9
其他非电气机械、工具和机械装置及其零部件（未另作说明）	86 540
肥料（272 组肥料除外）	85 306.8
其他机械和设备（用于工业及其零件，未另作说明）	81 133.5
公路车辆（未另作说明）	80 925.4

数据来源：data.stat.gov.rs。

表 3-20　　2005 年塞尔维亚贸易逆差额前二十类别

类别	总额（千美元）
石油和从双虱矿物中获得的油、碎石	1 067 047
主要为运送人员而设计的汽车和其他机动车辆	355 561.8
天然气（无论是否液化）	346 724.9
石油和从沥青矿物（碎石除外）获得的油	188 373.4
煤、褐煤或泥炭的焦炭和半焦炭	184 197.9
电信设备（未另作说明）和部件（未另作说明）	171 267.7
自动数据处理机及其装置	157 895
纸和纸板	157 790.9
铁矿石和水泥	151 294.5
家用型、电气和非电气设备（未另作说明）	135 176
铁筋、棒材（角度、形状和截面）	134 926.3
用于货物运输和特殊用途车辆的机动车辆	121 828.3
加热和冷却设备及其部件（未另作说明）	121 063.3
药物（包括兽药）	118 730.1
香水、化妆品或盥洗用品（不包括肥皂）	94 511.9
其他非电气机械、工具和机械装置及其零部件（未另作说明）	86 540
肥料（272 组肥料除外）	85 306.8
其他机械和设备（用于工业及其零件，未另作说明）	81 133.5
公路车辆（未另作说明）	80 925.4
其他化学产品（未另作说明）	80 454.2

数据来源：data.stat.gov.rs。

表 3-21　　2021 年塞尔维亚贸易逆差额前二十国家

国家	总额（千美元）
中国	3 214 178
土耳其	1 359 570
德国	1 214 859
俄罗斯	809 900.6
意大利	548 937.2

续表

国家	总额（千美元）
比利时	415 608.6
韩国	265 317.3
波兰	212 004.9
印度	203 215.8
瑞士	198 739.5
希腊	198 095.4
法国	167 776.9
丹麦	142 704.5
荷兰	138 423.9
匈牙利	133 553.8
西班牙	127 967.1
挪威	105 762.3
奥地利	94 570.9
日本	90 252.8
乌克兰	87 386.2

数据来源：data.stat.gov.rs。

表 3-22　　2012 年塞尔维亚贸易逆差额前二十国家

国家	总额（千美元）
俄罗斯	1 211 428
德国	747 890.4
意大利	627 335.8
匈牙利	619 465.5
哈萨克斯坦	403 761.5
奥地利	370 519
波兰	366 000.9
土耳其	252 781.7
法国	233 212.2
捷克	219 528.3

续表

国家	总额（千美元）
美国	219 053.7
保加利亚	213 026.8
比利时	211 258.3
斯洛文尼亚	159 716.8
西班牙	153 564.4
克罗地亚	146 016.3
希腊	142 075.7
荷兰	137 103.2
瑞士	114 099.5
瑞典	109 199.9

数据来源：data.stat.gov.rs。

表 3-23　　　　2005 年塞尔维亚贸易逆差额前二十国家

国家	总额（千美元）
俄罗斯	1 443 475
德国	765 356.7
意大利	310 609.5
美国	220 185.5
奥地利	219 749.9
匈牙利	216 818
乌克兰	203 963.4
斯洛文尼亚	177 733.7
土耳其	161 368.8
法国	153 595.8
罗马尼亚	152 337.6
捷克	148 334.8
波兰	128 040.6
瑞典	118 940.6
保加利亚	115 864.4

续表

国家	总额（千美元）
斯洛伐克	107 050.7
瑞士	105 013.1
克罗地亚	81 205.2
荷兰	77 650.3
比利时	65 284

数据来源：data.stat.gov.rs。

3.2 贸易法规和政策

3.2.1 贸易主管部门

在贸易主管部门方面，塞尔维亚的官方政府部门是贸易、旅游和电信部。主要职责是：对外贸易中涉及商品质量的安全检查和物流运输、市场交易过程中的对买卖双方的管理和权益保护以及电信业和旅游业等方面。

3.2.2 贸易法规

在贸易法规方面，塞尔维亚政府颁布了《对外贸易经营法》《海关法》《租赁法》《商品原产地规则》等多部法律保障对外贸易的顺利开展。

3.2.3 贸易管理的相关规定

在贸易管理的相关规定方面，主要分为进口管理和出口限制两部分。

在进口管理方面，《外贸法》中规定塞尔维亚境内的企业法人与其他国家企业法人开展商品和服务进出口贸易活动时，应按照塞尔维亚《国际合同法》及其他相关法律法规的规定，签订商品和服务贸易合同。在塞尔维亚境内依法注册的经济实体均享有外贸经营权。同时，塞尔维亚取消进口配额限制，形成自由进口贸易的局面。

在出口限制方面，与进口管理制度大体一致，关税税则上的商品可自由出口，除少量农产品因需保障国内市场需求有一定出口配额限制。

3.2.4 进出口商品检验检疫

在进出口商品检验检疫方面，塞尔维亚政府对进口的各类动植物产品核查其产品特征及进口商品源产地及厂商相关信息。负责进出口商品检验检疫方面的政府官方部门是塞尔维亚贸易、旅游和电信部，具体的实施部门是塞尔维亚农业、林业和水资源部下属检疫机构。

根据相关法律法规的规定，塞尔维亚商品质量检验局负责对农产品及其加工食品、畜产品以及烟酒进出口商品的质量鉴定。具体流程是：相关企业向塞尔维亚农业、林业和水资源部下属的动物检疫局、植物检疫局申办动植物进出口检验、检疫证明和进出口许可证。中国已与塞尔维亚签署《塞冷冻牛羊猪肉对华出口检验检疫议定书》。

3.2.5 海关管理规章制度

（1）管理制度

根据塞尔维亚《海关法》，塞尔维亚海关每年公布新的海关税则表作为海关法的附属文件，税则表中分别列出自主关税、协议关税、优惠关税、减让关税及零关税等不同的税率。

（2）关税税率

依据关税税则规定，海关注册税为报关基数的 0.5%。塞尔维亚的平均关税率为 12%，税率的幅度为 0～30%。

按产品类别，平均关税税率的调整幅度如下：塞尔维亚不生产的原材料、零附件、设备为 0～1%；塞尔维亚生产的原材料、零附件、设备为 3%～5%；塞尔维亚生产并拥有足够数量的设备为 8%～10%；塞尔维亚国内大量生产的工农业产品为 15%～30%；塞尔维亚不生产，既属于日用消费品，同时又是再生资料产品为 10%～20%；进口日用商品，如短缺将影响居民生活水平的为 15%～20%；塞尔维亚有能力生产的日用品为 18%～25%；奢侈消费品为 30%。

（3）关税减免

根据《关税法》与《外国投资法》的规定，对外商投资的设备、部件及规定所需物品等实行减免关税。外商投入的设备进口如作为股本的情况下可免进口关税，能提供证明塞尔维亚不生产的设备可免进口关税，具体的要求有如下几点：① 替换在自然灾害及人为冲突中毁坏的设备；② 涉及教育科研文化、残疾人专业培训及就业相关工作的设备；③ 保护人类生存环境的设备；④ 为与外商合作而生产的原材料、半成品及成品可享受全免或减免 50%关税的优惠待遇，前提是在商会批准的基础上且上述产品的产量和质量达不到规定要求。

表 3-24 塞尔维亚主要商品的进口关税税率

商品名称	关税税率（%）	商品名称	关税税率（%）
酒类、烟草	10～30	纸浆、纸制品	1～20
矿物原料	1～5	纺织品	0～22
化工产品	1～30	鞋帽	5～30
塑料和橡胶制品	1～20	机械设备	1～15
生皮、毛，皮革	1～10	汽车、飞机	1～20
木制品	1～10	武器及武器装备	1～25

数据来源：www.carina.rs。

3.2.6 自由贸易协定

表 3-25 塞尔维亚签订的自由贸易协定及签订时间

协定名称	签订时间
塞尔维亚和欧洲经济联盟自由贸易协定	2019 年 10 月
中欧自由贸易协定（CEFTA）	2016 年 12 月
塞尔维亚和哈萨克斯坦自由贸易协定	2010 年 10 月
塞尔维亚和欧洲自由贸易联盟自由贸易协定（EFTA）	2009 年 12 月
塞尔维亚和土耳其自由贸易协定	2009 年 6 月
塞尔维亚和白俄罗斯自由贸易协定	2009 年 3 月
塞尔维亚和欧盟关于稳定与联系协定	2008 年 4 月
塞尔维亚和俄罗斯联邦自由贸易协定	2000 年 8 月

数据来源：http://yu.mofcom.gov.cn。

塞尔维亚对外贸易的核心贸易伙伴是欧盟国家和周边邻国。2020 年，塞尔维亚与欧盟及周边邻国的贸易额占其对外贸易总额的 82.7%，2021 年占比高达 95.44%。

塞尔维亚目前尚不是世界贸易组织成员，于 2004 年 12 月启动入世谈判。目前，塞尔维亚已与11个世贸组织成员国及欧盟签署双边市场准入协议，已完成与多米尼加的市场准入谈判，正在与美国、巴西、印度及乌克兰等其他成员国加紧进行谈判。2007年10月，塞尔维亚加入《京都议定书》。2016年4月，塞尔维亚加入《巴黎协定》。

此外，塞尔维亚还一直享有欧盟给予的优惠贸易安排（ATM）和美国给予的最惠国待遇（MFN）。通过执行区域和国家间的自由贸易协议，绝大多数原产于塞尔维亚的产品可以免关税、免配额自由进入上述地区和国家的市场。

3.2.7 自贸区

在世界经济复杂多变、外部发展环境不确定和不稳定因素增多情况下，自贸区依托地缘、产业和人文等优势，在投资自由化、服务贸易便利化等领域不断探索，通过投资贸易合作，为实现贸易自由、投资便利、结算快捷等提供了有力支持。塞尔维亚有专门制定的《自由贸易区法》对自贸区进行明确说明。

（1）自贸区内优惠措施

① 自贸区内，商品和服务进出口自由，免受数量和商业政策规定限制。

② 自贸区用户为加工及推介产品，可在规定期限内将产品转运至其他自贸区，并享有免征关税及增值税等进口税。

③ 自贸区建设而进口的商品等免征海关关税以及增值税等进口税。

④ 自贸区商品的运输存储等服务免征增值税，商品买方及服务接受方可享进项税抵扣。

（2）自贸区内鼓励措施

① 自贸区内提供的服务价格低于市场价。

② 自贸区内对水电气等增值税减免，最大程度减免土地开发、市政服务等费用。

③ 自贸区用户10年免征公共事业税、土地使用金及公共设施使用费等。

④ 对提供就业机会的自贸区用户，政府给予一定补贴。

（3）自贸区内便利措施

① 自贸区采用一站式管理模式。自贸区管理局为自贸区用户提供前期项目考察、中期项目可行性分析、后期项目进驻等一站式服务。自贸区海关办公室为自贸区用户提供涉税服务。

② 自贸区用户享有塞尔维亚政府提供的国民待遇，投资企业的资金、资产均可自由转移。

3.3 塞尔维亚与中国贸易现状

3.3.1 中塞贸易发展概况

2022 年，中国和塞尔维亚进出口总额 6 856 亿第纳尔，上年同比增加 35.0%，约合 60.49 亿美元，居塞尔维亚第 2 大贸易伙伴。其中，对中国出口 1 293 亿第纳尔，上年同比大增 37.6%，约合 11.67 亿美元，居塞尔维亚出口市场第 9 位。自中国进口 5 563 亿第纳尔，上年同比增加 34.4%，约合 49.82 亿美元，是塞尔维亚第 1 大进口来源国。塞尔维亚对中国贸易逆差 4 270 亿第纳尔，同比增加 33.4%，约合 38.16 亿美元。2021 年，中国和塞尔维亚进出口总额 5 080 亿第纳尔，同比增加 34.9%，约合 51.03 亿美元，居塞尔维亚第 2 大贸易伙伴，占其进出口额的份额为 8.60%，高于 2020 年的份额（8.02%）。其中，对中国出口 940 亿第纳尔，同比大增 142.9%，约合 9.45 亿美元；居塞尔维亚出口市场第 9 位，明显高于 2020 年的位次（第 17 位）；份额也由 2020 年的 1.9%上升到 3.7%。进口 4 140 亿第纳尔，同比增加 22.6%，约合 41.59 亿美元；是塞尔维亚第 2 大进口来源国，占进口总额 12.3%，比 2020 年的份额减少 0.2 个百分点。塞尔维亚对中国贸易逆差 3 200 亿第纳尔，同比增加 34.9%，约合 32.14 亿美元。

与塞尔维亚同期总体贸易数据相比，中塞贸易总额增速高于塞总体贸易增速（25.5%）。其中，向中国出口远远高于塞出口总额增速（26.8%），从中国进口增幅略高于塞进口总额增速（24.6%）。

塞尔维亚是我国在巴尔干地区重要的经贸伙伴之一。中国长期保持塞尔维亚第五大贸易伙伴地位。双边贸易中，中方长期处于顺差地位。2018 年以后，中国成为塞尔维亚第四大贸易伙伴，位列德国、意大利和俄罗斯之后，是塞尔维亚第三大进口来源地，仅次于德国、意大利。

纵观 2006 年以来中塞贸易发展进程，大概可分为以下三个阶段：

（1）2006 年—2008 年：快速发展期

据塞方统计，2005 年，塞与中国贸易总额为 5.12 亿美元，其中自中国进口 5.1 亿美元，向中国出口 200 万美元。2006 年，塞尔维亚与中国贸易总额同比增长 54%；2007 年，同比增长 76%，为十年间最高；受国际金融危机影响，2008 年，双边贸易增速大幅下降，但总额突破 15 亿美元。

（2）2009 年—2016 年：平稳发展期

据塞方统计，2009 年，塞中双边贸易总额受国际金融危机冲击最大，塞尔维亚自中国进口额大幅下降，双边贸易增速下降 1/3，但塞向中国出口额反而有所增加。2007 年—2017 年，双边贸易总额基本维持在 15 亿美元左右，其中塞尔维亚向中国出口额保持平稳增长态势，2014 年，站稳 1 000 万美元关口。

（3）2017 年—2021 年：突破发展期

据塞方统计，2017 年，塞中双边贸易总额基本恢复至 2008 年全球金融危机前水平。其中，塞尔维亚向中国出口额首次突破 5 000 万美元关口，双边贸易总额增速也走出低迷期，保持在 20%左右的水平。2018 年，塞中双边贸易总额首次突破 20 亿美元。其中，塞尔维亚向中国出口额首次接近 1 亿美元。2019 年，双边贸易额达 28 亿美元，两国统计的中国自塞尔维亚货物进口额均首次超过 3 亿美元，比 2018 年大幅增长。

3.3.2 中塞贸易合作重点领域

（1）农业科技领域

塞尔维亚诺维萨德大田作物和蔬菜研究所（Institut of Fieldand Vegetable Crops in NOVI SAD）是享誉世界的农业科研机构。在前南时期就以科技研究成果卓著而闻名于世。其主要成就是培育农作物的优良品种。自 20 世纪 70 年代开始，该所与我国不同地区的许多农业科技院所都进行过交流与合作，主要包括：与中国农科院农作物种子资源的交换，与山东省农科院的玉米杂交技术合作，与甘肃和新疆农科院的向日葵、玉米、甜菜种子改良合作，与内蒙古和吉林农科院的玉米、甜菜、向日葵杂交种子技术合作，与海南省的玉米种子工业化生产和市场化合作等。该所与我吉林省农科院的合作最为突出。在吉林省的白城市建立了“中塞向日葵育种中心”，两国农业科研人员的长期合作，已经培育出两个适应我国气候和土壤特点的油用向日葵新良种，并在我东北和华北地区推广。目前，两国科技人员正在合作培育口感好、产量高的干果型向日葵新品种。

（2）基础设施建设领域

借助“一带一路”倡议，中资企业深度参与塞交通基础设施建设，公路项目包括中塞“友谊桥”之称的跨多瑙河大桥、E763 高速公路等，铁路项目包括贝尔格莱德地铁建设、贝尔格莱德－诺维萨德高铁建设等。

（3）数字化建设领域

塞尔维亚政府十分重视数字化发展，将其视为经济转型的重要领域，先后制定《塞尔维亚数字智能 2020—2024 年战略发展规划》《塞尔维亚 2021—2026 年信息社会和信息安全发展战略》《电子通信法》等，以促进信息通信产业发展。同时，塞尔维亚进一步向国外投资者开放了数字电视、有线和无线宽带网络基础设施等信息通讯市场。中国数字技术全球领先，塞尔维亚政府已同华为公司在宽带网络、智慧城市建设、GSM-R 铁路无线通信系统等方面达成合作。

（4）工程项目建设领域

目前，中方主要是在交通、能源等基础设施领域开展合作。由中国交通建设股份有限公司和中国铁路国际有限公司联合承建的匈塞铁路塞境内贝尔格莱德—旧帕佐瓦（Belgrade-Stara Pazova）段项目（3.5 亿美元）已于 2018 年 6 月 5 日正式动工，匈塞铁路二期诺维萨德—苏博蒂察—塞边境段已经完成商务谈判（9.43 亿欧元）。匈塞铁路是中国—中东欧国家合作的旗舰项目之一，也是“一带一路”倡议重点项目。

2022 年 7 月，中国海南航空开通了中国至塞尔维亚的直航。在此基础上，双边合作有望在未来几年得到进一步发展，特别是考虑到两国间的互免签证制度，以及预计将由塞尔维亚国家航空公司开通运营的两国直航航线。

3.3.3 中塞商品贸易结构

根据塞尔维亚国家统计局数据，按照国际贸易标准分类（SITC Rev.4）对中塞十大类商品贸易结构进行分析，可以发现，两国货物贸易主要集中在第 7 大类，呈现以产业内贸易为主的特征。

2012 年—2021 年的近十年，塞尔维亚自中国进口商品总额稳中有升，进口商品主要集中在第 5 大类（化学品及相关制品）、第 6 大类（按原料分类的制成品）、第 7 大类（机械及运输设备）、第 8 大类（杂项制品）和第 9 大类（未分类的其他商品）。其中第 7 大类商品占比维持在 40%左右，占塞自中国进口总额的近一半；第 8 大类商品占比呈逐年缓慢下降趋势；第 5 和第 6 大类商品占比基本稳定在 9%和 15%左右。相对来说，第 0—4 类商品占比相对较小（见表 3－26）。

表 3－26　2012 年—2021 年按 SITC Rev.4 分类塞尔维亚自中国进口商品类别比重（%）

	2012 年	2013 年	2014 年	2015 年	2016 年	2017 年	2018 年	2019 年	2020 年	2021 年
总额（亿美元）	13.85	15.09	14.82	14.65	15.22	17.68	21.68	25.08	31.64	41.59
SITC0	1.29	1.19	0.78	0.59	0.59	0.45	0.46	0.45	0.48	0.39
SITC1	0.04	0.05	0.00	0.01	0.02	0.61	0.29	0.04	0.08	0.02

续表

	2012年	2013年	2014年	2015年	2016年	2017年	2018年	2019年	2020年	2021年
SITC2	0.88	0.75	1.11	0.66	0.57	0.61	0.45	0.41	0.29	0.25
SITC3	0.04	0.01	0.02	1.37	0.02	0.02	0.01	0.01	0.01	0.01
SITC4	0.07	0.09	0.12	0.10	0.07	0.05	0.04	0.04	0.03	0.04
SITC5	11.29	10.17	9.87	8.57	8.35	7.31	8.40	7.53	7.21	8.17
SITC6	14.05	14.34	15.49	14.19	13.34	15.63	16.81	15.73	16.67	15.41
SITC7	42.42	44.30	42.62	45.96	42.97	43.71	42.20	44.16	44.50	46.35
SITC8	23.08	21.37	20.36	18.22	19.52	18.21	16.41	15.76	15.01	15.15
SITC9	6.84	7.72	9.64	10.33	14.54	13.42	14.93	15.86	15.73	14.21

数据来源：http://data.stat.gov.rs。

2012 年—2021 年的近十年，塞尔维亚向中国出口商品总额呈现逐步提升、总体偏低的特点。整体看，自 2012 年以来，塞尔维亚对中国出口商品主要集中在第 2 和第 7 大类（见表 3－27），大体保持在 30%左右，2019 年，塞尔维亚向中国出口这两大类商品占比急速降至 7%和 5%，2020 年，第 2 类上升；2018 年，第 6 类同比增速激增。自 2012 年以来，第 8 大类呈大幅下降态势，由最高 2012 年的 24.75%降至 2021 年的 0.52%，创历史新低。2017 年前，第 6 大类占比在 5%左右，但 2018 年出现同比猛增，占比达 27.98%，2019 年增速迅猛，超过 80%。塞尔维亚向中国出口商品中的第 3 大类（矿物燃料、润滑油及相关原料）和第 4 大类（动植物油脂及蜡制品）处于极不活跃状态，有出口年份的贸易额占比极小，几乎可忽略不计。总体而言，塞尔维亚对中国出口商品总额较低，虽然从 2019 年开始有所增长，2021 年达到最高值 9.45 亿美元，但其可持续性仍然不确定。

表 3－27　2012 年—2021 年按 SITC Rev.4 分类塞尔维亚向中国出口商品类别比重（%）

	2012年	2013年	2014年	2015年	2016年	2017年	2018年	2019年	2020年	2021年
总额（亿美元）	0.06	0.09	0.14	0.20	0.25	0.62	0.92	3.29	3.52	9.45
SITC0	4.96	4.58	3.39	4.39	2.39	2.13	1.48	2.04	1.16	0.91
SITC1	27.83	5.31	0.89	1.22	2.51	2.23	1.46	0.76	0.83	0.34
SITC2	14.31	23.85	39.55	39.51	44.39	39.64	32.93	7.36	21.09	58.43

续表

	2012年	2013年	2014年	2015年	2016年	2017年	2018年	2019年	2020年	2021年
SITC3	0.00	0.00	0.00	0.00	0.00	0.17	0.63	0.04	0.02	0.00
SITC4	0.00	0.00	0.01	0.43	1.63	1.36	0.15	0.40	0.36	0.23
SITC5	4.52	14.16	8.40	5.71	3.95	2.84	3.11	1.95	2.72	1.28
SITC6	4.14	7.09	4.83	5.07	4.51	2.54	27.98	81.19	65.20	34.87
SITC7	19.19	33.01	35.05	30.51	31.87	43.68	25.78	5.05	7.29	3.42
SITC8	24.75	11.94	7.76	13.14	8.68	5.39	6.46	1.22	1.31	0.52
SITC9	0.30	0.06	0.11	0.01	0.07	0.03	0.02	0.00	0.00	0.00

数据来源：http://data.stat.gov.rs。

2020年—2021年，中国自塞尔维亚进口前十大商品以原材料为主，铜矿砂及其精矿、未锻轧其他精炼铜阴极、水青冈木三类金额较高，两年中有六类商品都位居前十之列，说明这些产品的贸易活跃度较高，有较强的可持续性。近年来，中国大量进口塞尔维亚精炼铜，与中国紫金矿业收购塞尔维亚博尔铜矿有较强的关联性（见表3-28）。目前，塞尔维亚主要向中国出口金属和木材等原材料。可以看出，需要找到一种方法来增加塞肉类和肉制品、葡萄酒和其他酒精饮料的出口。

表3-28　　2021年中国自塞尔维亚进口前十大产品

商品名称	金额（亿美元）
铜矿砂及其精矿	3.32
未锻轧其他精炼铜阴极	3.04
其他贵金属矿砂及其精矿	0.41
水青冈木（山毛榉木）木材（经纵锯、纵切、刨切或旋切，厚度>6mm）	0.32
其他专用于或主要用于8501或8502机器的零件	0.27
镍铁	0.22
车辆风挡刮水器、除霜器及去雾器	0.19
品目8701至8704所列其他车辆用未列名零、附件	0.16
栎木（橡木）原木	0.14
继电器（V≤36V）	0.12

数据来源：http://www.customs.gov.cn。

表 3－29　　2020 年中国自塞尔维亚进口前十大产品

商品名称	金额（亿美元）
未锻轧其他精炼铜阴极	2.93
水青冈木（山毛榉木）木材（经纵锯、纵切、刨切或旋切，厚度＞6mm）	0.21
镍铁	0.21
车辆风挡刮水器、除霜器及去雾器	0.15
其他电动的卷扬机及绞盘	0.14
品目 8701 至 8704 所列其他车辆用未列名零、附件	0.11
铅矿砂及其精矿	0.11
转速＜10 000 转/分的其他离心泵	0.08
继电器（V≤36V）	0.07
品目 8512 所列装置的零件	0.06

数据来源：http://www.customs.gov.cn。

3.3.4 中塞贸易协定

表 3－30　　中塞签订的贸易协定

协定名称	签订时间及地点
中华人民共和国商务部和塞尔维亚共和国财政部关于建立投资合作工作组的谅解备忘录	2021 年 2 月，线上签署
中华人民共和国政府和塞尔维亚共和国政府关于基础设施领域经济技术合作协定附件三	2017 年 5 月 16 日于北京
中华人民共和国政府和塞尔维亚共和国政府经济技术合作协定	2017 年 5 月 13 日于北京
中华人民共和国政府和塞尔维亚共和国政府经济技术合作协定	2016 年 6 月 18 日于贝尔格莱德
中华人民共和国政府和塞尔维亚共和国政府经济技术合作协定	2014 年 12 月 17 日于贝尔格莱德
中华人民共和国政府和塞尔维亚共和国政府关于基础设施领域经济技术合作协定附件二	2013 年 8 月 26 日于北京
中华人民共和国政府和塞尔维亚共和国政府经济技术合作协定	2013 年 8 月 26 日于北京
中华人民共和国政府和塞尔维亚共和国政府经济技术合作协定	2012 年 11 月 7 日于贝尔格莱德
中华人民共和国政府和塞尔维亚共和国政府关于基础设施领域经济技术合作协定附件一	2012 年 5 月 8 日于贝尔格莱德
中华人民共和国政府和塞尔维亚共和国政府经济技术合作协定	2011 年 7 月 11 日于贝尔格莱德

续表

协定名称	签订时间及地点
中华人民共和国政府和塞尔维亚共和国政府关于中国向塞尔维亚提供优惠贷款换文框架协议	2010年7月14日于贝尔格莱德
中华人民共和国政府和塞尔维亚共和国政府关于基础设施领域经济技术合作协定	2009年8月20日于北京
中南经济贸易协定	1995年9月8日于贝尔格莱德

资料来源：http://yu.mofcom.gov.cn。

塞尔维亚《消息报》2022年8月8日报道，塞尔维亚和中国之间的自由贸易协定有望在年底签署，这将为塞尔维亚农业和食品生产商、酿酒商和葡萄种植者以及IT部门和木材加工业带来新的商机。上述领域的塞尔维亚企业将能够在拥有超过14亿人口的巨大中国市场上以更优惠的条件销售他们的产品和服务。另一方面，该协定将使塞尔维亚成为欧洲最具吸引力的投资目的地之一。自贸协定的签署将使大多数产品能够免税或者低关税进出口，这将导致贸易量的增加。中国是塞尔维亚在亚洲最重要的贸易伙伴，通过该协定，两国战略伙伴关系将进一步加强。

2022年7月，与中国的自贸协定草案开始准备，塞财政部牵头负责筹备工作组。财政部长马利指出，在过去的十年里，即从2012年到2021年，塞尔维亚对中国的出口增长了152倍。该协定将提高塞尔维亚经济的竞争力，促进出口增长，并为来自世界各地的新投资打开大门。

3.3.5 中塞货物贸易面临问题

（1）塞尔维亚贸易逆差问题

由于构成中塞两国商品贸易总额的主要部分是塞尔维亚自中国进口额，且其进口额远高于其向中国出口额，因此在两国商品贸易中，塞尔维亚始终处于逆差状态。根据塞尔维亚国家统计局数据，2007年，塞尔维亚自中国进口额大幅增加，而出口额并没有变化，塞对中国贸易逆差创历史最高，逆差增幅近80%；2009年受国际金融危机冲击，塞尔维亚自中国进口同比显著减少，而其向中国出口额略有增加，逆差增幅大幅收窄；2017年，双边货物贸易额呈现“三增长”的良好态势，特别是中国自塞进口额大幅提升；2018年，塞尔维亚自中国进口额和向中国出口额均有增加，但进口额增速高于出口额增速，因此，双边商品贸易逆差增幅超过20%；2019年，中国自塞进口额大幅增至3亿美元，有力地缓解了塞方逆差，逆差同比降至5%。两国外交、商务等相关部门早已注意到中塞商品贸易逆差问题，中国外交部各相关部门，包括中央政府各部门、地方政府以及各种智库，整合各部门建议，力图尽快扩大中国自塞进口额，尽量扩大自塞尔维亚进口商品的种类和规模，采取多种措施挖掘两国商品贸易潜力。2017 年，中国为改善贸易顺差所做的大量工作，特别是在加强农业合作、便利农产品进口等方面所采取的切实措施，为两国进一步开展经贸合作奠定了坚实基础，双边经贸合作的巨大潜力仍有待两国积极挖掘。虽然两国统计数据都显示，最近两年，中国贸易顺差有收窄趋势，但由于塞尔维亚经济结构与经济规模问题，短期内中方贸易顺差状况不可能大幅度扭转。

（2）统计标准合作有待加强

中国进出口数据由中国海关总署统计，塞进出口数据由塞尔维亚国家统计局统计。2017 年和 2018 年，中国海关提供的中国进口数据是塞尔维亚国家统计局塞出口数据的 3 倍左右；而在 2017 年，中国海关中国出口数据是塞尔维亚国家统计局塞进口数据的 1/3 左右，2018 年约为 40%；传导到贸易总额和差额，2017 年，中国的贸易总额数据约为塞尔维亚数据的 40%，2018 年则是约 50%；2017 年的差额数据约为 20%，2018 年约是 30%，差距十分明显。2019 年，中国海关提供的中国进口数据与塞国家统计局提供的塞出口数据基本相当；但中国海关提供的中国出口额是塞国家统计局提供的塞进口额的 40%，而 2017 年为 30%，因此，两国统计数据差异的根源仍需进一步研究。

3.3.6 中国企业在塞尔维亚开展贸易应注意事项

（1）贸易支付方式

塞尔维亚进口商通过电汇方式分期付款，按照相应比例进行预付款。为保障资金的安全性，建议中资企业通过银行信用担保方式收款。

（2）贸易商品质量标准

为避免贸易商品质量问题带来的负面影响，建议中方企业向塞尔维亚出口商品时，严格按照塞尔维亚方面的产品标准生产商品，在贸易过程中遵照各项法律法规，提供全方位的售前—售中—售后服务，提升中方企业的信誉。

（3）适用关税及贸易协定

根据不同的产品和服务贸易，不同的贸易协定及自贸区规定，建议中方企业及时关注海关关税的税则详情，根据产品适用的贸易协定以及不同的自贸区要求，明确贸易商品的关税税率，避免因其而产生的潜在问题。

（4）人文交流

中国是礼仪大国、文明之邦，与塞尔维亚有着多年的深厚友谊。在贸易洽谈过程中，中方企业应以礼相待，衣着得体，注重文明礼貌，友好商谈。

第4章 塞尔维亚投资环境

4.1 塞尔维亚外商投资概况

塞尔维亚的总体投资环境逐年向好。塞尔维亚以消费主导型服务业为基础，2014 年后，塞政府大力实施经济与结构改革，改善监管制度，营造良好的投资和营商环境。塞尔维亚政治与经济相对稳定，积极与各国发展伙伴关系，将投资促进、区域合作作为最优先重点。塞尔维亚地理位置优良，交通和物流业发达，通过公路运输可抵达大部分欧盟市场。现有的基础设施、施工许可及审批程序十分便捷，标准已趋于欧盟的商业环境。在财政优惠与激励政策方面，政府为涉及国际贸易的项目提供财政支持，对符合条件的企业提供所得税豁免期支持，颁布关于收入、资本和财产避免双重征税的规定，从最大程度补贴来投资企业。在 2020 年发布的《塞尔维亚 2025 发展计划》中，将在经济数字化以及科学与经济融合方面进行额外投资，使得商业环境更加现代化。

吸引外资方面，根据央行的初步统计数据，塞尔维亚 2022 年吸收外资达 44 亿欧元，2021 年为 39 亿欧元，2020 年为 34.4 亿美元。2022 年超越 2021 年创纪录的 39 亿欧元，再创历史新高，塞尔维亚国家信用评级再次朝着“投资级别”迈进。

2021 年，外国对塞尔维亚直接投资较 2020 年增长了 27.1%，与创纪录的 2019 年相比，增长了 1.2 个百分点。塞尔维亚央行的数据显示，外国直接投资大部分流向了出口行业，主要是加工业，这对塞尔维亚未来几年出口继续保持两位数增长至关重要。与之前一样，2021 年，外国投资者对塞尔维亚新项目和现有项目都进行了投资。2020 年—2021 年，塞尔维亚共吸引了 69 亿欧元的外国直接投资。塞尔维亚央行认为，这主要归功于一揽子货币和财政措施。在 2020 年 3 月—5 月存在相当大不确定性的时候，营商、消费者和投资信心没有进一步下降，经济正常运转，国有和私营部门的投资得以继续。从长期来看，即 2007 年到 2016 年的十年间，外国直接投资年均流入为 21 亿欧元。而从 2017 年到 2021 年，外国直接投资年均流入超过 33 亿欧元（过去五年外国直接投资流入总额达 167 亿欧元）。

货币和财政政策及扶持鼓励措施，导致国外直接投资增速强劲，基础设施建设的加强，投资环境大幅改善，就业情况同样好转。自 2014 年底以来，塞私营部门的正式就业人数增长超过 24%，平均工资从约 4 万第纳尔（约 360 美元）增长到 2021 年底的 6.34 万第纳尔（约 634 美元），增幅超过 55%。其他关键部门，包括制造业、建筑业、贸易、信息通信技术和其他服务业的就业也均实现了增长。

4.2 外商投资基础设施

4.2.1 铁路

塞尔维亚铁路系统由 3 739 千米的铁路网络组成，其中 295 千米为双线铁路（占网络的 7.9%）。约 1 279 千米的轨道（占网络的 33.6%）实现了电气化。除阿尔巴尼亚外，塞尔维亚与所有邻国都有铁路联系。贝尔格莱德是全国的铁路枢纽，尼什等城市是地方铁路枢纽。然而，塞尔维亚的铁路货运量有所下降。虽然在 2021 年上半年，一般货物运输量增长了 37.2%，但这仅仅是对公路、水运和航空运输而言。根据塞统计局的数据，铁路运输量呈现下降趋势，主要是由于塞尔维亚铁路运营质量和水平相对低下，配套的通讯设备也相对落后。

塞尔维亚在 2022 年重建现代化铁路约 300 千米。塞尔维亚铁路基础设施部表示，首先对 108 千米的诺维萨德—苏博蒂察—诺维萨德—苏博蒂察—凯莱比哈（Novi Sad-Subotica-Novi Sad-Subotica-Kelebiha）线路进行现代化改造。新的地下通道正在诺维萨德建造，车站也在重建中。整个诺维萨德—凯莱比哈线的重建工作将于 2024 年 11 月完成。

4.2.2 空运

2017 年 9 月 15 日，中国海南航空公司正式开通北京—布拉格—贝尔格莱德航线，在捷克首都布拉格停留 1 小时 50 分钟，航线由空客 A330－300 型客机执飞。

塞尔维亚共有如下5个机场，分别是位于贝尔格莱德的贝尔格莱德尼古拉·特斯拉（Nikola Tesla）国际机场、位于巴塔伊尼察的巴塔伊尼察（Bataynica）机场、位于尼什的康斯但丁（Constantine）机场、位于诺维萨德的诺维萨德机场以及位于兹雷尼亚宁的兹雷尼亚宁机场。其中，贝尔格莱德尼古拉·特斯拉国际机场是塞尔维亚最繁忙的机场，归塞尔维亚政府所有，并由国有企业Aerodrom Nikola Tesla Beograd运营管理，该机场年旅客吞吐量约500万人次，货物吞吐量2万余吨，年起降飞机3.4万余架次。2017年9月15日，中国海南航空公司正式开通北京—布拉格—贝尔格莱德航线，2022年7月16日，贝尔格莱德机场为由中国海南航空公司所执飞的首班北京至贝尔格莱德直航航班举行欢迎仪式。

4.2.3 水运

塞尔维亚水路运输较为发达，主要水域包括多瑙河、萨瓦河、蒂萨河、塔米什河以及德利纳河。可运输的水路约1 680千米，年运货量约1 500万吨（主要是原材料和建材）。塞尔维亚最主要的水路运输是国际水路多瑙河，其在塞尔维亚境内通运里程约400多千米，有5个较大河港。

水运发展规划方面，莫拉瓦运河综合开发项目涉及整体开发流域中的小水电站、防洪工程、水库、灌溉、供水、污水处理等，其中，中资企业正与塞尔维亚积极合作梯级小水电站开发项目。此外，塞尔维亚政府计划对内河航道投资5.5亿美元，用于多瑙河流域的环境修复；计划建立新的贝尔格莱德港口，预计将于2023年底动工；升级斯梅代雷沃港的散装和普通货物码头，总投资约为1.06亿美元；2022年，塞尔维亚建设部投资0.31亿美元，以提升诺维萨德港现代化水平。

4.2.4 公路

塞尔维亚公路网总里程45 013千米，其中高速公路1 155千米。主干线标准公路5 525千米，地区间普通公路13 670千米，地方普通公路24 540千米。已投入运行的全封闭高速公路498千米，半封闭高速公路246.5千米。此外，还有2 960座桥梁和85条隧道。公路交通承载约93%的客运量和58%的货运量，但公路等级较低，高速公路里程仅占总里程的2.6%，公路交通设施亟待升级。

根据塞尔维亚基础设施部的数据，塞尔维亚目前正在设计和建造约1 000千米的快速道路。重点干线高速公路也开始计划，已有8条高速公路开始建设，6

个高速公路项目宣布即将动工。

4.2.5 通信

塞尔维亚政府十分重视发展网络和第三代移动通信服务，并致力于数字化和公共管理转型改革。在移动网络方面，2020 年，塞尔维亚移动电话用户达到 836.2 万，普及率高达 93.2%，计划开展 5G 建设；在宽带网络方面，家庭网络介入率达 68%，企业互联网介入率达 99.8%，互联网用户数量占总人口比例约四分之一，但部分农村地区尚未开通网络接入；在数据中心建设方面，塞尔维亚在克拉古耶瓦茨市建立国家数据中心，为数字产业发展提供数据处理保障。邮政服务也较为完善，同样提供各种行政收费和税费代收服务。

4.2.6 电力

塞尔维亚的电力资源充裕，但发电量尚不能完全满足本国经济和社会发展的需要，在用电高峰时期仍需进口电力。2018 年，发电装机总容量为 7 838 兆瓦，发电量 439.18 亿度，电力进口 33.97 亿度。

（1）火电

火电是塞尔维亚主要发电来源，发电量约占总发电量的 66%。塞尔维亚火电装机容量 4 733 兆瓦。塞尔维亚共有火电站 9 座（不包括科索沃的 2 座），主要有尼古拉 • 特斯拉 A 电站（1 597 兆瓦）、尼古拉 • 特斯拉 B 电站（1 190 兆瓦）、科斯托拉茨 B 电站（640 兆瓦）、科斯托拉茨 A 电站（281 兆瓦）、克鲁巴拉（Krubara）电站（216 兆瓦）以及莫拉瓦电站（108 兆瓦）等。近三十年来，塞尔维亚未曾新增任何发电机组，现有机组均已接近设计使用年限，更新换代需求较大。此外，塞尔维亚现有机组排放量普遍无法达到欧盟标准。随着塞尔维亚入盟进程不断深入，脱硫改造等需求也较大。未来在火电方面，塞尔维亚政府加强开发和改造力度，能源部积极推进尼古拉 • 特斯拉 B 电站和科斯托拉茨 B 电站等新的燃煤电站项目建设。

（2）水电

水电是塞尔维亚最大的可再生能源，也是塞尔维亚政府优先发展的能源领域之一，水电发电量占总发电量约 31%。目前，塞尔维亚水电装机 2 936 兆瓦，2017 年的发电量为 94.77 亿度，占塞尔维亚总发电量的 27.5%。塞尔维亚共有各型水电站 12 座，较大的有：铁门电站一期（1 099 兆瓦）、铁门电站二期（270 兆瓦）、巴亚纳巴斯塔（Bayona-Basta）电站（420 兆瓦）等。为提升水力发电能力，大力推进小型水电站项目，塞尔维亚将获得的欧洲复兴开发银行贷款用以支持相关 15

座小型水电站建设。

（3）绿色能源发电

塞尔维亚绿色能源起步较晚，目前已涉及太阳能发电、风能发电、沼气发电、以及其他生物质能发电等领域，装机容量 353 兆瓦，2017 年，发电量为 0.62 亿度，占塞尔维亚总发电量的 0.2%。发展绿色能源是塞尔维亚入盟的必要条件之一，因此也成为塞尔维亚政府重点推动的领域。为实现《欧盟 2030 年气候与能源框架》目标要求，塞政府出台了《可再生能源利用法》，要求建立风力及太阳能发电厂。《2022—2024 年经济改革计划草案》提出，计划到 2024 年实现 8 300 兆瓦的太阳能和 3 000 兆瓦风能装机容量，到 2040 年，绿色能源占比达到 40%，逐步向欧盟看齐。

4.2.7 数字基础设施

近年来，塞尔维亚信息和通信产业发展迅猛，年均增长一直在 20%以上，2020 年，行业产值 2 949 亿第纳尔（约合 29 亿美元），发展潜力十分巨大。

2022 年，塞尔维亚电视普及率为 98.5%，移动电话普及率为 95%。塞尔维亚政府十分重视发展网络和第三代移动通信服务，网络发展在巴尔干地区处于领先地位。家庭电脑普及率为 77%，83.2%家庭接入互联网。塞尔维亚企业互联网接入率达 100%，84.9%拥有企业网站，其中，96.7%的大公司、91.5%的中型公司以及 82.7%的小公司拥有自己的官网，24.7%的公司雇用信息通信技术（ICT）专家。位于克拉古耶瓦茨市的国家数据中心是该地区最大的数据处理中心，塞尔维亚因此成为一个拥有最现代化数据库的国家。数据中心将有助于电子政务服务的平稳可靠运行、安全地存储数据以及开发未来服务。公共行政工作将得到改善，加快程序并简化公民的日常生活和经济业务。

4.2.8 未来发展规划

（1）经济发展规划

在制度层面，推动经济体制改革法案，推动电力、天然气等大型国有企业进行重组，加快国企私有化进程，鼓励支持中小企业发展，促进创业。政府对教育、医疗及基础设施建设加大资金支持力度，营造良好的市场环境。

在政府管理方式层面，政府内部成立项目实施小组，负责监督落实各项政策的实施情况并直接向财政部长汇报。为提升政府部门效率和工作能力，各部长每半年时间接受一次考评，公务人员数量在一定比例上削减，建立各级公务人员的培训机制和录用晋升机制，提升各级公务人员的责任意识。改善政府部门的工作方式，增强政府部门电子化办公。

（2）基础设施发展规划

在交通基础设施建设方面，塞尔维亚政府积极对铁路和公路运输投资重点项目。干线公路包括：贝尔格莱德—黑山巴尔港（Bar Harbor）的泛欧 11 号走廊；泛欧 10 号走廊塞尔维亚境内路段，连通保加利亚与马其顿的高速公路线；贝尔格莱德及伏伊伏丁那（Vojvodina）自治省首府诺维萨德市的环城公路建设；贝尔格莱德—兹雷尼亚宁与罗马尼亚境内高速公路的合并。其中，中国提供贷款并由中资企业承建泛欧 11 号走廊路段建设，世界银行及欧洲复兴开发银行为泛欧 10 号走廊路段提供贷款支持。铁路项目包括：贝尔格莱德—匈牙利布达佩斯（Budapest）段，由中国、塞尔维亚及匈牙利三国共同合作建设，2017 年中塞双方签订塞境内贝尔格莱德—旧帕佐瓦段的贷款协议，2019 年签订诺维萨德—苏博蒂察段的贷款协议，2021 年贝尔格莱德—旧帕佐瓦段的左线完工通车。2018 年签署《塞尔维亚贝尔格莱德—尼什—普雷舍沃（Presevo）—塞尔维亚马其顿边境铁路现代化升级改造项目的谅解备忘录》，并于 2019 年塞尔维亚交通部、塞尔维亚铁路公司与中国路桥签署了项目总合同。

在能源基础设施建设方面，火电方面的重点项目主要是科斯托拉茨 B 电站的维修脱硫改造和新建燃煤发电机组。水电方面，主要有比斯特里察（Bistrica）抽水蓄能电站项目、铁门电站三期项目、伊巴尔河阶梯水电站项目等。塞尔维亚政府预计投资 120 亿欧元用于风电场、光伏电站和水力发电设施。同时，《2022—2024 年经济改革计划草案》中规划，将在煤灰堆和垃圾填埋场等场地建设光伏电站、太阳能发电厂以及太阳能电池阵列。2019 年底，塞政府提出“塞尔维亚 2025 愿景”，将实现绿色循环经济设定为重要目标。2021 年，塞尔维亚首次通过《气候变化法》，承诺到 2030 年温室气体排放量比 2010 年减少 13.2%，到 2040 年可再生能源比例达到 40%以上，2050 年实现碳中和。

（3）数字化发展规划

近年来，塞尔维亚政府重视数字化发展，将其视为经济转型的关键，制定了《塞尔维亚数字智能 2020—2024 年战略发展规划》《塞尔维亚 2021—2026 年信息社会和信息安全发展战略》等文件。政府积极完善信息通讯产业法律法规，正在起草《电子通信法》，推动实施电子商务、电子政务、电子财会、电子健康等智能信息化计划。此外，塞尔维亚进一步向国外投资者开放了数字电视、有线和无线宽带网络基础设施等信息通讯市场，希望吸引更多外商投资。塞尔维亚数字基础设施较为落后，尤其是在广大农村地区。下一阶段，政府计划大力发展数字化基础设施，计划为农村地区家庭提供高速互联网，争取到 2025 年实现家庭互联网

100%全覆盖的目标。在宽带网络、智慧城市建设、GSM－R铁路无线通信系统方面，塞尔维亚积极与各方促进合作，吸引外国投资建设。

4.3 外商投资政策

4.3.1 外资优惠政策

《外商投资法》是塞尔维亚管理外商投资最重要的法律之一。根据该法，外国投资者在塞尔维亚享有投资保障，塞尔维亚政府对外商投资提供财政激励、税收减免等优惠政策。此外，外资企业还可以享受自由区等地区优惠政策。

《外商投资法》第八条规定，外国投资者享受国民待遇，即外国投资者的投资享有与国内自然人、法人同等的地位、权利和义务，本法另有规定的除外。外商企业享有与塞尔维亚企业同等的法律地位，在同等条件下以同样的方式经营。

对外国投资者的投资和资产不得征收或采取其他具有同等效力的措施，但法律或者依法确定公共利益并且经过支付补偿的除外，补偿必须以被征收物或者其他措施采取之日的市场价值为标准，且补偿必须以可兑换货币及时支付。外商投资及资本自由流动，外国投资者完成纳税义务后可自由转移资金、资产、利润、股份、分红、财产征收补偿款等。外国投资者还可享受双边投资及税收协定的保护。

根据2019年颁布的《关于吸引直接投资的奖励措施标准的规定》，塞尔维亚开发署对符合条件的项目给予国家投资奖励基金支持。奖励基金主要为支持制造业和服务业发展，符合条件的重大项目投资者由政府主管部门直接负责，非重大项目投资者可自行申请奖励。塞尔维亚开发署发布开放申请公告后，企业可按要求递交申请材料，开发署将从企业资质、解决就业、经济和社会影响等方面对申请企业进行考核，确定奖励对象。

获得国家投资奖励基金的基本条件。（1）大型企业的投资项目必须在当地持续经营5年以上、中小型企业持续经营3年以上，且在此期间员工数量不得减少；（2）企业需按时支付员工工资，且工资不得低于最低工资标准的1.2倍；（3）企业需要3年内完成投资和满足用工人数条件；（4）投资项目的合理支出至少应有25%来源为申请者的个人资产或不包含补贴的其他来源。

投资者可获得的最高奖励金额需符合奖励评定标准的基本要求。按公司规模划分，大、中、小型公司可获得的最高奖励额度分别不得超过其项目投资额的50%、60%和70%。奖励额度根据项目投资额做进一步细分。

表 4－1　　大型公司项目投资额奖励额度

项目投资额	奖励金额上限
低于 5 000 万欧元	项目投资额的 50%
5 000 万～1 亿欧元	项目投资额的 25%
高于 1 亿欧元	项目投资额的 17%

数据来源：塞尔维亚《关于吸引直接投资的奖励措施标准的规定》。

4.3.2 投资吸引力

塞尔维亚经济总体呈恢复性增长趋势，且有望成为下一个欧盟成员国，具有一定的投资前景。根据世界银行发布的《2020 年营商环境报告》，塞尔维亚在 190 个国家和地区中排名第 44 位。2021 年，国际评级机构穆迪对塞尔维亚主权信用评级为 Ba2，展望为稳定。标准普尔对塞尔维亚主权信用评级为 BB+，展望为稳定。惠誉国际对塞尔维亚主权信用评级为 BB+，展望为稳定。塞尔维亚政府在优化营商环境方面采取了一些具体措施，对外国投资企业给予国民待遇，增加电力供应，保障中小投资者利益，推进纳税方式便利化等。

塞尔维亚地理位置优越，是连接东南欧与西欧、欧亚大陆的陆路枢纽，地处东方与西方交界的地理位置，被视为欧洲的门户。7 号走廊多瑙河和 10 号走廊的国际高速公路与铁路相交于塞尔维亚境内，为联通西欧与中东地区提供了极大的交通便利。外资企业可以通过物流基地为其欧盟、东南欧和中东地区的客户提供更为便捷的物流运输服务。塞尔维亚与欧洲成员国匈牙利、克罗地亚、保加利亚和罗马尼亚国土接壤，企业享有运作于欧盟之外的所有商业利益。

塞尔维亚针对外国投资者制定了不同的投资刺激政策，提供税收优惠和奖励政策。塞尔维亚的税收体系对于企业经营十分有利，是欧洲企业利润税最低的国家之一，同时其增值税在中东欧也极具竞争力。外国投资者在塞尔维亚企业投资参股的进口机械和设备可免除关税。外国投资者可享有进口原材料和用于出口生产的半成品的免关税政策。

塞尔维亚与欧盟、中东欧自由贸易区成员国、俄白哈关税同盟及土耳其等签订了自由贸易协议，并享受美国给予的最惠国待遇，塞尔维亚有关商品出口上述地区和国家享受免关税和免配额优惠待遇，塞尔维亚是独立国家联合体外唯一与俄罗斯签订自由贸易协定的国家。

塞尔维亚劳动力独具高素质、实干和成本低的特点。塞尔维亚的平均工资低，人力成本仅为东欧其他欧盟国家水平的一半。塞尔维亚商业注册署的企业登记手续快捷且便宜。境外投资者可以独资经营，也可以通过合资股份公司、股份有限公司、有限责任合伙公司和普通合伙公司的形式进行投资。

4.3.3 投资退出政策

根据塞尔维亚《公司所得税法》，实体若涉及主体变更、清算和破产，须在规定的财务报表申报期限后的15日内向税务机关提交申报表。

特殊地区（如自贸区）的投资退出政策应遵循特殊地区当地的政策要求。

塞尔维亚的外商投资者可以自由转让同其投资相关的所有财产，包括经营实体运营所实现的利润、股权转让实现的现金资产、实体财产被征用所获得的补偿以及清算后的所得等。投资者在塞尔维亚取得的资本利得和收益，缴税后可以不受限制地转移回投资国。

4.4 吸收外商投资法规

4.4.1 投资相关法规

近年来，塞尔维亚政府通过实施优先改革措施，以大力改善商业环境，主要包括宏观经济财政整合、加快行政审批等，希望予以外国投资者最大限度的便利。

塞尔维亚于2015年颁布了《投资法》。对外国投资实行全面的国民待遇，没有专门针对外国投资者的限制机制和审查机构。国内外投资者的投资行为均适用相同的规定，投资权益受到同样保护。一般情况下，国家不征收外国投资者的投资；特殊情况下，国家出于公共利益需要，依法对外国投资者的投资实行征收或者征用，将依照法定程序进行，并及时给予投资者补偿。

《公共采购法》（包括供货、服务和工程建设项目）规定了政府出资的公共工程均须公开招标，采取有限招标方式选择承包商。2013年4月1日，新版《公共采购法》正式生效。新法案加强了对政府及公共部门采购的控制，特别是消耗品采购的监管力度，从而将更有效打击公共部门腐败。新版《公共采购法》将不适用于国际金融机构以及双边协议融资项目。目前，根据中塞两国政府2009年签署的《基础设施领域经济技术合作框架协议》，中国企业参与由中方提供融资的公共采购项目时，可与塞尔维亚方业主直接进行议标，不受新版《公共采购法》的约束。

《PPP和特许经营法》对PPP（public-private partnership）模式（公共私营）和特许经营进行了区分。当前，塞尔维亚政府鼓励外资企业采取“建设—经营—移交”模式（BOT，build-operate-transfer）、PPP模式、特许经营以及投资等多种模式在塞尔维亚承建有关项目。

4.4.2 投资主管部门

塞尔维亚外商投资主管部门主要包括：塞尔维亚经济发展委员会、塞尔维亚经济部下属投资部门、塞尔维亚开发署。

塞尔维亚经济发展委员会：监督投资和经济发展情况，推动实现经济发展目标；根据《投资法》和国家预算及拨款计划，决定投资激励事宜；依照《投资法》执行其他工作。

塞尔维亚经济部下属投资部门：参与起草投资领域的法律法规，监督招商引资政策的制定和完善，参与制定吸引投资措施的提案，管理和监督投资项目的进展等。

塞尔维亚开发署：向中小微企业以及外国投资者提供政策支持性服务；吸引新项目投资塞尔维亚，为项目落地提供全方位服务；为经济和区域发展政策改进之需开展分析，并提供数据和信息；认可和协调区域开发机构；开展与吸引直接投资和投资项目相关的专业、行政和业务活动，并根据法律、法规监测其实施情况；在项目实施过程中与区域发展机构紧密合作，促进塞尔维亚各地区均衡发展。旨在促进和实施直接投资，促进和增长出口，发展和提高塞尔维亚于经济和区域发展领域的公司竞争力、声誉和发展。

4.4.3 投资市场准入规定

根据塞尔维亚《外商投资法》相关规定，部分行业设有外资准入限制，如博彩业和军工业。博彩业在塞尔维亚是禁止行业，军工业是限制行业。塞尔维亚鼓励外商投资的重点行业包括：汽车产业、农业和环保产业、基础设施建设产业、信息技术产业、电子和家电产业、清洁能源产业等。

对于特定行业，内外资企业均需要向主管部门申请许可证才能经营。需要许可证的行业有金融、能源、采矿、制药、医疗器械、烟草、武器和军事设备、道路运输、土地开发、审计、废物处理以及危险化学品生产和贸易等。

表 4-2　　特定行业市场准入规定

特定行业	具体规定
金融业	提供存款和贷款服务的金融机构，必须在注册前取得塞尔维亚国家银行颁发的许可证；提供代保管服务和证券交易服务的金融机构，需取得证券交易委员会颁发的许可证。
矿产勘探和采矿业	矿产勘探和采矿工程需向塞尔维亚矿产和能源部申请许可证，并获得该部门的开采现场审批、开采设施修建批准、采矿设施使用批准。 勘探和采矿还需要取得建筑、交通和基础设施部颁发的建筑许可证、废物处理许可证以及环境评估报告。
石油和天然气开采业	开采石油和天然气的许可证和相关审批由矿产和能源部以及自治省主管部门负责。企业可以在主管部门批准后转让开采许可证。
建筑施工业	建筑施工许可证由建筑、交通和基础设施部和自治省主管部门发放。同时，塞尔维亚法律规定，从事城市规划、建筑设计、建筑工程、景观规划和工程承包等相关工作的本国人和外国人都必须通过专业考试，且在塞尔维亚工程师协会登记执业后才能从事相关工作。

数据来源：塞尔维亚《外商投资法》。

4.4.4 投资方式规定

塞尔维亚资本账户是开放的，外资可自由进入。塞尔维亚对外资参与国有企业私有化项目或参股、并购民营企业均持欢迎态度。涉及国有企业的项目，普遍要求投资方承诺保证和新增一定数量的工作岗位。

由于塞尔维亚经济形势欠佳，中国企业做出投资决策前应做好市场调研，向在塞尔维亚拥有丰富经验的跨国金融咨询服务机构进行咨询，妥善处理潜在风险。

4.4.5 基础设施 PPP 模式规定

塞尔维亚政府欢迎并鼓励外资企业采取 BOT、PPP、特许经营以及投资等多种模式在塞承建有关项目，并愿意提供积极协助。欧洲复兴开发银行、国际金融公司等多边机构对塞尔维亚 PPP 项目表示支持，并鼓励更多的投资者从事此类项目。

塞尔维亚法律对 PPP 模式和特许经营进行了区分，二者均受《PPP 和特许经营法》(PPP and Concession Act)限制。2011 年底，塞尔维亚首次引入 PPP 概念，有关规范 PPP 执行的立法于 2013 年获得通过。PPP 项目在提供公共服务时有较大优势，而且 PPP 项目的资金不列于公共部门资产负债表，有利于满足政府限制预算开支的计划。

在塞尔维亚，外国法人或自然人可直接作为私营合作伙伴参与 PPP 项目，但须在当地成立一家法人实体（SPV）以履行公共合同。

塞尔维亚在授予私营部门 PPP 项目时，会依据特定领域法律规定的政府采购流程，这与列入《PPP 和特许经营法》中的特许经营权授予流程不同。首先，由公共合作伙伴向 PPP 委员会准备和提交 PPP 建议书草案。该委员会是依据《PPP 和特许经营法》建立的专门机构之一，主要职能为对建议书草案发布正式意见。若 PPP 委员会批准 PPP 建议书草案，相关公共机构可正式启动政府采购流程以委任私人合作伙伴。相关流程的持续时间取决于实际情况，通常不少于 4 至 6 个月。在项目更复杂的情况下，比如属于首开先例的大型项目，流程持续时间可能至少需要 12 个月。

4.5 外资企业获得土地的规定

4.5.1 土地法律制度

塞尔维亚目前有关土地的法律规定，以《宪法》为核心，配以《土地法》《规划与建设法》《农业用地法》《建设用地使用权有偿转换所有权法》等相关法律。

塞尔维亚的土地分为国有土地和私有土地。《土地法》规定土地分为建设用地和农业用地两种。根据《规划与建设法》，建设用地又分为已用于建造的土地和尚未建造的土地，以及已开发的土地和尚未开发的土地。根据《农业用地法》，农业用地可分为可耕土地和未开垦土地（包括国有和私有土地）。

4.5.2 外资企业获得土地的规定

塞尔维亚现行法律规定未经开发的土地不得有偿转让。

外资企业可通过租赁和购买两种方式取得土地。租赁建设用地，国有产权土地租赁使用期限最长可达 99 年；获得土地使用权，即购买建筑物同时获得建设用地使用权，但需要满足以下条件：塞尔维亚与外国企业所属国家间存在互惠关系，且该外国企业获得塞贸易、旅游和电信部给予其商业活动的批准文件。

根据《农业土地法》，农业土地必须用于农业目的，外国企业不能直接获得农业用地所有权。外国企业若想规避此法律限制，获取农业用地所有权，可以通过设立子公司，依法缴纳相关费用履行手续，间接获得农业土地所有权。必要的时候可改变土地用途，将农业用地改为建设用地，但必须符合法律规定。

4.6 外国承包塞尔维亚当地工程的规定

4.6.1 许可制度

按塞尔维亚法律规定，外国承包商须在当地注册公司并申请许可后方可承包工程。当地政府部门会对承包商的资金、技术等经营业务的能力进行考察。企业在项目投标时，需满足如下基本条件：申办成立公司和经营业务的注册登记且在塞尔维亚有合法经营地点，有工商行政主管机构颁发的从事公共采购业务的有效许可；5 年内无违法、犯罪及经济违规行为；无勒令破产、清算或停业整顿等处罚记录。除此之外，企业还需提供纳税证明、审计证明、经营许可证明、质量保证证明、技术人员执业资格证明、技术标准及质检认证证明、施工企业登记证明、投标资质认证证明等材料。企业投标时，需要提供已承包的项目资料和工程实施情况报告，并确认纳税及承包方式，在建筑、水利、能源、交通及通信项目的技术标准方面要接受塞尔维亚相关机构的技术认定。

企业在申请获得施工企业登记名录时，需要提供法院和工商提供的注册证明及未违法证明、从事相应业务证明、施工证明、管理和工程技术人员资质证明、业绩证明等材料。塞尔维亚工商会及下属协会对申请企业进行资格审查，并定期核实申请企业的业务情况。

根据塞尔维亚《规划与建设法》，承包工程设计和施工由各级城建部门颁发许可，设计和施工单位必须在塞尔维亚境内注册并取得施工企业名录登记证明，工程技术人员须符合相关资质，实施标准要符合塞尔维亚技术规范和质量规则，工程监理必须是符合法律规定的合格人员。企业在申办时，要提交注册登记证明、施工许可证明、工程人员执业资格认证和劳动关系证明、从业资质证书等。塞尔维亚工商会根据《公共采购法》，审核企业参加承包工程项目和公共采购资格，确定施工企业名录。原则上，施工企业须在境内注册，如果与塞尔维亚有签订双边协议，境外注册的企业也可申请。

租赁承包经营基础设施建筑工程须进行担保，银行出具租赁保函和履约保函为项目投资预算的10%，过失责任保函为投资预算的5%。在租赁合同期内，租赁者须履约抵押金，并为施工企业办理相应的保险如第三者险、避免专业责任险、人员财产损失险等。

4.6.2 禁止领域

除军工工程外，塞尔维亚对外国承包商承揽工程承包项目无限制，但外国自然人承包商受施工能力、资质等技术性限制，基本无法承揽大型工程承包项目。

4.6.3 招标方式

根据塞尔维亚《公共采购法》规定，政府出资的公共工程均需公开招标，承包商中标后需要满足本地分包率的要求，与塞尔维亚当地企业合作承接。对欧洲复兴开发银行等国际金融机构贷款建设的项目，需要进行公开的国际竞争性招标，此类招标不要求投标商在当地注册公司，可以直接参加投标，但要经过严格的资格预审程序。对外国政府贷款建设的项目，塞尔维亚政府主管部门也可根据与贷款国签署的政府间合作协议，采取有限招标方式。

塞尔维亚新版《公共采购法》于2013年4月1日正式生效，不适用于国际金融机构和双边投资协议的融资项目。目前，中资企业与塞尔维亚合作公共采购项目时，根据双方签署的《基础设施领域经济技术合作框架协议》，直接参与投标。

4.7 劳动就业法规

4.7.1 劳动合同规定

根据塞尔维亚《劳动法》规定，雇主与雇员均有权依法签订或解除劳动合同。签订劳动合同时，需在合同上说明清楚雇主与雇员的姓名和居住地、雇员类别和工作种类、劳动方式和合同期限、劳动报酬和劳动规章制度等内容。雇员劳动报酬包括工资和职工社会保险金额，最低工资限额需满足塞尔维亚社会和经济委员会的要求。社会保险部分，具体的要求见下表。

表 4-3 塞尔维亚的雇主社保责任

保险种类	支付责任	占工资额比重
养老和伤残保险	雇主承担 12%，雇员承担 14%	26%
医疗保险	雇主和雇员各承担一半	10.3%
失业保险	雇员承担	0.75%
病假保险	雇主全部承担	无
事故保险	雇员全部承担	无
劳动基金	雇主全部承担	无

资料来源：www.minrzs.gov.rs

4.7.2 外国人在当地工作的规定

外国人在塞尔维亚工作需要向塞尔维亚内务部外国人管理局申办居留许可，居留许可的有效期为 1 年，每年需申办一次。凭居留许可，再向塞尔维亚国家就业局申办工作准证，工作准证有效期为 1 年。

4.8 税收规定

4.8.1 税制综述

塞尔维亚全国实行统一的税收制度，以中央税为主，以所得税和增值税为税收体系的核心。中央税是指由中央政府征收和管理使用或由地方政府征收后全部划解中央政府所有并支配使用的一类税。塞尔维亚无地方税，地方政府负责征收管辖范围的中央税。塞尔维亚税种主要分为公司所得税、个人所得税、增值税、不动产税、社会保障税、关税等税种，以增值税和所得税为主。税金估算、征缴、退回等业务的执行权期限为 10 年，但对税务违法行为可终身追溯。塞尔维亚《宪法》和《税收征管法》中对税收制度给予具体的说明，国家、自治省与地方政府（包括市、县）均适用征管规定。具体执行部门为财政部下设税务局。

涉及税收的法律主要有《公司所得税法》《个人所得税法》《海关法》《消费税法》等法律。除上述国内法及相关规定外，境外法人实体和个人适用所属国家与前南斯拉夫联盟共和国、前塞尔维亚和黑山缔结的税收协定，并且以该类税收协定为先决条件。

近几年，塞尔维亚税制也有了进一步的发展和变化。2018 年 3 月，塞尔维亚加入全球税收透明度和信息交换论坛，承诺执行关于税收透明度和自动交换信息的两个国际标准。同年 4 月，塞尔维亚签署了《实施税收协定相关措施以防止税基侵蚀和利润转移（BEPS）的多边公约》。该公约为具体税收协定政策提供灵活性，同时执行最低标准以防止协定滥用，并促进争议解决机制的改进。2021 年 8 月，塞尔维亚税务局发布了在电子财政系统中使用电子税务设备的技术指南，该指南有利于规范税收系统，加强国家税收。

4.8.2 公司所得税

公司所得税根据居民企业和非居民企业的不同，相关规定也有所区别。

表 4－4　　塞尔维亚公司所得税具体规定

	居民企业	非居民企业
定义	在塞尔维亚依法注册成立的或管理控制地在塞尔维亚的法人实体在全球范围内的经营所得。	若在塞尔维亚设立常设机构且独立记账，则按照应纳税所得额进行纳税申报；若未独立记账，则应记录与常设机构收入和费用相关的所有数据，确认经营所得。 若在塞尔维亚未设立常设机构，则就来源于塞尔维亚的资本利得缴纳预提所得税。
税率	15%	常设机构所获得的经营所得按照 15%缴纳，其他来源于塞尔维亚的收入缴纳 20%的预提所得税
税收优惠	企业投资固定资产金额超过 10 亿第纳尔且在投资期间额外雇用 100 名以上的无限期合约的员工，免征 10 年所得税； 与特许经营权相关的投资、以租赁方式开展基础设施项目的大型投资、租赁经营投资的企业，免征 5 年的公司所得税； 中小企业的抵扣额度比例为企业当年投资总额的 40%，但免抵额不能超过其当年应交税额的 70%。免税抵扣额度可结转，结转年限最长为 10 年； 外资企业投资达 800 万欧元同时雇用 100 名以上员工的公司，免征 10 年所得税；少于 800 万欧元按比例抵扣，固定资产投资额的 20%可作为免税抵扣额度，但不超过当年应纳税额的 50%。特定领域投资额度可达 80%。	若塞尔维亚与收入取得方所在国已签订了避免双重征税协定，则 20%的预提税税率可降低或免征。

续表

	居民企业	非居民企业
应纳税额	应纳税额＝（企业会计利润＋税务调增项目－税务调减项目＋其他税务调整项目－税收抵免项目－其他税费）×公司所得税税率	应纳税额＝应纳税所得额×税率
合并纳税	母公司直接或间接持有子公司75%以上的股权并以集团为单位提交一份合并申报表。合并申报至少5年内不得变更。集团内各公司间的盈亏可以相抵。在不满足最低持股比例75%的要求或决定不再合并纳税时，集团内成员公司有义务按比例返还之前由于合并纳税所享有的税收优惠减免，但无需支付利息。	无
资本利得	税率为15%，但在处置政府发行的关于经济发展贷款债券和信用债券的利得、冻结的外币存款账户的利得可免税。	20%
其他规定	根据资产适用年折旧率的不同，可将资产分为5类：第1类为不动产，按照直线法进行折旧，适用的年折旧率为2.5%。其余4类资产则按照余额递减法进行折旧，年折旧率分别为10%、15%、20%和30%； 房屋建筑物可依据直线法，以购买价格适用2.5%的折旧率单独计提折旧； 商标、专利、版权和特许经营权按10%进行摊销。	通过税务代理提交关于资本利得预提所得税的纳税申报表，申报表须向收入产生当地的税务机关递交，且须在收入产生之后15日内提交； 购买二次利用原材料和废物的，适用1%的预提税。

资料来源：国家税务总局发布的《中国居民赴塞尔维亚共和国投资税收指南》。

4.8.3 个人所得税

塞尔维亚个人所得税采用分类税制体系，在每一类别下单独计算净所得并计算应纳税额。但是，每一个类别的净所得，在扣除了分类个人所得税和社会保障金之后，相加总值若超过某个特定的数值，便会根据累进税率加征年度所得附加税。该附加税在公历年度结束之后加征，须在次年5月15日之前缴纳完毕。

个人所得税按居民和非居民纳税人两大类征收。居民纳税人个税每月起征点为1.5万第纳尔。个人收入类型主要包括雇用收入、营业收入、特许权收入、投资收入、不动产收入、资本利得和其他收入。个人所得税税率主要根据收入类型不同而有所区别。雇用收入的税率为10%，营业收入的税率为10%，特许权收入、投资收入、不动产收入与其他收入适用税率为20%，资本利得适用的税率为15%。

塞尔维亚实行补充所得税制。居民纳税人在1个纳税年度所得超过年平均工资收入的3倍但低于6倍，补缴税率为10%，高于6倍补缴税率为15%。非居民纳税人同样适用。若为纳税人自己所缴的补充所得税，应扣除年度平均工资薪金的40%；若为家庭成员所缴的补充所得税，应扣除年度平均工资薪金的15%。上述扣除不得超过毛收入的50%。

表4-5　　塞尔维亚个人所得税具体规定

	居民纳税人	非居民纳税人
税收优惠	出售其拥有10年及以上的资产的收益予以免税； 年收入低于当地平均工资6倍的，按照10%税率纳税，高于6倍的按15%税率缴纳，且可以按个人收入60%的基数纳税，家庭成员可按收入85%的基数纳税，但免税收入总体不超过个人应税收入的50%； 符合条件的移民可享受70%减免； 员工收购雇主股份可按一定比例减免。	遵循双边税收协定规定
税率	雇用收入税率10%，营业收入税率为10%，特许权收入、投资收入、不动产收入与其他收入税率为20%，资本利得税率为15%。	以下收入适用预提所得税： 股息税率为15%，利息税率为15%，保险金税率15%。其他收入与居民纳税人适用税率一致。
其他规定	非现金福利视为受雇所得征税，按其福利的市场价值衡量，配车福利税基为当月汽车市值的1%。	在非居民雇主借调非居民雇员时，不允许适用每月1.5万第纳尔的扣除，按10%缴纳个人所得税； 非居民纳税人一年内居住少于90天，且收入来自不从事业务活动的非居民委托人，则不对其征税。

资料来源：国家税务总局发布的《中国居民赴塞尔维亚共和国投资税收指南》。

居民纳税人还享有一定的免税优惠，对于连续持有至少10年的资产取得的资本利得、销售政府债券和信用债券取得的资本利得、第一继承人通过继承财产取得的资本利得、离婚取得的资本利得、第一级别受让人接受资产转移而取得的资本利得、养老基金账户之间的资产转移取得的资本利得均享有免税优惠。

居民纳税人还有一些特别事项属于不征税所得范畴：残疾退伍军人补助；父母与子女补助；失业补助；依法发放的生活补助；健康保险补助；对死亡雇员及其家属或退休雇员发放的补助；学生补助与贷款；对维持生计者的报酬，以及为帮助其家庭成员发放的补助；向现役军人、军事学院学员发放的报酬；自然灾害或极端事件所造成的破坏或财产损失补助；有组织的福利与人道主义援助；法定老年补助与残疾人补助金；法定最低退休金金额；因政府规划被解雇的员工所获得的补偿金；无雇佣关系的自然人因接受治疗而取得的财政补助；农业促进补助；获得农林业、土地作业收入的纳税人以及农业户纳税人的增值税退税；产品保险赔偿；针对重大损失的赔偿；根据法律规定参与志愿服务活动而取得的相关补助；奖学金以及教育类竞赛的奖金；在选举和人口普查工作中取得的报酬。

4.8.4 增值税

增值税是塞尔维亚的重要税种之一，是国家财政税收的主要来源。增值税的纳税义务人是在塞尔维亚境内在经营活动中提供货物或劳务服务的法人实体和个人，连续 12 个月营业额超过 800 万第纳尔的纳税人应进行增值税登记。如果是外国企业或个人，要通过指定代理人办理登记。

当期应纳增值税税额=当期销项税额－当期进项税额

表 4－6　　货物供应与劳务供应

	纳税范围	纳税时间	纳税地点
货物供应	有偿转让有形财产；交付分期付款的货物；交付租赁、佣金和委托合同下的货物；转让工程建筑物或经济上可拆分建筑物单元的处置权或份额；货物或劳务的货物交换；交付由供应商提供原材料并完成生产或组装的货物； 视同货物供应：为纳税人免费提供的构成纳税人商业活动资产的自用货物，且该货物的上一环节的增值税可以被全部或部分抵扣；货物和原材料的浪费、损耗以及亏损超出法定的部分。	向客户或第三方运送货物时；接受人从供应商提取经组装或安装的货物时；在货物无需运输情况下，货物所有权转移至货物接受方时； 货物进口纳税义务发生时间为货物实际进入塞尔维亚关境内的时间；转让版权及其他相关权利、专利以及其他知识产权的纳税义务发生时间为开具发票的当天。	需运输的货物，行为发生地为货物起运地；需供应商组装或安装的货物，行为发生地为货物组装或安装地；无需运输的货物，行为发生地为货物供应时货物所在地； 货物供应在塞尔维亚境内，但供应商为外国实体，该实体有义务指定税务代理； 进口货物发生地被认为是货物进入塞尔维亚关境的地点。
劳务供应	转让和授权专利和知识产权等；为国家或地方提供有偿服务；交付由客户提供原材料，由供应商生产的货物；货物或劳务的劳务交换；提供现场消费的食物；股份和权利的分配； 视同劳务供应：为纳税人非经营活动免费提供服务。	服务提供完成时，或者持续提供服务期间，或在特定时间段内协商的完成时间。	劳务发生地为提供劳务方的机构所在地； 劳务供应在塞尔维亚境内，但供应商为外国实体，则指定税务代理。

资料来源：国家税务总局发布的《中国居民赴塞尔维亚共和国投资税收指南》。

表 4-7　　塞尔维亚增值税税率适用情况

税率	适用情况
20%	标准税率，除特殊规定外均适用标准税率。
10%	优惠税率：基本食品；药物；植入人体医疗器械和医疗透析设备；肥料；新闻报纸；书籍和连续出版物；木柴；住宿服务；公共服务设施；天然气；供暖设备；住宅所有权的首次转让。
0%	货物出口；进入自贸区的货物、与其直接相关的运输和其他服务、自贸区内的货物或服务交易；海关仓库内的货物交易；货物出口、过境或临时进口运输以及其他直接相关服务；经海关程序临时进口后再次出口的货物以及经过进口加工程序的货物；为公路建设项目提供的货物和服务。
免税	银行、金融与保险服务；土地供应以及土地出租；楼房供应，除新建楼处置权的首次转让外，若转让双方商定购买方能够全面以进项税抵扣销项税，则此交易应计算增值税；股份、证券转让；公益活动；保修期内进口维修用的货物；增值税纳税人无权抵扣进项税的货物或服务供应等。 自贸区内免税。

资料来源：国家税务总局发布的《中国居民赴塞尔维亚共和国投资税收指南》。

上表中免税和零关税是分属两种情况。免税时是不可抵扣进项增值税额的，但是零关税则可以抵扣，在具体投资时需注意区分。在进行抵扣时，需要准备增值税发票，如果是进口商品，则要准备进口环节已缴纳增值税的证明文件。当可抵扣的进项税额超过销项税额时，超过的部分将于 45 天内被退还。对于以出口货物或服务为主的纳税人（出口货物总值超过营业额的 50%或出口货物总值超过 1 000 万欧元的企业），进项税额自纳税申报期限截止日起 15 天内退还。但纳税人仍可通过纳税申报，选择将超过部分的进项税额结转至下一个纳税期间使用。

塞尔维亚还出台了一些针对增值税的新规定。自 2018 年 1 月 1 日起，特许权转让人与受让人之间的货物和服务供应行为不征收增值税，但供销行为基于包含特许权要素的公私合伙合同且双方均为增值税纳税人；从 2018 年 7 月 1 日起，向自贸区境外实体提供的，用于安装在出口货物上的商品及直接相关服务所含的应予以退还的进项税额，可抵减其内销货物的应纳税额。

4.8.5 关税

为适应欧盟规定，实现标准化海关执法，塞尔维亚于 2017 年开始适用新版《海关法》修订案。其中主要修订部分有：针对海关决议的上诉由财政部负责；海关自由贸易区相关规定的术语与欧盟相关规定进行统一；取消在海外生产的进口设备免关税的条款；提高违反海关规定所处罚的罚金标准。

塞尔维亚关税主管部门是海关总局。塞尔维亚的平均关税税率为12%，税率的幅度为0～30%，海关注册税为报关基数的0.5%。享有最惠国待遇的国家货物适用从价税率，烟草卷烟的税率为从价税率和从量税率相结合。按产品类别，平均关税税率的调整幅度具体见3.2.5章节。

应纳税额=进口货物完税价格×所适用的关税税率

塞尔维亚对外商投资实行税收减免优惠制度。对外商投资的设备所需物品减免关税，外商直接投资的进口设备免征关税；塞尔维亚不生产的设备免征关税，比如在灾害事故中毁坏的设备、保护环境的产品或者其他服务于科研就业等工作的产品。为与外商合作而生产的产品可享受全免或减免50%关税的优惠。自贸区享有以下优惠：来料加工或者测试认证等，自贸区用户可在规定的期限内将商品转运至关税区或自贸区并免征关税；自贸区用户为商业活动及自贸园区设施建设而进口的货物免征进口关税；外资项目中作为投资的进口设备免征关税。

4.8.6 其他税

除上述税收种类外，塞尔维亚还有消费税、环境税、社会保障税等主要税收项目。其中，《消费税法》对烟草制品、酒精饮料等产品的生产商和进口商征收消费税。2016年，修正法案公布后，石油衍生品和生物燃料的进口商可申请退税；在社会保障方面，雇主为员工缴纳社会保险，养老金与残疾保险按26%缴纳（雇主负担14%，员工承担12%），医疗保险按10.3%缴纳（雇主与员工各承担一半），失业保险按1.5%缴纳（雇主与员工各承担一半），如果工资收入超过年平均工资3倍以上的部分按10%纳税，超过6倍以上的部分按15%纳税；在环境保护方面，如果企业的经营活动对环境有破坏则要被征税，税率为年收益的0.4%；财产转让税则以合同金额为税基，税率为2.5%；继承税税率适用1.5%至2.5%的累进税率；不动产税是针对拥有房地产产权的法律主体，适用0.3%到2%的累进税率。在特许经营中涉及时，价值超过5 000万欧元则可免税。

4.9 中国与塞尔维亚的投资关系

4.9.1 中国对塞尔维亚投资概况

据中国商务部统计，2020年当年中国对塞尔维亚直接投资流量1.39亿美元。截至2020年底，中国对塞尔维亚直接投资存量3.1亿美元。根据中方统计，

2006—2009 年中国对塞尔维亚均无直接投资；2010 年中国开始向塞投资；2016 年中国对塞直接投资流量开始大幅增长；2018 年中国对塞直接投资 1.5 亿美元，同比增长近 1 倍；截至 2018 年中国对塞累计直接投资存量为 2.7 亿美元，创历史新高。整体而言，2016—2020 年中国对塞尔维亚直接投资流量和存量均呈不断增长态势，流量同比增幅各年差异较大，存量同比增幅基本保持平稳态势。

表 4-8　2016—2020 中国对塞尔维亚直接投资情况（单位：亿美元）

	2016 年	2017 年	2018 年	2019 年	2020 年
存量（截至各年末）	0.827	1.700	2.714	1.647	3.106
流量	0.308	0.079	1.534	0.336	1.393

资料来源：中国商务部

（1）主要投资项目

目前中资企业在塞尔维亚的投资主要如下几类：第一类是在塞尔维亚的华商投资建设的中国商品销售中心，如贝尔格莱德 70 号中国商城和尼什市亚洲商城，浙江温州讯朗有限公司和在塞华商投资注册的 Diplon 公司共同投资建设 Belmax 贸易中心（原名中国贸易中心）；第二类是以制造业为主的跨国并购和绿地投资，如河北钢铁集团收购斯梅代雷沃钢厂、玲珑轮胎在兹雷尼亚宁投资的轮胎厂，星宇车灯、延锋汽车也先后在塞尔维亚投资设厂；第三类是大型工程建设，投资金额较大，如匈塞铁路塞尔维亚路段、贝尔格莱德环城公路项目、萨瓦河大桥项目。还有一些轻工业项目，如江苏恒康家居科技股份有限公司与丹麦 Everrest APS 公司合资成立塞尔维亚艾瑞斯特制品有限公司等。

近年来，在中国对塞尔维亚的投资项目中，紫金矿业、中国路桥和耐普矿机的投资项目表现较为突出。

2018 年，紫金矿业收购塞尔维亚波尔（RTB BOR）铜矿 63%股权，产品为铜精矿，回收铜、金等金属。2020 年，波尔铜矿项目实现销售收入 6.96 亿美元，同比增加 33.8%，是塞尔维亚第三大出口企业。2018 年，紫金矿业收购加拿大 Nevsun100%股权，旗下拥有塞尔维亚丘卡卢佩吉（Timok）铜金矿项目。2019 年，紫金矿业完成对自由港下部矿带 72%股份的收购，持有丘卡卢佩吉铜金矿项目，该铜金矿资源储量规模大，铜、金品位高。目前，紫金矿业正在积极运营建设该项目。

2022 年 3 月 19 日，中国路桥签署塞尔维亚诺维萨德跨多瑙河四桥及连接线项目的商务合同。该项目位于塞尔维亚第二大城市诺维萨德，全长约 4.44 千米。项目起点位于诺维萨德的欧洲大道，跨越多瑙河后连通南岸的 119 号国道。

2022年10月27日，耐普矿机发布公告，从公司自身战略布局和业务发展出发，拟使用自有资金在塞尔维亚投资设立全资子公司“耐普矿机（塞尔维亚）有限责任公司”，投资总额为2 500万美元。公司的重要客户紫金矿业在塞尔维亚拥有的世界级铜矿丘卡卢佩吉铜金矿（Timok铜金矿）和博尔铜矿千万吨级的技术改造扩建项目，因此在塞尔维亚设立子公司，可以更方便地对接客户，提升服务质量和效率。

（2）承包工程和劳务合作

据中国商务部统计，2020年中国企业在塞尔维亚新签承包工程合同59份，新签合同额15.67亿美元，完成营业额14.97亿美元。累计派出各类劳务人员3 739人，年末在塞尔维亚劳务人员4 615人。

（3）境外产业园区

中国路桥工程有限责任公司目前正与塞尔维亚政府商谈投资开发工业园区。2019年4月，在第二届“一带一路”峰会期间与塞尔维亚创新和技术发展部签署项目开发协议和SPV项目公司章程，项目由塞尔维亚政府和中国路桥工程有限责任公司共同投资建设。

塞尔维亚中国工业园位于塞尔维亚首都贝尔格莱德市的西北部，多瑙河北岸，与新贝尔格莱德市区隔河相望。产业园区内配有完善的物流仓储、孵化基地、水电供应等生产设施，以及餐饮、休闲等生活设施。塞尔维亚工业园规划占地面积3.2平方千米，包括工业园区、国际商贸城和高新科技园区三个部分。① 工业园区：引入优势产业，占地面积247公顷，运用当地提供的技术人才、产业工人和生产资料等生产配套资源，打造核心综合性工业园区；② 国际商贸城：面向中东欧地区，占地面积8公顷，打造品种全面规模化经营的综合商品城及物流中转中心；③ 高新科技园区：占地面积20公顷，建设高科技企业研发中心及配套办公、配套服务设施等，打造高新技术产业合作平台。

（4）产能合作

目前，中资企业在塞尔维亚实施的大型工程项目主要有：河北钢铁集团斯梅代雷沃钢铁厂项目；中国铁路国际有限公司和中国交通建设股份有限公司和联合承建的匈塞铁路塞境内段项目；由中国机械设备工程股份有限公司承建的科斯托拉茨火电站B厂一期脱硫改造项目、科斯托拉茨火电站B厂二期新建350兆瓦燃褐煤机组项目；中国交通建设股份有限公司承建的E763高速公路项目普雷利纳—波热加（Prelina – Bozega）段项目、中国电建集团承建的贝尔格莱德绕城公路项目等。

4.9.2 中国与塞尔维亚双边投资协定

1995年12月，中国与前南联盟签订了双边投资保护协定，1997年3月，中国与前南联盟签订了避免双重征税协定。塞尔维亚继承了前南联盟的国际法主体地位，因此上述协定仍然有效。

目前，中国与塞尔维亚双边投资保护协定如下：《中塞投资保护协定》《中塞产能合作协议》《中塞避免双重征税协定》《中塞经济贸易协定》《中塞经济技术合作协定》《中塞基础设施领域经济技术合作协定》《中塞科技合作协定》等。

4.9.3 中国企业到塞尔维亚开展投资合作面临问题

（1）财政资金存在缺口，投融资制度有待完善

2016年是中塞双边政治关系关键年。2017年5月，“一带一路”高峰论坛为中塞关系平稳发展开了好局；同年6月，塞尔维亚政府成立对华合作委员会，体现塞尔维亚对中塞关系的高度重视和推进中塞务实合作的行动意愿；7月和11月，两国最高立法机构先后签署合作议定书和建立合作委员会议定书，进一步提升中塞政治合作的法律和民意基础。这是两国进行经贸、投资和军事等高水平合作的基本前提和必要条件。2019年4月，中塞两国政府签署备忘录，共同成立投资合作工作小组，促进双方在基础设施建设和金融领域的合作。此举为中塞基础设施与金融务实合作奠定了制度基础，将政府制度落实到企业间金融投资合作实践。

虽然中塞两国政治关系始终处于高水平，但塞尔维亚宏观经济风险，特别是高债务形势对中国在塞尔维亚投资企业的资金和经营构成潜在威胁。前南斯拉夫分裂以后，塞尔维亚又经历了国际经济制裁、波黑战争以及科索沃战争，国内基础设施遭到严重破坏。而且塞尔维亚工业基础薄弱，产业配套设施缺失，中塞主要是在能源和基建领域开展重点合作项目，大多具有投资周期长、技术水平高等特点。此外，塞尔维亚财政状况欠佳，政府主权担保能力受限，对于大规模的基础设施建设存在巨大资金缺口。因此，国家宏观经济指标就具有非常强的风险警示意义。虽然近年来塞尔维亚公共债务压力有所缓解，但综合参考其他宏观经济指标，塞尔维亚经济仍面临较大的外部风险，这就要求中国企业在投资前充分做好调查和风险评估工作，确保投资安全，在投标大型基础设施时，要创新投融资方式，不单纯依靠政府财政资金，寻求多元投资渠道，创新项目承包合作方式。除此之外，中国与塞尔维亚的金融合作起步晚、规模小，大项目投融资主要以中国政策性银行提供“优买信贷”、以塞尔维亚提供主权担保的方式进行，利用塞尔

维亚政府自有资金和第三方资金的项目较少。由于大项目投资巨大、融资周期长、塞尔维亚经济相对脆弱，因此，双方有必要探索可持续的长期投融资制度性安排。

（2）存在地缘政治风险，政策法律隐性制约

2017年，中国对塞尔维亚能源和基础设施投资持续稳定增长。同年，两国高层互访多次提出要将中国“一带一路”倡议与塞尔维亚“再工业化战略”进行对接，特别要落实在塞尔维亚基础设施现代化改造领域。实施现代化改造能够便利当地广大百姓，可以充分发挥投资拉动作用。特殊领域的基础设施改造合作有利于夯实提升双边关系的战略性，实现互利共赢的合作目标。因此，中塞能源与基础设施合作具有不可替代的独特作用。

塞尔维亚地处中东欧连接区位，地缘上与欧盟和俄罗斯存在合作优势，但受美国势力影响，中东国家的介入也同样存在。国内政治、经济仍处于恢复阶段，与周边地区的关系仍存在一定问题，战争风险依然存在。塞尔维亚在2014年开启入盟谈判进程；2017年，西巴尔干地区共同经济区的建立，加速了塞尔维亚入盟进程。作为欧盟的入盟候选国，塞尔维亚与欧盟之间已经实施零关税贸易逾十年。因此，塞尔维亚许多规定也在向欧盟标准看齐，本国法律体系逐渐向欧盟法律靠拢，所以对于投资的经济法律等规范、基础设施建设的技术标准均会受到欧盟标准的制约，涉及投资准入、环保要求等方面，需要有效应对这些隐性条件。

4.9.4 中国企业到塞尔维亚开展投资合作建议

塞尔维亚是西巴尔干地区的中心国家，对周边国家有一定的辐射作用。中塞在基础设施建设领域的合作项目推进顺利，极大提升了当地的经济效益，促进了当地就业，对两国的政治关系有了极大的推动，对中国开展与其他中东欧国家的合作有着示范作用。

（1）深入挖掘投资领域

中国应加大对塞尔维亚在电力、电信、交通方面基础设施的投资，加强与塞尔维亚当地的中小企业合作。除对基础设施建设等特大型项目的投资，也可以挖掘其他可合作领域。比如，在电力能源方面，塞尔维亚电价较低，可为邻国输送电力，中资企业可以利用新能源技术和经验，投资建设电力能源。在通信方面，塞尔维亚的电信基础设施有待加强，互联网市场需求旺盛，智慧城市、5G技术等电信行业市场发展潜力巨大。塞尔维亚的劳动力相对来说教育背景良好且薪酬水平不高，有利于中资企业的发展。在交通方面，塞尔维亚的铁路和公路等基础设施均需改建升级，而中资企业拥有强大的国家资金支持和政府间合作协议的保护，因此，交通基础设施建设十分具有投资价值。

（2）合理评估投资风险

对外投资可能面临投资保护主义、政局动荡、资产汇兑等风险，因此，做好投资风险评估意义重大，包括投资行业风险和投资项目风险。中资企业可利用金融手段规避和分散风险，比如，以跨境基础设施资产及未来项目收益为标的发行债券直接融资，购买出口信用保险和海外投资保险等信用风险保障产品，对因投资所在地发生的政治风险造成的经济损失提供保障。随着投资合作愈发紧密，中资企业应提升与当地政府的合作紧密度和依存度，实现互利共赢。

（3）遵循当地法律和人文规定

中资企业应注意当地法规的转换、衔接问题，密切关注在法规转轨过程中政府出台的临时性政策和决定，提前做好应对塞尔维亚相关法规调整的方案。塞尔维亚正不断颁布和修订环保新规定，全面完善环保法律体系，加强对环境保护的监管、执法和惩处力度。中资企业应严格遵守相关法律法规，谨慎处理环境影响评估、环保设施建设以及环境保护控制等问题。注册公司时应注意现阶段有关企业注册的简化程序及其变化，利用政府提供的税收优惠政策和资金奖励。在人文方面，中资企业应重视保护劳工权利，注重与当地工会、公共组织的关系，增强信息透明度，积极与利益相关者协商，履行社会责任。

4.9.5 案例分析

（1）山东玲珑轮胎股份有限公司

山东玲珑轮胎股份有限公司是世界轮胎 20 强，于 2016 年 7 月 6 日在上交所挂牌上市，玲珑轮胎在国内建立了招远、德州和柳州三个生产基地，在泰国也建立了一个生产基地；塞尔维亚工厂建立后，将进一步扩充玲珑轮胎的生产能力，提升品牌知名度与影响力。

早在 2017 年 6 月，玲珑轮胎董事长王锋与塞尔维亚总理办公室及促进发展局代表就“一带一路”建设前景与机遇进行了深入探讨，双方就土地、交通、税费政策以及劳工签证等关注的问题交换了意见。玲珑轮胎这次之所以选择塞尔维亚作为欧洲工厂建设目的地，与塞尔维亚周边国家聚集了多家世界一流汽车企业不无关系。对玲珑轮胎而言，产业集群效应更加明显。该公司表示，该项目的最终建设地是在通过对波兰、捷克、斯洛伐克、匈牙利等国家进行综合调研分析后才决定的，并指出塞尔维亚相对较低的劳动力成本、能源成本是项目落户的重要推动力。塞尔维亚工厂本着高起点、高效益、高质量、高科技含量宗旨，以智能化为标志，充分运用人工智能、移动传感、工业大数据和工业机器人等技术，实现产品全生命周期管理和柔性自动化生产，以及模块化定制，将管理精细、质量优异、绿色制造和品牌高端融于一体，打造成全领域智能化、全流程自动化、全方位绿色化的轮胎工厂，树立高端智能制造标杆和绿色供应链系统标杆。

塞尔维亚是中东欧地区第一个同中国建立战略伙伴关系的国家，投资环境优势突出，该国政府经济主导方针是大力吸引外资，承诺将为玲珑提供现金激励、培训补贴和税收减免等优惠政策，同时还保证将为该项目协商供应最优惠的电力和天然气等能源。该公司指出，根据塞尔维亚法律规定，该公司将拥有该土地的所有权、所建设的厂房以及土地上所属物的所有权，当地政府还会在土地提供流程当中为玲珑轮胎免费提供法律和行政支持。

2018 年 8 月 20 日，玲珑轮胎（601966）公告，拟在塞尔维亚东南部投资建设年产 1 362 万条高性能子午线轮胎项目。项目资金包括自有资金约 3 亿美元，银行贷款资金约 7 亿美元。拟从 2019 年正式施工，至 2025 年 3 月竣工。项目规划总投资达 9.9 亿美元（约 66.2 亿元人民币），达产年将实现销售收入 6 亿美元，利润 1.6 亿美元。项目投资及塞尔维亚公司的设立需要经过国家发展改革委员会、商务部及外汇局备案。2019 年 3 月，玲珑轮胎在塞尔维亚兹雷尼亚宁市自由区内投资建设的高性能子午线轮胎项目正式启动。该项目是中国轮胎企业在欧洲设立的第一个工厂。项目投资前期，玲珑轮胎高度重视投资风险评估及项目可行性分析。在拟定初步投资意向前，公司综合研究了投资意向地的法律法规、政策、商业环境，以及未来国内外市场、贸易、融资环境与政策、汇率、国际政治环境及经济形势等因素，并对项目的投资进度、建设期及投资回收期等进行反复论证。在分析对比了波兰、捷克、斯洛伐克、匈牙利、塞尔维亚等国家的投资条件后，决定在塞尔维亚投资建厂，目前，建设工作进展顺利。

2022 年 9 月，玲珑轮胎在公开平台透露了其塞尔维亚项目的最新进展。截至目前，塞尔维亚工厂一期全钢生产线主体工程已完工，设备动力、介质等各方面均已具备生产条件。据《中国橡胶》杂志此前报道，该项目已于 6 月完成硫化机安装调试，且首模轮胎下线。该项目正在调试生产及加快办理正式生产手续。玲珑轮胎表示，将积极充分协调相关资源要素，保障项目的顺利实施，加强与合作方的沟通工作，做好应急预案，督促尽快完成项目建设。据了解，玲珑轮胎塞尔维亚工厂于 2019 年 3 月奠基，是玲珑轮胎泰国工厂之外的第二个海外生产基地。该项目建成后，可年产乘用车轮胎 1 200 万套、卡客车轮胎 160 万套、工程胎及农用子午线轮胎 2 万套。

（2）紫金矿业

2018 年 12 月，根据与塞尔维亚政府签署的战略合作协议，中国紫金矿业集团接手波尔铜矿（RTBBor），短短几个月时间就使铜矿发生了翻天覆地的变化。

中国紫金矿业集团的塞尔维亚子公司紫金博尔铜业公司计划在 2021 年向博尔矿山投资4.08亿美元，高于去年的3.6亿美元。2021年该公司计划生产阴极铜83 450吨，同比增长 18%，估计黄金产量为 2.5 吨，增长 45.1%，而白银产量预计增长10.1%至10吨。

矿业是塞尔维亚经济的重要支柱产业，波尔铜矿是塞唯一在产的大型铜矿，也是塞规模最大的用工企业之一。由于开采难度加大、生产技术和装备更新滞后，该铜矿产能受到巨大限制。再加上矿山品位较低、管理不到位，企业面临经营困难的严峻局面。紫金矿业接手波尔铜矿后，大力推行技术创新，加强各生产环节管理，降低矿石贫化率和采矿损失率，提高选矿和冶炼回收率；同时采购先进的技术装备，向信息化、自动化、智能化转型，大幅提高生产效率，降低生产运营成本。自项目交割起6年内，紫金矿业将对各矿山和冶炼厂实施全面技改扩建，实现真正意义上的规模效益。

在环境治理方面，中国企业带来先进的环保理念，组织我们实施了一系列生态绿化和环境综合治理项目。综合治理项目现已完成所有尾矿库、露采边坡以及部分废弃排土场边坡的绿化，种植6.13万株苗木，新增绿化面积34.9万平方米，各矿厂区域的面貌焕然一新。公司还在治理粉尘、固体废弃物、废水、废气等方面多措并举，成效显著。目前正在进行老排水涵洞加固和新排洪系统建设相关工作。截至2020年12月底，环保投入达到7 658万美元。中国企业将绿色发展理念贯穿于矿产资源开发利用全过程，不仅实现了波尔铜矿资源开发的经济效益、生态效益和社会效益协调统一，还对当地矿业城市发展和企业绿色生产起到示范作用。

在创造就业方面，波尔铜矿是当地经济支柱，之前的连年亏损导致城市经济活力不足，许多年轻人找不到工作。随着紫金矿业接手波尔铜矿、投资丘卡卢佩吉铜金矿，当地就业有了保障。截至2020年12月底，两个项目的塞籍员工达5 451人；丘卡卢佩吉铜金矿项目2021年建成投产后，还将创造约1 200个新就业岗位。

在社会责任方面，紫金矿业大力支持当地医疗卫生、教育、文化、体育事业发展和基础设施建设，并给塞尔维亚第二座“火眼”病毒检测实验室捐赠了全套设备。紫金矿业还带动30多家与矿业相关的中国企业赴塞投资发展，为塞近百家企业提供商业合作机会，进一步促进塞经济发展和民众就业。

（3）中国机械工业工程集团有限公司

中国机械工业工程集团有限公司（简称国机工程集团）是以工程承包与产业开发为主营业务的国际性企业集团。2021年12月28日，国机集团下属六家企业通过强强联合、优势互补，创新资源整合模式，组成了集规划咨询、投资融资、工程承包、产业发展、绿色与智能建造于一体的综合性企业集团——国机工程集团，并以国机集团核心企业中国机械设备工程股份有限公司（中设集团，以下简称 CMEC）作为总部。

① 公司简介

CMEC 成立于 1978 年，是中国第一家工贸公司。公司自 1980 年代起开展国际工程承包业务，是最早进入国际市场的中国工程承包商之一、共建“一带一路”的主力军。历经四十多年发展，CMEC 已经成为一家以工程承包和产业开发业务为核心，融合贸易、设计、勘察、物流、研发等全产业链支撑的大型国际化综合性企业集团，能够提供区域综合开发及各种类型工程项目的前期规划、设计、投资、融资、建设、运营、维护等“一站式”定制化解决方案。

② 在塞尔维亚经验状况

CMEC 自 2009 年进入塞尔维亚市场以来，主营业务以工程承包为主，以项目开发与执行为核心，有序推进经营机构属地化、业务属地化、人力资源与企业文化的属地化，扎实扎深 CMEC 在塞尔维亚的根基。为促进在塞及周边地区的项目开发与执行，公司先后设立了塞尔维亚代表处和分公司。CMEC 代表处于 2012 年成立，主要负责以塞尔维亚为中心的中东欧 17 国市场开发，CMEC 分公司于 2016 年成立，主要负责配合在执行项目，负责项目在当地的商务（当地采购分包，当地劳务，税务，法务等工作），设计审批，塞尔维亚以外设备到货后的清关、储运以及外联和宣传等工作。塞尔维亚分公司的成立为 CMEC 为立足塞尔维亚并辐射周边市场奠定了基础，不仅有助于公司在当地项目的执行，同时带动塞尔维亚的产业经济和就业，促进 CMEC 属地化管理和长期发展。

在公司经营方面，CMEC 在塞尔维亚不断加大项目开拓力度，加强当地合作，在响应国家政策的同时，积极探索新的业务模式，对一些设计咨询、贸易服务和投资类项目持续跟踪。公司于 2012、2013 及 2020 年先后签署了科斯托拉茨 B 电站项目一期、二期工程，及贝尔格莱德污水处理厂项目。项目建成后，将极大提高塞尔维亚当地供电可靠性、安全性，为首都贝尔格莱德市提供一套完整的现代化的污水处理系统，直接改善当地的人民生活及生态环境。通过项目的执行，CMEC 不仅为塞尔维亚提供 CMEC 直接或间接带动我国服务、技术及产品出口金额超过 30 亿人民币，同时，对于现场施工人员的大量需求，为塞尔维亚当地提供了充足的就业机会，也进一步为两国经贸合作及政治友好做出了的贡献。

③ 未来发展规划

2019 年 12 月 1 日，国机集团以 CMEC 塞尔维亚代表处和分公司为基础，设立市场部，业务管理部，财务部和综合部，正式成立中东欧区域中心。未来，CMEC 塞尔维亚分公司将逐渐由配合开展国际项目的角色逐渐转变为对塞尔维亚整体市场业务（不仅包括工程承包，还包括设计咨询，贸易服务，商运等板块业务）的统一管理和支撑。借助“一带一路”和“17+1 合作”东风，将更多的中国技术、中国制造带入中东欧区域，同时将此区域先进理念，技术和产品带入中国，拓展壮大公司业务，为促进中国与中东欧各国经济贸易良性发展做出应有贡献。

第5章 塞尔维亚金融环境

5.1 当地货币

塞尔维亚货币名称为第纳尔（英文为 Dinar，塞尔维亚语为 динар）。根据塞尔维亚《外汇管理法》规定，第纳尔为可自由兑换货币。近三年来，第纳尔对美元和欧元汇率总体保持稳定态势。根据 2022 年 11 月 14 日的外汇牌价，1 欧元约合 117.29 第纳尔，1 美元约合 113.62 第纳尔。当前，第纳尔不能与人民币直接结算。

5.2 外汇管理

根据塞尔维亚《外汇管理法》，在塞尔维亚注册的外国企业可以在塞的外资银行和内资银行开设外汇账户，用于进出口结算、企业经营和投资。企业经营及其收益所得外汇、个人合法税后收入所得外汇通过银行账户汇出境外无限制，不纳税，但需提供相应证件、交易证明（如发票等，以证明交易合理合法），并按比例交纳手续费等。

在塞尔维亚，个人携带外币现金出入境，需向边境海关申报，对本国居民和外国人的限额均为 1 万欧元。

5.3 银　　行

塞尔维亚共和国的银行体系由中央银行塞尔维亚国家银行和商业银行构成。截至 2021 年底，塞尔维亚商业银行共有 26 家，其中，外资银行 19 家，本土银行 7 家。银行总资产中，外资银行占 75.7%，内资银行占 24.3%。商业银行的经营活动在塞尔维亚是独立的，以追求利润为导向，以偿付能力、盈利能力和流动性为约束。

5.3.1 中央银行

塞尔维亚国家银行（National Bank of Serbia）于 1884 年成立，是塞尔维亚的中央银行，总部设在贝尔格莱德。中央银行属于独立的金融机构，对塞国家议会负责。塞尔维亚国家银行的主要职责是维持物价和金融稳定。具体职能包括：确定货币政策和外汇政策；管理外汇储备；在其权力范围内采取措施维护和加强金融系统的稳定性；发行纸币、硬币和管理现金流通；依法调节、控制和促进国内和跨境支付交易的稳定性；依法治理银行，实施审慎监管银行的举措等。

表 5-1　　塞尔维亚国家银行信息

网址	https://www.nbs.rs
地址 1	12 Kralja Petra St, 11 000 Beograd
电话 1	+381-11-302 7100
地址 2	17 Nemanjina St, 11 000 Beograd
电话 2	+381-11-333 8000

来源：笔者自制。

5.3.2 本土商业银行

塞尔维亚的本土商业银行分为国有银行和非国有银行两大类。主要本土商业银行有：贝尔格莱德商业银行（Komercijalna banka）、AIK 银行（AIK Banka）、邮政储蓄银行（Banka Postanska stedionica）。

贝尔格莱德商业银行成立于 1970 年，为个人客户、中小企业和企业提供各种金融产品和服务。它在 1992 年成为一家股份制公司。贝尔格莱德商业银行总部位于塞尔维亚贝尔格莱德，拥有 3 106 名员工，在塞尔维亚、黑山、波斯尼亚和黑塞哥维那分别拥有 220 个分支机构、13 个分支机构和 11 个商业中心。2021 年，银行收入为 1.61 亿欧元，净收入为 2 362 万欧元，总资产为 41.62 亿欧元。

AIK 银行于 1976 年作为农业工业企业的内部银行成立。它在 1993 年获得全能银行执照，主要为农业和零售客户以及中小企业提供银行产品和服务。截至 2021 年，AIK Banka 管理着 35 家分行和 1 家银行柜台。2021 年，AIK Banka 收入为 1.22 亿欧元，净收入为 8 335 万欧元，总资产为 19.98 亿欧元。

邮政储蓄银行成立于 1921 年，通过塞尔维亚邮局网络为个人和中小企业提供零售银行服务。塞尔维亚政府持有 Banka Postanska Stedionica 多数股权，总部位于贝尔格莱德，在全国拥有 9 个分支机构、8 个独立柜台和 119 个办事处。

5.3.3 外资商业银行

塞尔维亚银行领域对外资开放。根据塞《银行法》规定，外资银行在塞尔维亚开设分行、设立其他组织形式或代表处均须事先获得塞尔维亚国家银行的批准。

在塞尔维亚境内开设的外资银行主要有：意大利联合商业银行（Banca Intesa Beograd）、意大利联合信贷银行（UniCredit Bank）、法国兴业银行塞尔维亚分行（Societe Generale Banka Serbia）、奥地利赖夫艾森银行塞尔维亚分行（Raiffeisen Bank Serbia）、希腊欧元银行（Eurobank a.d.）、奥地利第一储蓄银行塞尔维亚分行（Erste Bank Serbia）、匈牙利伏伊伏丁那银行（Vojvodanska Banka）。

意大利联合商业银行成立于 1991 年，它是一家私人银行，总部位于贝尔格莱德，目前拥有 2 900 名员工，在塞尔维亚拥有 158 家分支机构。该银行在总资产、存款总额、总配售、总收入和资本方面均处于领先地位。2005 年，该银行成为国际集团 Intesa Sanpaolo 的子公司。2021 年，该银行收入为 2.3 亿欧元，净收入为 1.01 亿欧元，总资产为 48.46 亿欧元。

意大利联合信贷银行是意大利银行集团联合信贷银行在塞境内的全资子公司，提供全面的金融产品和服务，为小型初创企业和全球最大的企业提供服务。2021 年，该银行净收入为 7 135 亿欧元，总资产为 38.68 亿欧元。

法国兴业银行塞尔维亚分行于 1990 年作为南斯拉夫总社会银行（Societe

Generale Yugoslav Bank）成立，它为个人、金融机构、中小企业和公司提供各种银行产品和服务。该银行是法国兴业银行在塞境内的全资子公司，总部位于贝尔格莱德，拥有 96 家分支机构。2021 年，该银行收入为 1.1 亿欧元，净收入为 3 390 万欧元，总资产为 29.65 亿欧元。

奥地利赖夫艾森银行塞尔维亚分行成立于 2001 年，为客户提供银行服务，包括零售和企业客户。它是奥地利赖夫艾森银行在塞境内的子公司。该银行总部位于塞尔维亚萨格勒布，拥有 1 477 名员工和 87 个营业网点。2021 年，该银行收入为 1.143 亿欧元，净收入为 5 671 万欧元，总资产为 22.67 亿欧元。

希腊欧元银行于 2003 年开始进入塞尔维亚银行业，提供全面的标准银行服务，以及一些最具创新性的金融产品和服务。它为超过 50 万名账户持有人提供服务，包括私人和公司。该银行总部位于贝尔格莱德，目前拥有 1 467 名员工，拥有 80 个零售分支机构和 5 个商业中心。

奥地利第一储蓄银行塞尔维亚分行于 1864 年作为 Novosadska Stedionica 成立，它是塞尔维亚最古老的银行。它是奥地利第一储蓄银行（Erste Group Bank）在塞境内的子公司。Erste Group Bank 是中欧和东欧领先的金融服务提供商之一。目前，奥地利第一个储蓄银行塞尔维亚分行拥有 75 个分支机构和 3 个企业中心。

匈牙利伏伊沃丹斯卡银行为零售客户、中小企业和公司提供个人、企业和投资银行服务。2017 年，它成为匈牙利 OTP 银行集团成员。该银行总部位于诺维萨德，拥有 23 个分支机构和 172 个办事处。

5.3.4 中资银行

2017 年 1 月，中国银行塞尔维亚分行（Bank of China Srbija）在贝尔格莱德开业，这是巴尔干地区的第一家中资银行。中国银行塞尔维亚分行的主营业务包括存贷款、外汇及货币兑换、发行支付卡、证券交易、提供担保、开具汇票等。

自成立以来，中国银行塞尔维亚分行致力于为中塞两国企业在铁路、公路、发电站等基础设施建设以及贸易、能源、旅游等领域的务实合作提供优质金融服务。中国企业赴塞投资可以通过该行提供的双边贷款、银团贷款和反担保贷款等业务获得融资支持。

5.4 融资服务

5.4.1 银行贷款

在塞尔维亚，银行贷款是企业主要的资金来源。近年来，塞尔维亚国家银行实行量化宽松货币政策，企业贷款利率总体呈波动下降趋势。2014年，在塞政府营运资金贷款利率补贴计划的助推下，企业贷款利率显著降低。2020年第二季度末，塞尔维亚本币企业贷款的平均利率降至历史新低（3.4%），接近欧元贷款利率。其中，对大型企业贷款利率为3.2%，对中、小、微企业的贷款利率分别为3.2%、3.5%和3.8%。

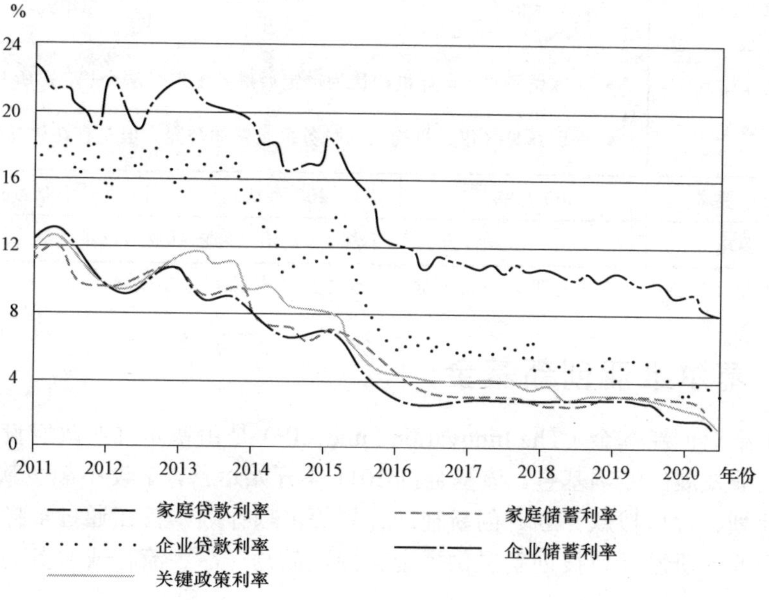

图5－1 2011年—2020年第纳尔存贷款利率

数据来源：塞尔维亚国家银行，2020年8月，Inflation Report。

在融资条件方面，外资企业与当地企业享受同等待遇。企业融资时需提交的材料包括：在塞尔维亚依法注册的公司证明、企业资质和信誉证明、近五年来的经营情况、财务状况、不动产及投资的性质和规模等。

5.4.2 贝尔格莱德证券交易所

企业可以选择贝尔格莱德证券交易所（BELEX）上市融资。截至 2021 年 12 月，共有 342 家企业在 BELEX 上市，总市值为 47.31 亿美元。

在 BELEX 上市大概需要 6～9 个月，主要包括发行方准备阶段、公开募股准备阶段及公开发售和上市阶段。

BELEX 的主要上市板块包括高级市场（Prime Listing）、普通市场（Standard Listing）和 SMart 市场（SMart Listing）。企业可参考不同板块的基本上市要求，结合实际业务规模、发展程度和资本需求，合理选择细分上市板块。

表 5－2　　BELEX 各板块上市基本条件

	高级市场	普通市场	SMART 市场
持续经营时间	3 年以上	3 年（特殊情况可少于 3 年）	3 年或 3 年以下
审计报告中的审计意见	● 无保留意见（审计机构认为审定后财务报表合法合规，在所有重大方面真实、公允），或 ● 保留意见（审计机构认为财务报表整体公允，但是存在信息错报问题）		
最低资产要求	300 万欧元	200 万欧元	100 万欧元
其他要求	发行方公司网站应为双语（塞尔维亚语及英语）		

注：如审计报告中的审计意见为“否定意见”或“无法表示意见”，则不符合上市条件。

5.4.3 塞尔维亚创新基金

塞尔维亚创新基金（The Innovation Fund，IF）是由塞尔维亚政府设立的鼓励创新及企业发展的专项基金。该基金自 2011 年开始运营，下设小额拨款计划、配套拨款计划、合作拨款计划、创新辅助计划等多项计划，旨在通过多样化的金融工具为企业的研发及科技创新提供资金支持，鼓励产品、流程或服务的创新发展与转型升级。

自基金成立以来，已有 1 900 多个创新项目提出申请，其中 695 个项目获批，资金规模约 2 010 万欧元。欧盟也为基金提供了重要的资金支持，累计拨款约 1 580 万欧元。

5.4.4 欧洲投资基金

欧洲投资基金（European Investment Fund，EIF）成立于 1994 年，是欧盟所

属机构之一，总部设于卢森堡。该基金致力于帮助欧洲的中小企业获得更丰富的融资支持，以满足其在创业投资、担保贷款等方面的融资需求。

该基金主要为银行等金融机构提供担保、增信、小额信贷基金等多样化的金融产品和服务，通过增强金融机构的借贷能力，改善中小企业的借贷条件。欧洲投资基金不会直接为个人或公司提供资金或担保，最终的资金批准完全取决于上述金融机构。

在塞尔维亚，企业可以通过欧洲投资基金提供的“欧盟为塞尔维亚中小企业融资担保计划”获得更优惠的银行贷款资源。2018 年，欧洲投资基金通过直接担保的方式支持 5 家塞尔维亚商业银行即奥地利赖夫艾森银行塞尔维亚分行、意大利联合信贷银行、意大利联合商业银行、德国职信银行塞尔维亚分行（ProCredit Bank Serbia）、贝尔格莱德商业银行向中小企业提供优惠贷款，约 1 250 家塞尔维亚中小企业以更优惠的条件（如降低贷款利率和抵押要求、延长贷款期限等）获得当地银行的贷款支持。

5.5 保　险

目前，塞尔维亚共有 16 家保险公司和 4 家再保险公司。其中，保险公司按业务类型可进一步细分为 4 家寿险保险公司、6 家非寿险保险公司和 6 家综合保险公司。保险市场主要险种有人寿保险、财产保险、机动车全险、机动车责任险及其他非人寿保险等。

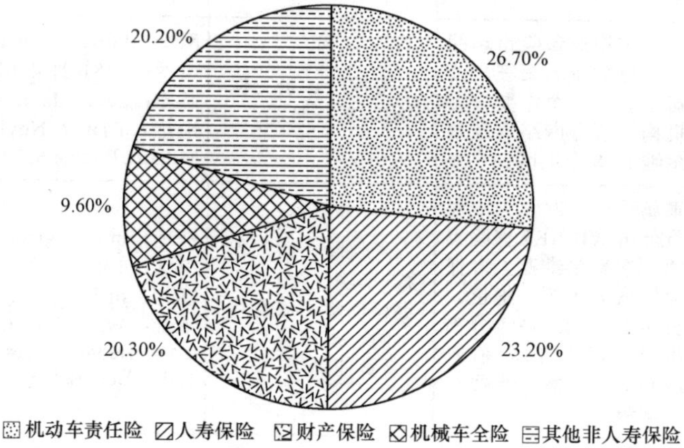

图 5-2　2020 年第一季度塞尔维亚保险市场保费收入结构

数据来源：塞尔维亚国家银行 2020 年第一季度保险行业季报。

2020 年第一季度，塞尔维亚保险市场总保费收入达到 269 亿第纳尔，同比增长

8.5%。从险种看，2020 年第一季度的保费收入结构与上年基本相同，其中，机动车责任险、人寿保险、财产保险占市场总保费收入的比重分别为 26.7%、23.2%和 20.3%。

塞尔维亚保险市场中外资占比较高，在全国 20 家保险及再保险公司中，15 家为外资所有。根据塞尔维亚国家银行的全国保费收入统计，截至 2020 年第一季度末，外资公司在寿险领域市场份额占比高达 89.7%，在非寿险领域占比 63.4%。

按市场份额排名，行业领先的保险公司主要有 DUNVA、GENERALI、DDOR 和 WIENER 等。

表 5-3 塞尔维亚主要保险公司

公司名称	公司简介	主要产品	联系方式
DUNVA（Dunav Osiguranje. a.d.o.）	在塞尔维亚保险市场处于领先地位，保费总额和非寿险保费总额均位列市场第一，市场份额约为 27%。在全国拥有 29 个主要分支机构和约 600 个销售点。	养老保障保险、长期人寿保险、车险、财产保险、旅游保险、事故险、运输险、责任险、农业保险等。	网址：https://www.dunav.com 电话：+381-16-68258600 邮箱：info@dunav.com 地 址： Makenzijeva 65, Belgrade (Supervision Department)
GENERALI（Generali Osiguranje Srbija）	塞尔维亚第二大保险公司。2019 年，Generali 保费总额为 231 亿第纳尔，总市场份额为 21.5%。	人寿保险、财产保险、车险、旅游保险、健康保险、农业和动物保障保险、事故保险、银行保险等。	网址：https://www.generali.rs 电话：+381-11-2220555 邮箱：kontakt@generali.rs 地 址： Belgrade, New Belgrade (CENTRALA), 11070 Vladimira Popovića 8
DDOR（DDOR Novi Sad）	在塞尔维亚保险市场的保费总额排名第三。公司下设 23 个主要分支机构，服务网络遍及塞尔维亚 8 个地区。	人寿保险、员工保险、责任险等。	网址：https://www.ddor.rs 电话：+381-21-4802222 邮箱：ddor@ddor.co.rs 地址：DDOR Novi Sad a.d.o.Blvd Mihajla Pupina 8, 21101 Novi Sad
WIENER（Wiener Stadtische Osiguranje ado Belgrade）	隶属于中东欧领先的保险公司 WIENER 保险集团，在塞尔维亚人寿保险领域处于领先地位。公司拥有 40 多个分支机构、运营部门和销售网点，遍布塞尔维亚 37 个城镇。	人寿保险、财产保险、车险、补充个人健康保险、旅游保险、事故险和责任险等。	网址：https://wiener.co.rs 电话：+381-11-2209800 邮箱：office@wiener.co.rs 地址：Wiener Städtische osigu ranje a.d.o. Beograd Trešnjinog cveta br.1 11070 Beograd, Srbija

5.6 证券市场

5.6.1 贝尔格莱德证券交易所

贝尔格莱德证券交易所（BELEX）是一家总部位于塞尔维亚贝尔格莱德的证券交易所，是欧洲历史最悠久的交易所之一，是塞尔维亚唯一的证券交易所。

1894 年，塞尔维亚国王颁布《证券交易法》。同年，交易所成立，交易大厅设在萨瓦河沿岸的波斯纳（Bosna）酒店。第二次世界大战后，塞尔维亚经济遭遇重创。由于国家经济形势低迷，塞尔维亚政府主席团于 1953 年宣布交易所停止营业。

随着经济形势的显著改善和经济改革的推进，塞尔维亚于 1989 年颁布《资本市场法》。此后不久，前南斯拉夫境内 34 家最大的商业银行联合成立"南斯拉夫资本市场"，该组织于 1992 年更名为现在的贝尔格莱德证券交易所。

贝尔格莱德证券交易所交易产品类型涉及股票、债券、基金等，是中东欧新兴的证券交易市场，对外资自由开放。该交易所网址：https：//www.belex.rs。

贝尔格莱德证券交易所是欧亚证券交易所联合会（FEAS）的正式成员和欧洲证券交易所联合会（FESE）的附属会员。

5.6.2 主要股票价格指数

贝尔格莱德证券交易所 15 指数（BELEX15）和 BELEXline 指数是塞尔维亚证券市场的两大主要股票价格指数。

BELEX15 指数是实时计算的自由流通市值加权指数，指数计算不对已支付的股息进行调整。该指数描述了最具流动性的塞尔维亚股票的价格变动，主要成分股包括贝尔格莱德国际机场、Metalac 公司、Energoprojekt 公司等。

BELEXline 指数是交易日结束时计算的自由流通市值加权指数，指数计算不对已支付的股息进行调整。BELEXline 是贝尔格莱德证券交易所的基准指数，主要成分股有 Gosa Montaza（GMON）、Iritel（IRTL）、Kopaonik（KOPB）等。

5.6.3 中央证券存管及清算机构

塞尔维亚中央证券存管及清算机构（CSD）成立于 2001 年，隶属于塞尔维亚国家银行。其主要职责是为证券的发行和交易活动提供登记、存管与结算服务，保障证券交易的准确性、安全性。具体职能包括：股票、债券和国库券等证券的登记和存管，证券账户之间的转账、货币交易的清算和结算等。该机构网址：http://www.crhov.rs。

5.7 金融监管机构

作为金融监管机构，塞尔维亚证券交易委员会和塞尔维亚国家银行在稳定和维持金融市场秩序方面发挥着至关重要的作用。

5.7.1 塞尔维亚证券交易委员会

依据塞《资本市场法》，塞尔维亚证券交易委员会（SEC）统一监督管理全国证券市场，维护交易秩序，保障交易者的合法权益。其主要职能包括：依法制定市场监管办法和实施细则等；颁发许可；监管各类市场交易活动，对交易者的交易行为进行监督；规范和管理公开市场信息披露；依法进行市场整顿，对证券交易中的违法违规行为进行调查和指控等。该机构网址：http://www.sec.gov.rs。

5.7.2 塞尔维亚国家银行

塞尔维亚国家银行主要负责银行、保险、融资租赁等金融市场的监管，其下设银行监管部、保险监督部、外汇管理局和反洗钱局等部门，有权决定颁发或撤销下列金融机构营业许可证：（1）银行营业许可证；（2）保险公司营业许可证；（3）融资租赁业务经营牌照；（4）自愿养老保险基金管理公司经营许可证；（5）支付机构支付业务许可证；（6）电子货币机构电子货币发行许可证等。

5.8 信用卡使用

塞尔维亚信用卡使用比较普遍，带有 VISA、Mastercard 等标识的信用卡均可在当地使用。

2017 年 11 月，中国银联与塞尔维亚央行签署协议，实现银联卡在塞尔维亚消费支付。2018 年 6 月，银联国际宣布与塞尔维亚邮政储蓄银行合作，首次实现银联卡受理，该行旗下全部 ATM 终端已支持银联卡。

5.9 与国际金融机构的关系

国际货币基金组织（International Monetary Fund，IMF）、世界银行、欧洲复兴开发银行、欧洲投资银行（European Investment Bank，EIB）、欧洲委员会开发银行（European Commission Development Bank，ECDB）等国际经济组织为塞尔维亚经济发展提供贷款和其他形式的金融援助，并指导塞尔维亚进行经济改革。

5.9.1 国际货币基金组织

2021 年，塞尔维亚与国际货币基金组织在华盛顿达成一项新协议：国际货币基金组织为塞尔维亚提供 30 个月的非金融、纯咨询性质的服务。这对支持塞继续实施结构性改革计划而言是十分必要的。本次合作是由国际货币基金组织对塞尔维亚提供咨询，无需动用国际货币基金组织的资金，其建议既有助于塞尔维亚在国际金融市场中获得更高的可信度，也有助于塞尔维亚维持和提高经济水平，同时提升公民的生活水平。在环境保护方面，新协议也包括关于经济绿色增长的综合计划，有助于塞尔维亚经济复苏并确保可持续发展。考虑到新冠疫情带来的影响，新安排对塞尔维亚将是极为重要的，它将确保塞尔维亚的信誉和透明度，稳定外国投资者的信心。塞尔维亚与国际货币基金组织签署的这项新安排，旨在进行和完成结构改革，并保持已有的财政稳定。

5.9.2 世界银行

世界银行目前的项目包括支持可持续基础设施管理、更具韧性和包容性的增长，实现绿色转型。地方基础设施和制度发展项目致力于更新和升级塞老化的基础设施和公共服务提供，这将为进入市场、就业和服务提供更好的机会，增加城市的吸引力，推动城镇和落后地区的经济增长。下一代改革的重点是塞尔维亚的绿色议程和向低碳经济转型，改善公共服务提供，促进经济主动性、创业精神、创新和数字经济。为支持这些改革，世界银行新的贷款活动包括绿色转型发展政策贷款系列，旨在加速改革，帮助为绿色复苏建立稳定的宏观财政框架，加速清洁能源转型，并落实气候承诺。

5.9.3 欧洲复兴开发银行

在塞尔维亚，欧洲复兴开发银行专注于加强私营机构的作用和竞争力。即使按地区标准衡量，塞尔维亚的私营部门参与经济的水平也不高，构成塞尔维亚私营部门支柱的中小型企业获得资金的机会有限。因此，欧洲复兴开发银行将致力于提高私营部门的竞争力，并进一步关注农业企业价值链。帮助中小企业为有利于可持续增长的项目融资。

根据《国际金融机构促进中欧和东南欧增长联合行动计划》，欧洲复兴开发银行将继续与塞国家银行直接进行政策对话，并通过《维也纳倡议 2.0》鼓励本币贷款，加强银行业问题跨境合作，帮助解决不良贷款问题。

发展可持续高效的公共事业。由于塞能源和基础设施领域仍存在巨大转型缺口，欧洲复兴开发银行将集中精力加速实施已融资项目，并在财政空间有限的情况下，谨慎选择新的投资。特别是在能源领域，将致力于继续在促进提高能源效率和发展可再生能源方面发挥关键作用，同时协助更换老化的电力设施，以符合欧盟环境标准。

5.9.4 欧洲投资银行

欧洲投资银行自 1977 年以来一直活跃在塞尔维亚。自 2001 年以来，一直为重点基础设施项目、中小企业、工业、服务业和地方政府提供资金支持。2019 年，除欧盟－wbif 提供的 4 060 万欧元赠款外，欧洲投资银行还为连接尼什和梅尔代尔的新公路（也称为和平公路）提供了 1.4 亿欧元贷款。

5.9.5 欧洲委员会开发银行

2020 年，欧洲委员会开发银行向塞尔维亚提供了 2 亿欧元贷款，用于资助旨在遏制新冠肺炎传播的卫生支出。塞尔维亚政府迅速实施了一系列措施，包括购买应急设备和用品，以遏制新冠肺炎的传播。

第6章 塞尔维亚社会文化环境

6.1 文　　化

塞尔维亚文化开始于南部斯拉夫人在巴尔干（Balkan）居住的时期。在古代，塞尔维亚人可能已受到古巴尔干人的影响，拜占庭帝国（Byzantine Empire）对塞尔维亚文化也带来了很大影响，塞尔维亚迄今仍使用西里尔文字。1219 年，塞尔维亚正教会自君士坦丁堡（Constantinople）独立。1549 年开始，奥斯曼帝国征服了塞尔维亚，并统治塞尔维亚四个世纪，压制塞尔维亚文化，也在很大程度上影响了塞尔维亚艺术。1718 年开始，塞尔维亚被哈布斯堡王朝（House of Habsburg）控制，文化也开始蓬勃发展。塞尔维亚独立之后，塞尔维亚文化得到了更大加强。

6.1.1　文学

塞尔维亚文学大体上分为四个阶段，分别为古代文学（17 世纪末以前）、18 世纪文学、现代文学（19 世纪至第二次世界大战）以及当代文学（第二次世界大战结束至今）。

（1）古代文学

塞尔维亚古代文化深受拜占庭文化的影响。12—13 世纪，塞尔维亚比较发达的是以寺院为中心的宗教文学。14 世纪，传记文学有了较大的发展。14 世纪末，由于奥斯曼帝国的入侵和长达四百多年的统治，塞尔维亚文学的发展受到阻碍，只有民间口头文学比较活跃，出现了许多反映抗击外族入侵的英雄史诗。

（2）18 世纪文学

18 世纪，在欧洲启蒙运动和民族复兴思潮的推动下，塞尔维亚文学也逐渐摆脱中世纪传统的束缚，开始描写世俗题材。多西特伊·奥布拉多维奇（Dosityil Obradovich，1739 年—1811 年）是这一时期具有代表性的作家，他的创作为世俗文学奠定了基础，他的主要作品有自传体小说《奥布拉多维奇的生平奇遇》（1783 年）、文集《醒世良言》（1784 年）和译著《寓言集》（1788 年）等。这些作品抨击宗教黑暗势力，提倡发展教育和文化，主张个性解放，为启蒙运动的发展和摆脱中世纪影响做出了重要贡献。此外，他还写了《拯救塞尔维亚之歌》（1789 年）、《塞尔维亚人民起义歌》（1804 年）、《1808 年新年献词》等诗歌，赞颂民族解放运动，号召人民为祖国的独立和自由而斗争。

（3）现代文学（19 世纪至第二次世界大战）

19 世纪上半叶，由于民族解放运动、文化教育和科学的迅速发展，塞尔维亚文学呈现繁荣的局面。武克·卡拉吉奇（Andrija Kačić Miošić，1787 年—1864 年）是民族复兴运动著名的活动家，他以人民口语为基础，对塞尔维亚语进行了改革，使它和克罗地亚语合为一种文学语言。同时，还搜集、整理、出版了大量的民间文学作品，对促进文学的发展起了重要作用，并为浪漫主义文学开辟了道路。在 1848 年革命和民族解放斗争的推动下，19 世纪 40 至 70 年代浪漫主义文学达到高峰。这时，诺维萨德成为文学活动中心，文学出版物迅速增多，并建立了国家剧院。诗歌成为文学的主流，这一时期最重要的诗人、作家有拉迪切维奇（Branko Radičević，1824 年—1853 年）、亚克希奇（Jaksic，1832 年—1878 年）等，他们的作品充满着爱国主义的情感。

拉迪切维奇生于官僚家庭。中学毕业后去维也纳攻读医学和法律，并结识了武克·卡拉吉奇。年轻时受到爱国主义思想的影响，成为 1848 年革命运动的领导者之一。他在中学时开始写诗。1847 年，当卡拉吉奇等人为建立新文学和使用人民口语写作同伪古典主义者进行斗争时，他出版了第一部作品《诗集》，一扫笼罩文坛的伪古典主义的沉闷空气。他的创作以普通人的日常生活为题材，运用通俗易懂的语言和民歌形式，充满生活气息和爱国主义情感。他的许多抒情诗如《井边姑娘》《痛苦的恋人》等，均具有民歌情调。他于 1847 年发表的抒情长诗《告别学友》歌颂民族解放斗争，表达了青年们的理想；《道路》则讽刺了伪古典主义。1848 年至 1849 年，他连续完成了《戈伊科》《斯托扬》《海杜特之墓》等 7 部浪漫主义叙事诗。这些作品分别收集在第 2 部诗集（1851 年）和第 3 部诗集（1862 年）中，其中，有的取材于民族解放斗争，有的描写爱情故事。由于 1848 年革命失败，他又受拜伦后期作品的影响，作品中流露出消沉的情绪。不久，他重新恢复了活力，写出叙事诗《傻布兰科》等充满生活真实感的作品。他的诗歌反映了时代的要求，充满战斗精神，为浪漫主义诗歌的发展开辟了道路。

亚克希奇是著名的浪漫主义诗人、小说家、戏剧家和画家。他于1853年开始创作，是浪漫主义的代表作家之一。他的主要成就是抒情诗的创作，作品的基调低沉而愤激，但又充满对生活的热爱和对未来的憧憬，例如抒情诗《过夜》《在利帕拉公园》《夜晚》《戈尔尼亚克之夜》等。他的组诗《爱情》表现了对祖国的热爱，号召人民拿起武器为独立自由而斗争；组诗《拉雅》描写人民遭受压迫和剥削的苦难，歌颂人民的自我牺牲精神。他还采用民歌形式写了不少叙事诗，大多描写人民同异族统治者的斗争，如《旗手》《边塞哨兵》等。他还写了近40篇短篇小说，其中有历史题材，如《不忠实的蒂雅娜》；有反映资本主义发展给农民带来的苦难、土豪劣绅的胡作非为和农民自发的反抗，如《农民》《一个夜晚》《小白屋》《季霍米尔神父》等。他还创作了三部诗剧：《塞尔维亚人的迁徙》《黑山公爵夫人伊丽莎白》《斯坦诺耶·格拉瓦什》，这些作品借古喻今，揭露现实的黑暗，充满爱国主义情感，在戏剧发展史上起过一定作用。

从19世纪60年代起，塞尔维亚文学向现实主义迈进，描写现实、反映人生的小说多了起来。19世纪末，文学创作的题材有了较大的扩展，暴露现实的倾向愈加鲜明。

20世纪初，塞尔维亚文学进入新的发展阶段，陆续出现了现实主义、表现主义、超现实主义、社会现实主义等流派。斯特凡－斯列马茨（Stevan Sremac，1855年—1906年）是19世纪末、20世纪初塞尔维亚著名的现实主义作家。从1892年到1906年，他写了大约30篇中短篇小说，以《伊伏科的荣誉》《二神父》《乌卡丁》和《佐娜－山菲罗娃》最为出色。这些名篇佳作使他获得了“南斯拉夫古典文学中卓越的现实主义者与幽默作家”的美誉。

社会文学最早出现于第二次世界大战前夕，当时称文学－政治运动。卷入这一运动的是一批渴望民主、反对法西斯专政的作家和知识分子。斯戴万·加洛加萨（Stevan Galogaža, 1893年—1944年）的《文学的思考和作家的天职》、米兰·杜尔曼（Milan Durman, 1902年—1941年）的《我们文学虚假的社会倾向》等，集中地表达了社会文学作家们的主张和愿望。他们认为文学的任务，就是要直接地投身到无产阶级建立新社会的斗争，“要把建立新社会的要求放在首位”。他们主张：社会文学应坚定不移地反对粗俗平庸的宣传和简单幼稚的标语口号，反对文学中的庸俗社会学，反对机械的、绝对的和形而上学的分析方法，不赞成并强烈反对那些否定传统、宣扬所谓世界艺术的言行。

20世纪塞尔维亚文坛成就最大、最具影响的人物是伊沃·安德里奇（Ivo

Andric，1892—1975）。伊沃·安德里奇是迄今巴尔干诸国中第一个、也是唯一的诺贝尔文学奖获得者（1961 年）。他的名著《德里纳河上的桥》，以一座大桥为主线，通过一系列各自独立但又有内在联系的真实感人的故事，追述了 15 世纪至第一次世界大战爆发约 450 年间，波斯尼亚在奥斯曼帝国和奥匈帝国占领下所发生的重大历史事件，反映了波斯尼亚各阶层人民在漫长的岁月中遭受占领者压迫的悲惨命运，以及为争取民族独立而进行的英勇不屈的斗争。这部小说迄今已译成 40 多种文字，在许多国家出版发行，成为当代世界文坛上最有影响的名著之一。“波斯尼亚三部曲”中的另两部长篇小说是《特拉夫尼克纪事》和《萨拉热窝女人》。前者记述了拿破仑时代外国在波斯尼亚的特拉夫尼克城设立领事馆时期，欧洲三大强国、四种宗教之间你死我活的斗争，描绘了法国大革命和拿破仑帝国的兴衰以及土耳其苏丹谢里姆三世的统治和灭亡。后者描写第一次世界大战期间，来自萨拉热窝的一位女士拉伊卡·拉达科维奇的一生，以及她所受到的不公正待遇。长篇小说《罪恶的庭院》是其后期创作的一部重要作品。它虽然是一部历史小说，写的是一个无辜的正教修士陷入土耳其牢狱的不幸遭遇，实际上是整个人间和现实生活的象征，罪恶的牢院是一切时代暴政的缩影。

伊沃·安德里奇的作品在客观展示人类历史的同时，融入了高度理性的观照和博大深沉的反思，以悲壮的情调反映了人类要求相互沟通、和解，并进而追求永恒价值的愿望，表达了用理性战胜荒谬，愿世界充满爱的强烈信念。他的作品糅合了现代心理学的观点与《天方夜谭》的宿命论。他对人类怀着极大的关怀与热爱。他不曾在恐怖与暴力的面前退缩，因为在他看来，恐怖与暴力足以证明邪恶确实存在于这个世界上。伊沃·安德里奇拥有一系列高度独创性的写作主题：他在一张白纸上落笔，描述了一部这个世界的大事记。从巴尔干奴隶痛苦灵魂的深处，他对人们的良心发出了最哀愁的祈求。

在反法西斯解放战争中，南斯拉夫共有 181 名游击队员作家、诗人献出了宝贵的生命，其中，塞尔维亚作家、诗人占有很大的比重。在此期间，塞尔维亚涌现出很多闪耀着历史光辉的爱国主义诗歌和戏剧作品。布兰科·乔皮奇（Branko Ćopić, 1915 年—1985 年）就是这些游击队员作家和诗人中最著名的一位。反法西斯战争期间，乔皮奇在解放区发表了诗集《祖国在烈火中诞生》（1944 年）和短篇小说集《游击队员的故事》（1945 年），歌颂人民解放战争，表现了南斯拉夫各族人民同仇敌忾的精神，这些作品在游击队员中广为流传。第二次世界大战后，乔皮奇相继发表了诗集《战士的春天》（1947 年）、《诗选》（1955 年）、《诱人的树林》（1962 年），短篇小说集《刺刀上的露水》（1946 年）、《严峻的学校》（1948 年）、《爱与死》（1953 年）、《尼科莱蒂纳·布尔萨奇的故事》（1956 年）和长篇小说《秘密火药》（1957 年）等。这些作品都是以反法西斯战争为题材，描绘了农民的觉醒，歌颂了南斯拉夫共产党的领导。长篇小说《突破》（1952 年）取材于波斯尼亚人民反法西斯起义，塑造了各种鲜明的人物形象。此外，他还著有短篇小说集《苦蜜》（1959 年）、《葵花园》（1974 年），长篇小说《别发愁，青铜卫士》（1958 年）、《第八次进攻》（1964 年）、《比哈奇的勇士们》（1975 年）等。其中，有的取材于反法西斯战争，有的描写战后生活。乔皮奇还是一位儿童文学作家，著有《在蝴蝶和熊的国度里》《少先队员的战歌》等。他的作品情节真实动人、笔调诙谐幽默、长于心理分析，具有浓厚的波斯尼亚乡土气息。

（4）当代文学（第二次世界大战结束至今）

自 1945 年至 50 年代初，左右塞尔维亚文学的是社会主义现实主义文学，苏联文学对塞尔维亚作家和出版事业的影响相当大。当时，在塞尔维亚作家中最流行的口号是"文学不要落后于我们现实的真实生活"。真实描写现实生活成了文学的使命，反映民族解放斗争成了文学创作的中心主题。当时的文学作品，在鼓舞人们为建设新生活而忘我工作中曾起过非常好的作用。

从 20 世纪 50 年代初期到 60 年代中期，是塞尔维亚当代文学史上的社会主义唯美主义时期。60 年代末期以后的塞尔维亚文学被称为真实的散文时代，各种体裁的文学作品都呈现出新、多、奇、杂的特点。世界上一切文学流派，在塞尔维亚作家中都有一定的影响。

塞尔维亚文艺界始终存在着尖锐的思想斗争。20 世纪 80 年代初，铁托总统刚一去世，这一斗争就更加突出。个别诗人妄图通过诗歌攻击和否定铁托的历史功绩，以及他所开创的历史道路。这种情况引起极大的关注，塞尔维亚共产主义者同盟中央就文艺界的某些不良倾向召开了专门会议，采取了必要的措施。

20 世纪 90 年代的塞尔维亚文学，特别是 1999 年南联盟遭到以美国为首的北约集团狂轰滥炸以后的塞尔维亚文学，以描写动荡战乱的现实，谴责侵略者的罪行，讴歌广大军民不畏强暴的爱国主义、英雄主义精神，表达他们对自由与和平的渴望和缅怀往昔的安宁与康乐景象为显著特点。这些特点集中地体现在《咒骂》和《我们控诉——对北约罪行的抵抗》两部厚厚的诗文集中。

国际形势的剧变，国内政局的动荡，迫使塞尔维亚作家、诗人重新审视当今图书市场存在的种种弊端，正视文学逐步贬值的严峻现实，重新纠正从前他们在文学与政治这个重要问题上的偏颇，甚至在具有重要国际影响的贝尔格莱德国际作家笔会上，还提出了"政治中的作家，作家身上的政治"的命题，请与会者予以讨论。

此外，塞尔维亚作家、诗人对"暴力"、环保题材也越来越重视，创作了相当多的关于保护绿色环境和水的文学作品。

6.1.2 音乐、舞蹈

在古代，塞尔维亚有自己的民间歌手，在别具风格的“古斯拉琴”的伴奏下，高唱英雄史诗和情歌。歌手们音域宽广、声音嘹亮，对后来音乐的发展有着极其重要的影响。

塞尔维亚民族舞蹈起源很早，在11世纪—14世纪时非常盛行。舞蹈也因地区不同而呈现多样化，但以科罗舞最为流行。这是一种动作十分欢快、敏捷、优美的民间舞蹈，伴奏的音乐十分动听悦耳，迄今依然还流传在塞尔维亚各个民族之间。这种舞蹈由男女围成一个圆圈，再由一对一对的男女轮流进入圈内跳舞。也有将男女分开，各自组成圆圈，展开舞蹈竞赛。塞尔维亚各民族的科罗舞各具独特的民族风格。塞尔维亚族的科罗舞欢乐而优美，节奏性强，显得生气蓬勃。

到了中世纪，各民族的音乐因受外来影响不同而产生了较大差异。靠北方（主要是多瑙河以北）的民族受德国、奥地利、意大利文化和音乐的影响很深，而多瑙河以南的各民族受古希腊、古罗马文化及拜占庭文化和音乐的影响较多。在中世纪的塞尔维亚，音乐创作相当繁荣，但以教堂音乐为主。

15世纪以后，出现了专业音乐，涌现出享有国际声誉的音乐家。之后，又建立了很多专业音乐学院、歌剧团。贝尔格莱德于1868年建立了民族歌剧院，对促进塞尔维亚民族戏剧和音乐艺术的发展起了很大的作用。

1918年，统一的南斯拉夫国家建立后，各民族先后建立起音乐学校和音乐学院。各大城市还成立了合唱团、大型和小型乐队。

20世纪30年代末，南斯拉夫涌现出第一批具有马克思主义观点的音乐研究家，民族解放战争期间，他们英勇地战死在疆场，为后世人所崇敬。著名作曲家奥斯卡·达农（Oskar Danon）在战火中创作的乐曲《科扎拉》闻名国内外。

第二次世界大战以后，塞尔维亚经历了工业化和都市化的进程，民间音乐也有了许多变化，如许多民间艺人不再自制乐器，而采用乐器厂生产的乐器，风笛被手风琴所代替，古斯拉琴被小提琴所代替。许多民歌经过改编，失去了原有的风味。如在被改编的民歌中，传统的平行二度被平行三度所代替，一些经过改编的新曲调，代替了古老的曲调，受到青年人的欢迎。如何在保存音乐文化传统的同时，又使民间音乐有所发展，跟上时代的步伐，是塞尔维亚音乐界所面临的一个难题。

自20世纪60年代以后，在塞尔维亚的一些大城市里都建起了音乐厅，成立了交响乐团、民族歌舞团、合唱团等音乐组织，还经常举办国际性的音乐活动。

在20世纪的艺术团体中，贝尔格莱德歌剧院、贝尔格莱德交响乐团和音乐科学院取得的成就尤为显赫。

在塞尔维亚，没有音乐和歌唱就没有庆典。一些古老的歌曲一直流传到今天，所以即使在今天干旱的时候，你也可以看到 dodolas——女孩子们装饰着树叶和鲜花，唱着祈雨的仪式歌曲。这一古老的痕迹保存在传统的 dodolas 歌舞中。

gusle（单弦乐器）和 frula（类似长笛的乐器）是塞尔维亚典型的民间乐器。还有伏伊伏丁地区典型的 tamburitza（一种吉他）。手风琴和小提琴，是当今每一个节日必不可少的音乐元素。虽然在很久以后才开始使用，但小号也获得了很大的人气，尤其是在古查铜管节。

塞尔维亚的民族民间舞蹈是 kolo。每个地区都不尽相同，最著名的是 Užičkokolo 和 Moravac。塞尔维亚的流行音乐诞生于 kafanas（传统小酒馆）中。

现在塞尔维亚创作和演唱传统音乐、世界音乐的音乐家有比利亚·阿西奇（Bilja Krstić）、泰菲洛维奇兄弟（Teofilović Brothers）、戈兰·布雷戈维奇（Goran Bregović）。

比利亚·阿西奇：塞尔维亚女歌手，她的音乐融合了传统民族音乐，无伴奏合唱和民族风，融合了即兴表演和现代音乐作曲法。bristrik 专辑收集了科索沃、塞尔维亚、马其顿、罗马尼亚、匈牙利、保加利亚、波斯尼亚、黑山和希腊等地的民歌。

泰菲洛维奇兄弟：古代塞尔维亚和巴尔干地区声乐的表演艺术家，他们的音乐总结了近几个世纪的传统音乐遗产，在欧洲、日本、美国等著名音乐厅和国际音乐节上进行演出。

戈兰·布雷戈维奇：作曲家，为诸多电影配乐，如《吉普赛时代》《亚利桑那梦》《地下》等。布雷戈维奇1950年出生，是为数不多的前南斯拉夫音乐家之一，曾在卡内基、皇家阿尔伯特和奥林匹亚等国际音乐厅演出。他的音乐作品将巴尔干的音乐拓展到创新的极限，借鉴了欧洲古典主义和巴尔干节奏。1995年，他还新组建了一个专门演唱婚礼和葬礼歌曲的弦乐团，由50位歌手组成的唱诗班和贝尔格莱德的管弦乐团组成，演出中他们身着传统的民族服装，按照东正教的传统，演唱婚礼和葬礼中的歌曲。

6.1.3 戏剧、电影

（1）戏剧

色彩比较鲜明的塞尔维亚戏剧形成于19世纪30年代，最重要的代表人物是约万·斯戴里亚·波波维奇（Joan Λ Sterija Popović, 1806年—1856年）。他是塞尔维亚第一位大喜剧家，在巴尔干诸国乃至整个欧洲都享有很高的声誉，长期以来，戏剧界尊称他为“塞尔维亚的莫里哀”。他同时还是诗人和小说家。波波维奇最初用斯拉夫塞尔维亚语，后来使用民间语言写作抒情诗和历史题材小说。以后转向戏剧创作，写有《斯韦迪斯拉夫和米莱瓦》（1827 年）、《斯戴凡·戴强斯基之死》（1849 年）、《斯坎德培》等剧作。这些作品人物对话生动，心理描写鲜明。波波维奇的才华在喜剧创作中得到了充分发挥。他的主要喜剧有《骗子和大骗子》（1830 年）、《吝啬鬼》（又名《雅尼耶先生》，1837 年）、《坏女人》（1838 年）、《蠢人》（1839 年）、《娶亲和出嫁》（1841 年）、《爱国者》（1850 年）、《从前和现在的贝尔格莱德》（1853 年）等。在这些作品中，使用活泼生动的语言，描写、反映他所生活的时代的现实，干预生活，揭露和痛斥丑恶现象，在南斯拉夫和欧洲舞台上保持着旺盛的生命力。

1841 年，贝尔格莱德开始了业余的戏剧演出。由于没有一座固定的剧场，使戏剧活动缺乏基础。对早期塞尔维亚戏剧事业做出过突出贡献的阿塔纳西耶·尼科利茨（Atanasije Nikolic）的功绩主要体现在戏剧和文化的组织活动中。他是贝尔格莱德第一座剧院的创始人，他还与波波维奇一起拟定了建立塞尔维亚斯拉夫协会的草案。

1868 年，贝尔格莱建成了第一座真正的剧院，并逐渐发展成为一个具有代表性的民族艺术机构。1870 年，塞尔维亚创办了一所艺术学校和通过一项戏剧法案。

19 世纪 90 年代，塞尔维亚的戏剧艺术开始以现实主义取代浪漫主义。代表 20 世纪前期塞尔维亚戏剧最高水平的当属布拉尼斯拉夫·努希奇（Branislav Nushic）的喜剧。他 19 岁时就创作了第一部讽刺喜剧《人民议员》。

第二次世界大战期间，简单易行的游击队戏剧演出活动几乎成为舞台艺术的全貌。南斯拉夫人民解放游击队一成立，就建立了自己的剧团。此后，在每个旅、每个师和解放区的每个村子里都组织了剧团或文化小队。1942 年 7 月，又建立了南斯拉夫人民解放剧团和许多专业剧团。从戏剧发展的意义上来说，游击队戏剧是 20 世纪 30、40 年代塞尔维亚戏剧过渡到现代戏剧的桥梁。

俄国十月革命以后，瓦赫坦哥夫、斯坦尼斯拉夫斯基、塔伊洛夫等苏联大艺术家在南斯拉夫戏剧界产生了巨大影响。第二次世界大战结束后，法国巴黎的荒诞派戏剧迅速流传到南斯拉夫，学习外国戏、演出外国戏成了一种新的时尚。

1957 年—1965 年期间，南斯拉夫的一部分作家仍然坚持用现实主义方法进行创作。然而，另一大批被称为“新精神派”或“新风派”的剧作家却用唯智论、沉思体、杜撰等方法编造戏剧，作为一种时髦席卷了全国各地。但是，20 世纪 60 年代的后五年，亚历山大·波波维奇（Alexandar Popović）的剧作，如《柳宾卡与戴珊卡》《左边第二道门》等，却得到了人们的普遍喜爱。主要原因是，曾经风靡的流行时派已逐渐失去青睐，而波波维奇作品中所反映的生活和人物、使用的民众语言，给人以非常亲切、真实之感，使南斯拉夫戏剧重新面向现实。

（2）电影

塞尔维亚的电影事业开始于20世纪初。1910年，第一部故事片《卡拉乔治》展现了1804年—1813年第一次塞尔维亚起义领袖英勇斗争的事迹，获得了极大的成功。两次世界大战期间，刚刚兴起的电影事业却处于停滞不前的状态。

民族解放战争时期，塞尔维亚的电影事业获得了一定的发展，人民解放武装力量最高指挥部和各部队宣传部都有专业的电影工作小队。反映各个战役和解放区军民生活的新闻纪录片，是塞尔维亚和南斯拉夫电影档案馆的珍贵文献。

解放后，1945年2月，南斯拉夫首先成立了南斯拉夫国家电影制片厂，6月改称南斯拉夫民主联邦电影制片厂。此后，陆续建立了贝尔格莱德、萨格勒布、卢布尔雅那、萨拉热窝、斯科普里、铁托格勒等电影制片厂，人民军建立了“旗帜”电影中心。1977年，伏伊伏丁那和科索沃两个自治省也建立了电影制片厂。

1945年，摄制了新南斯拉夫的第一部影片《新闻纪录片第一号》。1947年，摄制成第一部彩色纪录片《青春的检阅》和第一部故事片《丝拉薇查》。1957年，拍成第一部彩色故事片《齐拉神父和斯皮拉神父》（根据同名小说改编，该片在1957年普拉电影节上获奖）。

1947年—1989年，南斯拉夫共摄制了800多部故事片和6 500多部纪录片。1989年以前，全国每年都生产20多部故事片、150多部纪录片，其中以塞尔维亚生产的片子所占比重最大。

如同文学、戏剧作品一样，从解放后最初的年代到20世纪90年代初，塞尔维亚各电影制片厂始终把表现民族解放战争、讴歌人民群众在这场伟大战争中的革命英雄主义精神和爱国主义精神放在首位。战争题材的片子很多，影响较大的有纳·波波维奇导演的《永世生存的民族》（1947年）、弗·波格契奇导演的《大的和小的》（获1956年度卡罗维发利电影节奖）、斯·德里奇导演的《苏捷斯卡战役》（1969年）、赫·克尔瓦茨导演的《瓦尔特保卫萨拉热窝》（1972年），以及20世纪80年代摄制的《血的童话》《谁在那儿歌唱》和《奈雷特瓦河上的战役》等。这些影片享有国际声誉。在中国上映的几部影片均受到热烈欢迎，影片《瓦尔特保卫萨拉热窝》中的主人公瓦尔特已成为英雄的南斯拉夫人民的代名词。

1991年—1997年期间，塞尔维亚制作了长篇故事片42部。引起较大社会反响的有《我们不是天使》（1992年）、《铁托和我》（1992年）、《陌生的美洲》(1995)等。

6.1.4 美术

南部斯拉夫各民族的建筑、雕塑和绘画艺术深受欧洲拜占庭、巴洛克等艺术风格的影响。塞尔维亚各地尚保存着完好的古代和中世纪的建筑艺术。在相当多的教堂和修道院里，颇具拜占庭风格的长方形廊柱大厅、十字圆顶和三面半圆顶更是处处可见。

在塞尔维亚全国各地的教堂、寺院里，有许多可以与欧洲文明古国相媲美的雕塑珍品。教堂的门窗、廊柱、壁障祭坛，都是具有很高艺术价值的雕塑品。那细致绝妙的花纹、栩栩如生的动物形象，表明塞尔维亚艺术家曾用聪慧的双手，参与了创造12世纪—13世纪具有罗马风格特色的雕塑艺术，而拉斯克寺院的雕塑则是具有典范性的精品。

(1）中古美术（10世纪—18世纪）

塞尔维亚中世纪的绘画艺术的水平主要在教堂中展示出来。各种不同宗教都把教堂壁画作为自己绘画艺术的展览场所。塞尔维亚最古老的壁画可以追溯到11世纪。到12世纪末，产生了一种与拜占庭壁画颇为相近的新型壁画。13世纪时，索波恰尼修道院的壁画达到了艺术顶峰。整个中世纪，壁画在塞尔维亚美术中占主导地位。不过，直到18世纪才出现了首批反映本民族历史和现实生活的壁画。

(2）近现代美术（19世纪—20世纪上半叶）

到19世纪，南部各斯拉夫民族发展了世俗艺术，出现了古典派、浪漫派和现实主义派。19世纪末20世纪初，西方各种美术流派陆续传入巴尔干各个国家。塞尔维亚的大多数美术家将西方诸多流派的艺术手法与本民族美术的特点较好地结合起来，反映君主政权统治下的人民生活以及人们对美好未来的渴望。这一时期，塞尔维亚杰出的画家有达纳德·彼得罗维奇、萨瓦·苏玛诺维奇等。

(3）现代和当代美术

为了纪念在反法西斯战争中英勇捐躯的烈士，解放后，塞尔维亚的城镇街道两旁、公园、公路旁和多瑙河畔修建了许多综合性纪念碑、英雄人物的塑像和群像。

在现代绘画和雕塑艺术中，塞尔维亚艺术家们采用各种艺术手法，现实主义、抽象派、象征主义、幻想主义、印象主义、客观主义、超现实主义等各种流派的作品在各种美展中均可见到。

6.1.5 文化设施

（1）塞尔维亚国家博物馆（National Museum of Serbia）

塞尔维亚国家博物馆创立于 1844 年，是塞尔维亚规模最大、历史最悠久的综合性博物馆。该馆现有藏品总数超过 40 万件，长期陈列约 3 000 件藏品，展厅面积约 5 000 平方米，年代从旧石器时代至近现代。重要藏品之一是塞尔维亚最古老的以西里尔字母书写的《米罗斯拉夫福音》手稿（1186 年）。

图 6－1 塞尔维亚国家博物馆

图 6－2 米罗斯拉夫福音

① 历史

1844 年，塞尔维亚教育部长下令创立一座国家博物馆，系统收集和保存塞尔维亚的历史文化遗产。该博物馆在建馆之初并无固定场馆，曾经历多次迁址，最终于 1950 年迁入现址——贝尔格莱德共和国广场的前银行大楼，于 1952 年重新开放。

该博物馆所在建筑建造于 21 世纪 20 年代初，原为塞尔维亚抵押贷款银行。建筑立面呈典型的新文艺复兴时期风格，圆顶部分为第二次世界大战后重建加盖。

2003 年，博物馆闭馆整修，重建了外立面并翻新展馆内部。2018 年重新向公众开放。

② 展厅及馆藏

塞尔维亚国家博物馆共有 3 层，展厅面积 5 000 平方米。该馆藏品按照年代分为 4 部分——史前时期、古典时期、中世纪时期和近现代时期。

史前时期藏品涵盖了从旧石器至铁器时期的历史文物，包括石器、陶器、青铜器、铁器等。最重要的一批文物出土自 Lepenski Vir 遗址，该遗址于 20 世纪 60 年代末被发现，年代可追溯至公元前 10 世纪至公元前 6 世纪，从中挖掘出大量骨制品、角制品和石雕，其中以鱼形石雕最具代表性。

另一件重要藏品为原始人下颌骨化石，这是全球第一件出土于巴尔干中部地区的人骨化石，证实了尼安德特人并非更新世中晚期唯一居住在欧洲的原始人类，对研究欧洲人类进化具有重要意义。

图 6-3 鱼形石雕

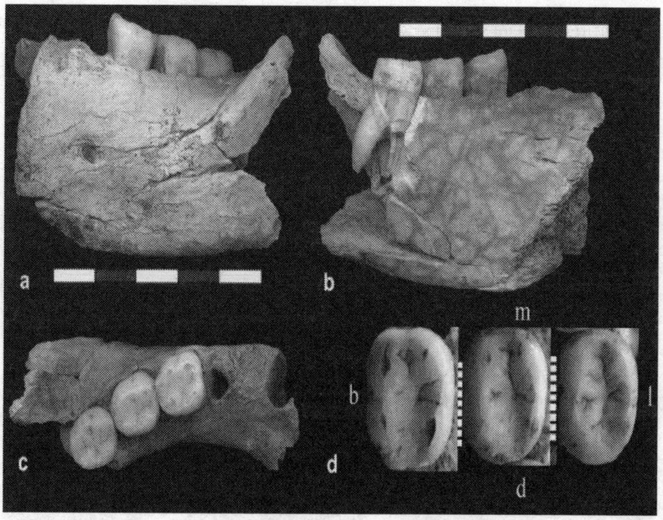

图 6－4　原始人下颌骨化石

古典时期藏品主要来自古希腊、古罗马和古埃及文明，其中钱币类藏品数量最多，达到 30 万件，年代从公元前 6 世纪至公元 13 世纪。重要藏品包括古希腊的金质耳环、罗马帝国皇帝瓦伦提尼安一世（Valentinian Ⅰ）的金质奖章、塞尔维亚国王 Stefan Radoslav 统治时期的货币银质第纳尔等。

中世纪时期藏品以塞尔维亚艺术作品为主，包括约 1 300 幅按照原貌重绘的教堂壁画复制品、约 300 件中世纪雕塑等，展现了在拜占庭和奥斯曼土耳其帝国统治下的塞尔维亚艺术。

最重要的藏品是一本 1186 年的《米罗斯拉夫福音》手稿，该手稿以西里尔字母书写，是该国迄今已知最古老的西里尔文手稿，目前已被列入世界记忆名录。

近现代时期藏品主要为南斯拉夫与塞尔维亚艺术家的作品，其中以南斯拉夫艺术作品最为丰富，收藏约 8 000 幅画作和近 900 件雕塑。塞尔维亚艺术作品主要来自 18 世纪—19 世纪的逾 1 500 名艺术家，较为完整地呈现了塞尔维亚艺术的发展。

博物馆还收藏约 1 100 件外国艺术家作品，以欧洲艺术家的绘画与雕塑为主，重要藏品包括意大利画家卡帕齐奥（Vittore Carpaccio）的《朝圣者和圣塞巴斯蒂安》、提香（Titian）的《丹麦女 王克里斯蒂娜的画像》、荷兰画家蒙德里安（Piet Cornelies Mondrian）的《红黄蓝的构成Ⅱ》、法国印象派画家高更（Paul Gauguin）的《大溪地女孩》等。

塞尔维亚国家博物馆设有 1 个常设展，以时间为序展示旧石器时代至 20 世纪的约 3 000 件藏品，涵盖绘画、珠宝、雕塑、古钱币等类别，如意大利雕塑家朱塞佩·克罗夫（Giuseppe Croff）的大理石雕塑《蒙着面纱的修女》、法国画家莫奈（Oscar-Claude Monet）的《鲁昂大教堂，红色、阳光》、荷兰画家梵高（Vincent Willem van Gogh）的《农妇》等。

图 6－5 《斯特凡·乌罗什四世进入杜布罗夫尼克》（*Dušan the Mighty Entering in Dubrovnik*，Marko Murat，1899 年）

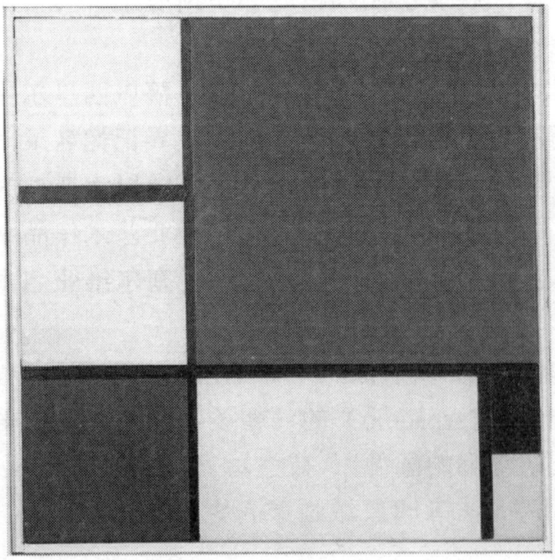

图 6－6 《红黄蓝的构成Ⅱ》

图 6－7 《蒙着面纱的修女》

③ 部分藏品

图 6-8 烫金杯，1608 年，塞尔维亚德卡尼修道院

图 6-9 《瓶中花卉》（*Flowers in a Wooden Vessel*，Jan Brueghel the Elder，1616 年）

图 6-10 《科索沃战役》（*Battle of Kosovo*，Adam Stefanović，1870 年）

图 6-11 《橙子》（*Orange*，Wassily Kandinsky，1923 年）

④ 部分展厅

图 6－12　展厅（1）

图 6－13　展厅（2）

（2）塞尔维亚历史博物馆（Historical Museum of Serbia）

塞尔维亚历史博物馆创建于 1963 年，共收藏超过 3.5 万件与塞尔维亚历史、民族和文化相关的物品，包括 3 500 件艺术品、2 000 件民族学收藏、700 件技术类收藏、700 件武器、600 份地图、600 件钱币、500 件考古文物和 344 份古籍手稿，重要藏品包括塞尔维亚国王彼得一世（Peter Ⅰ）的王冠、权杖和宝球。

图 6－14　塞尔维亚历史博物馆

图 6－15　塞尔维亚国王彼得一世的王冠、权杖和宝球

① 历史

1963 年 2 月 20 日，塞尔维亚国民议会正式通过法令，建立塞尔维亚历史博物馆，并选择米洛斯亲王府邸作为馆址。府内原有的塞尔维亚第一次起义博物馆

成为新博物馆的分支机构。

2006 年，博物馆将贝尔格莱德市中心的原银行大楼作为主馆，原有展馆作为分馆。这栋大楼建立于 1932 年，是塞尔维亚战时建筑的代表作之一。2015 年，塞尔维亚博物馆协会授予该馆 Michael Valtrović 奖，以表彰其对塞尔维亚文化发展的贡献。

② 展厅及馆藏

塞尔维亚历史博物馆主要展示从中世纪至今的塞尔维亚历史、民族和文化的藏品。藏品分为 23 大类，涵盖艺术、科学技术、武器、钱币、地图、海报、明信片、照片、勋章、旗帜、服饰等。

除塞尔维亚国王彼得一世的王冠、权杖和宝球外，重要藏品还包括塞尔维亚民族独立领袖 Karađorđe 和 Miloš Obrenović 的私人物品以及塞尔维亚王室珠宝等。

艺术类藏品共有超过 3 500 件绘画、雕塑和版画，主要记录塞尔维亚的重要事件和人物，展示社会、政治、经济、科学、文化等多个方面。代表藏品有塞尔维亚起义领袖、王室成员、军事指挥官等人物的肖像画，以及第二次世界大战集中营囚犯所绘的画作。

民族学类藏品数量约 2 000 件，涵盖服饰、家居、手工艺、习俗、宗教、艺术等方面，全方位展示塞尔维亚民族的日常生活。武器类藏品数量约 700 件，主要为中世纪晚期至今的冷兵器、火器和军队装备，尤其是塞尔维亚两次起义所使用的武器。

科学技术类藏品约有 700 件，包括塞尔维亚生产的第一款收音机、塞尔维亚画家 Paja Jovanović 曾使用的盒式相机等，主要反映塞尔维亚的经济发展历史。

钱币类藏品约有 600 件，涵盖塞尔维亚逾 2000 年的货币交易史。考古类收藏约 500 件，均为塞尔维亚境内出土的文物，覆盖从新石器时代至中世纪晚期的各个年代。

其他藏品还有塞尔维亚国王米兰一世（Milan Ⅰ）的手稿、第二次世界大战集中营囚犯的日记、政府官员及重要人物的私人信件；各类法律草案、特许状、公文、证书等档案。馆内还有该国从 19 世纪初至今不同职业者的制服，例如军人、警察、外交官、牧师、邮递员等。

③ 部分藏品

图 6－16　塞尔维亚生产的第一款收音机（Kosmaj）

图 6－17　塞尔维亚第二次起义五十周年纪念勋章

图 6－18　《塞尔维亚军队前往萨洛尼卡前线》，N. M. Živković 拍摄，1916 年

图 6－19　《强盗来了》（*Here's the Culprit*）海报

④ 部分展厅

图 6-20 展厅（3）

图 6-21 展厅（4）

（3）贝尔格莱德应用艺术博物馆（Belgrade Museum of Applied Arts）

贝尔格莱德应用艺术博物馆创立于 1950 年，是塞尔维亚唯一的以应用艺术藏品为核心的专题博物馆，馆藏总数超过 3.7 万件，涵盖家具、珠宝、服饰、陶瓷器、绘画等类别，重要藏品包括 14 世纪的 Radul 徽章银戒、17 世纪的贝尔格莱德版《Ohmučević 纹章书》手稿等。

① 历史

1950 年，在贝尔格莱德应用艺术学院教授 Branko Šotra 等人的提议下，南斯拉夫政府决定创立贝尔格莱德应用艺术博物馆。

1951 年，博物馆选址 Vuka Karadžić 街区一栋学院派风格建筑作为馆舍，同年购入塞尔维亚画家 Ljuba Ivanovic 的约 3 000 件藏品，涵盖珠宝、手稿、书籍、象牙雕刻等，构成了该馆的核心馆藏。

图 6-22 贝尔格莱德应用艺术博物馆

图 6-23 14 世纪的 Radul 徽章银戒

2001 年，博物馆闭馆翻新，2005 年重新开馆。

② 展厅及馆藏

贝尔格莱德应用艺术博物馆共 4 层，藏品分为 6 个系列：木制品与家具、金属制品与珠宝、纺织品与服装、陶瓷器与玻璃器、印刷品与纸质艺术品与近现代应用艺术。

木制品与家具藏品约有 900 件，涵盖从 13 世纪末至 20 年代初的欧洲家具，展现了塞尔维亚和欧洲各国家具风格的发展。重要藏品包括 16 只日晷式怀表，这种怀表在 17 至 18 世纪的欧洲盛行，其中最精致的一只由德国纽伦堡钟表师 Jakob Karner 制作。

金属制品与珠宝藏品超过 5 600 件，藏品基础来自塞尔维亚画家 Ljuba Ivanovic 的捐赠，包括 14 世纪塞尔维亚的徽章银戒、19 世纪德国制作的金镯等。

纺织品与服装类藏品涵盖埃及科普特人织物、欧洲挂毯、塞尔维亚皮罗特地毯、传统服饰等。其中一顶串珠帽（Tepeluk）由毛毡制成，饰以大串珍珠，融合了东西方服饰特征，是 19 世纪塞尔维亚中产阶级家庭女性的典型饰品。

陶瓷器与玻璃器藏品主要来自塞尔维亚和欧洲各国的瓷厂，重要藏品有意大利文艺复兴时期锡釉彩陶盘、19 世纪法国皇室钴蓝瓷盒、19 世纪奥地利珐琅彩大口玻璃杯等。

印刷品与纸质艺术品超过 7 000 件，最重要的是一件 17 世纪的贝尔格莱德版《Ohmučević 纹章书》手稿，是迄今已知最古老的纹章书副本，初版完成于 1590 年，主要用于说明各类徽章的含义，目前已经遗失。

博物馆的近现代应用艺术收藏始于 1966 年，其中以塞尔维亚装饰艺术家 Dušan Janković 的作品最为丰富，数量超过 1 500 件，代表作品有南斯拉夫风格纹饰套装、第 1002 夜艺术家舞会海报手稿等。

③ 部分藏品

图 6－24　皇室钴蓝瓷盒（Porcelain Box，法国，19 世纪）

图 6－25　女人与鸟和花瓶装饰瓷盘（Decorative Plate Woman with a Bird and a Vase of Flowers, Dušan Jovanović Đukin，1929 年—1930 年）

图 6－26　圣母玛利亚和耶稣刺绣织物（Embroidered Icon of the Virgin Mary with Christ，14 世纪）

图 6－27　第 1002 夜艺术家舞会海报草图（Poster Design for the Artists' Ball 1002 Nights，Dušan Janković，1923 年）

图 6－28　南斯拉夫风格纹饰套装
（Ensemble，Dušan Janković，1927 年）

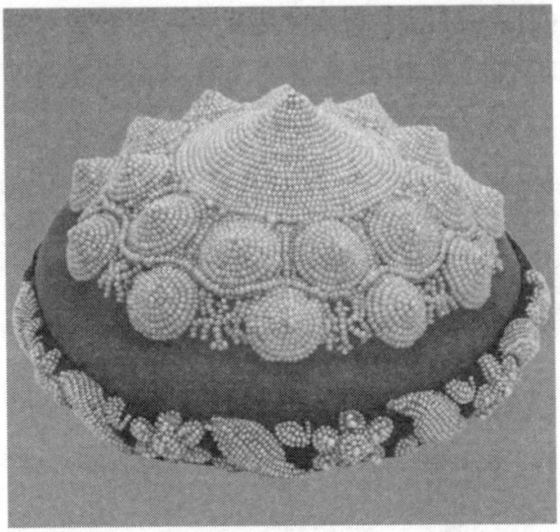

图 6－29　串珠帽

④ 部分展厅

图 6－30　展厅（5）

（4）贝尔格莱德民族志博物馆（Ethnographic Museum in Belgrade）

贝尔格莱德民族志博物馆创建于 1901 年，是一座以收藏、展示塞尔维亚族（Serbs）文物为宗旨的博物馆，藏品总数约 12 万件，记录了 18 世纪以来巴尔干半岛与中欧塞族人的传统文化。

图 6－31　贝尔格莱德民族志博物馆主馆

① 历史

1870 年代，塞尔维亚史学界提议拆分国家博物馆的民族志藏品，并建立一座独立的博物馆。1901 年，贝尔格莱德民族志博物馆正式设立，馆舍建筑由前总理 Stevča Mihailović 遗赠的房屋改造。

第一次世界大战期间，博物馆的藏品及藏书受损严重。20 世纪 50 年代，馆舍搬迁至原贝尔格莱德证券交易所大楼。

1968 年，贝尔格莱德市的一处历史建筑——Manak 之家成为民族志博物馆的分馆，专门用于保存塞尔维亚收藏家 Hristifor Crnilović 捐赠的民族志藏品。

② 展厅及馆藏

贝尔格莱德民族志博物馆目前拥有 12 万件藏品、6 万册藏书，藏品年代从 18 世纪至今，涵盖民族服饰、家具、工艺品、生产工具、生活用品、建筑构件、乐器、武器、玩具、艺术作品、照片等类别。

该博物馆基本陈列主题为 19 至 20 世纪塞尔维亚族的民俗文化，展厅入口处以地图形式呈现展品来源地，介绍自然环境对人们生活方式产生的影响，向参观者展示巴尔干半岛与中欧地区塞族民俗文化的差异。

一层展厅陈列塞族传统民俗服饰，搭配历史照片，展现节日集市中塞族人交易商品、载歌载舞的热闹景象。根据传统，这类集市通常在教堂门前举办，因此中央展柜上方张贴了巴尔干半岛地区重要教堂和修道院的图片。

二层展厅介绍不同地区的塞族传统民居，例如潘诺尼亚平原的夯土房、狄那里克山脉的小木屋、亚得里亚海地区的石头屋，以及中巴尔干地区用板条和土砖搭建的房子。展厅同时还原了一间配有欧式家具的客厅，呈现19世纪后期流行的西欧装饰风尚。

三层展厅介绍塞族家庭的日常生活，尤其关注复活节、平安夜、斯拉瓦节等东正教节日的庆祝仪式。其他展区还展示了塞族人的传统农业经济，例如种植农作物、饲养牲畜和蜜蜂、制作橄榄油和葡萄酒等。

③ 部分藏品

图 6-32 塞族传统民俗服饰

图 6-33 制作奶酪的木制容器

图 6-34 捕鱼工具

图 6-35 皮革童鞋

④ 部分展厅

图 6-36 展厅（6）

图 6-37 展厅（7）

（5）贝尔格莱德自然历史博物馆（Natural History Museum）

贝尔格莱德自然历史博物馆建立于 1895 年，致力于展示塞尔维亚和巴尔干地区的自然历史，亦是塞尔维亚国内唯一的自然史博物馆。馆藏超过 150 万件地质学和生物学标本，包括 1 万件哺乳动物标本、1.5 万件矿物标本、2.5 万件真菌标本、7 万件软体动物标本、45 万件昆虫标本等，重要藏品包括猛犸象牙、史前犀牛头骨等。

图 6-38 贝尔格莱德自然历史博物馆展馆

① 历史

贝尔格莱德自然历史博物馆原名塞尔维亚之地自然科学博物馆，创办者为塞尔维亚植物学家 Josif Pancic，最早的藏品大多为 Josif Pancic 与学生共同收集的标本。

1904 年，该馆举办第一场展览，时任塞尔维亚国王 Peter Ⅰ亲自到场参观。同年，贝尔格莱德自然历史博物馆参加在巴黎举办的世界博览会，是该馆首次在国外参展。

2016 年 2 月 15 日，塞尔维亚总统授予博物馆二级圣烛奖章（Candlemas medal），以表彰其对科学、文化和博物馆行业的贡献。

② 展厅及馆藏

贝尔格莱德自然历史博物馆收藏有 150 万件标本，主要收集自塞尔维亚和巴尔干半岛。藏品可分为地质学和生物学两类，前者为矿物、岩石和古生物标本，后者为动物、植物和真菌标本。

地质学藏品包括 1.5 万件矿物标本、1.5 万件岩石标本、7 600 件古代植物标本，还有大量古生代、中生代、第四纪和第三纪的古生物化石等。

生物学藏品包括 2.5 万件真菌标本、9 000 件苔藓标本、45 万件昆虫标本、2.8 万件节肢动物标本、7 万件软体动物标本、1 000 件两栖类标本、1 000 件鱼类标本、5 600 件鸟类标本和 1 万件哺乳动物标本等。

③ 部分藏品

图 6－39 捕鸟蛛

图 6－40 蝴蝶标本

（6）塞尔维亚国家银行博物馆（Museum of the National Bank of Serbia）

塞尔维亚国家银行博物馆创建于 2004 年，主要收藏塞尔维亚地区历史上流通的各种货币，年代从公元前 4 世纪至今，馆内设有塞尔维亚的货币、伪造货币和硬币铸造 3 个基本陈列。

图 6-41 塞尔维亚国家银行博物馆

① 历史

塞尔维亚国家银行博物馆馆舍原为塞尔维亚国家银行总部大楼，1890 年起投入使用。这座建筑由奥地利建筑师 Konstantin Jovanović 设计，呈现新文艺复兴时期风格，被认为是 19 世纪贝尔格莱德最美丽的建筑之一。

为纪念 2004 年塞尔维亚国家银行成立 120 周年，该行在总部大厅举办“塞尔维亚的货币”展览，首次向公众展出钱币收藏。

2006 年，塞尔维亚国家银行迁入位于 17 Nemanjina Street 的新馆，并将新馆大厅设为博物馆临展厅，旧馆仍用于举办常设展。

② 展厅及馆藏

塞尔维亚国家银行博物馆共有 3 个基本陈列——塞尔维亚货币、伪造货币和硬币铸造。

塞尔维亚货币展览是博物馆首个常设展览，这一展览概述了塞尔维亚地区从公元前 4 世纪至今的货币历史，展品以古希腊马其顿亚历山大大帝（Alexander the Great）的头像钱币最为精致。

塞尔维亚曾先后由古希腊、古罗马、拜占庭帝国、奥匈帝国和土耳其统治，13 世纪初首次铸造发行第纳尔，但直至 19 世纪中叶独立后，才正式建立国家货币体系。

该国货币体系在南斯拉夫王国时期遭遇史上最严重的恶性通胀，货币最高面额达到 5 000 亿南斯拉夫第纳尔。目前流通的货币版本发行于 2003 年，纸币面额为 10～5 000 第纳尔，硬币面额为 1～20 第纳尔。

伪造货币展览将真币与假币对比展出，详细介绍了人像水印、雕刻凹印、光彩光变数字等防伪特征，让参观者能够直观比较真假货币的微妙差异。重要展品包括20世纪80年代后期流通于美国的100美元面额美钞，以及不同面额的塞尔维亚纸币等。

硬币铸造展览呈现了硬币从设计到选材加工，再到压印流通的全过程，展示硬币压印机、纸币印刷机、银币自动校准机等机器。此外，该区还设有一台互动装置，可以将参观者的肖像照片印刷在纸币复制品上。

③ 部分藏品

图6-42　5 000亿南斯拉夫第纳尔

图6-43　纸币印刷机

图6-44　塞尔维亚不同时期流通的纸币

图6-45　南斯拉夫流通的硬币

6.2 宗教与民俗

6.2.1 宗教

塞尔维亚全国居民中70%左右信奉东正教，主要是塞尔维亚人、黑山人、保加利亚人、罗马尼亚人等；18%左右的居民信奉伊斯兰教，主要是阿尔巴尼亚人；有5%左右的居民信奉天主教，如匈牙利人、克罗地亚人等；有1%左右的居民信奉新教，如斯洛伐克人等；还有2%左右的居民不信教。

东正教（正教，Orthodox Christianity），国际通称"正教会"（Orthodox Church）或"东正教会"（Eastern Orthodox Church），官名"正统大公教会"（Orthodox Catholic Church），是基于正统派神学与东方礼拜仪式制度的基督教三大流派之一，也是强调自身正统性的宗徒继承教会。

东正教的实体通称正教会（东正教会）。塞尔维亚正教（Serbian Orthodox Church），亦称塞尔维亚正教会，全称"佩奇总主教及贝尔格莱德－卡尔洛夫奇都主教及塞尔维亚牧首至圣圣座"，自主正教会之一，也是南斯拉夫联盟共和国最大的宗教组织，其信徒主要分布在塞尔维亚、北马其顿、黑山等地。

公元9世纪末，在塞尔维亚出现系统的传教工作，由拜占庭帝国皇帝马其顿人巴西尔一世（Basil Ⅰ the Macedonian）派遣第一批传教士至此，建立第一个主教区。891年，东正教成为官方宗教。至13世纪早期，塞尔维亚教会明确隶属于东部教会。1219年，在圣萨瓦（St. Sava）领导下成为自主教会，由君士坦丁堡牧首祝圣为第一任大主教。塞尔维亚王国在斯蒂芬·都善（Stevan Dushan）执政时期达顶点；1346年，设立牧首区，因教座设在佩奇（Pec）而称佩奇牧首区。1354年，土耳其人入侵；1459年，塞尔维亚沦为奥斯曼土耳其帝国的一个省，牧首衔被废，受到希腊教会的控制；1557年，重新恢复；1776年，又被废。此后塞尔维亚正教会一直受君士坦丁堡牧首管辖，直至塞尔维亚独立（1878年），后于1879年成为自主教会。1919年，与波斯尼亚和黑塞哥维那、黑山、克拉列沃、达尔马提亚的教会组成统一的塞尔维亚正教会；1920年，获得君士坦丁堡牧首承认，恢复牧首制。第二次世界大战期间，受到重创。1945年，南斯拉夫解放。随着1991年南斯拉夫开始解体，塞尔维亚正教会参与政治事务，批评前政权的反宗教政策；1992年与米洛舍维奇政府划清界限。最高权力机构为圣主教大会（Holy Assembly of Bishops），常设机构圣主教会议（Holy Synod of Bishops）由牧首和4位主教组成，负责教会日常事务。

现辖有主教区 21 个（其中大主教区 1 个、都主教区 3 个、主教区 17 个）、教堂 2 270 个、修道院 180 个。设立贝尔格莱德神学院和神学校 4 所。出版机关刊物《传教士》《代言人》，另有 12 种出版物。此外还有国外主教区 7 个（美国和加拿大共 3 个，西欧、澳大利亚、匈牙利和罗马尼亚各 1 个），在希腊阿索斯圣山有 3 世纪初创建的希林达尔修道院。下设垩栗大主教自治正教会。受其管辖的还有马其顿正教会，建于 4 世纪，9 世纪—18 世纪时其中心在奥赫里德，1958 年获得自治，1966 年要求自主未准；现由奥赫里德和北马其顿大主教领导，总部设在斯科普里；有都主教管理的主教区 4 个，堂区 225 个；在斯科普里有神学院和神学校各 1 所，并在美国和澳大利亚各设主教区 1 个；出版月刊《通讯》等。为基督教和平会议成员之一。

南联盟宪法规定：宗教同国家相分离；信仰和参加宗教仪式的自由及宗教设施受保护；"任何人都没有义务说明自己的宗教信仰"；煽动宗教不和与仇恨属违法行为，应受惩处；教会可以创办自己的学校和团体，出版刊物。

6.2.2 节日

塞尔维亚法定节假日包括：新年（1 月 1 日—2 日）、东正教圣诞节（1 月 7 日）、东正教新年（1 月 14 日）、东正教圣萨瓦节（1 月 27 日）、国家日（2 月 15 日）、国际劳动节（5 月 1 日—2 日）、胜利日（5 月 9 日）、东正教复活节（春分月圆后第一个星期日）。

（1）圣诞节

我们所熟知的西方传统节日圣诞节是在每年的 12 月 25 日，每当圣诞季来临时，大小商场中都会摆上一颗硕大的圣诞树，纪念品商店圣诞帽、平安果这些商品也都会准备妥当。对于 85%的居民都信仰东正教的塞尔维亚来说，圣诞节比罗马天主教徒晚两周。塞尔维亚人不会在 12 月 25 日庆祝圣诞节，而是在新年的 1 月 7 日庆祝。这是因为塞尔维亚人遵循儒略历，而罗马天主教徒遵循格里高利历。与大多数其他人一样，塞尔维亚人接受格里高利历，但所有假期，特别是文化或宗教节日，都是根据儒略历时间来庆祝的。

塞尔维亚圣诞节里的霜雪老人则与我们熟知的圣诞老人也有一定差异，圣诞老人的座驾是麋鹿，而霜雪老人的座驾是马。

橡树（塞尔维亚的圣诞树）是塞尔维亚圣诞节的重要组成部分。圣诞节前夕，所有塞族人都去寻找一个带金色树叶的橡树枝。在城市中生活的人们大多从市场直接购买装饰好的橡树树枝。但是在农村，更具仪式感的传统方式更受到人们的喜爱。大多数都是在圣诞节前的清晨，家里的男主人带着晚辈一起去砍伐树枝，这并不是一个随意砍伐的过程，而是在找到合适的树木后，人们会怀着一个虔诚的心面朝东方，在树下洒下谷粒，送上一句祝福语“早上好，平安夜快乐”，用拇指、食指和中指在胸前自右向左、自下向上划十字祈祷，并亲吻树干，仪式完成后开始砍树并进行修饰，然后带回家。

圣诞节午餐也是当天的一大亮点。在用餐开始之前，将会一起分用一条长面包 česnica——一个夹杂着幸运硬币的面包，吃到硬币的人则被视为会得到来年的好运。桌子上还有一个小麦草容器，种植小麦，象征着丰收，通常用彩带装饰，还有点燃的蜡烛。在与 slivovitz（梅子白兰地）或温暖的 vruca rakija（各种威士忌、slivovitz 与蜂蜜和香料的强效混合）烘烤后，小麦籽粒洒在客人身上，以求运气和繁荣。只有这样，宴会才开始。午餐十分丰富，由 pršuta（烟熏火腿）、奶酪和馅饼制成的开胃菜，之后是 pečenica（烤猪肉）、sarma（碎肉、大米、碎蔬菜混合着调味料一起卷进酸包菜叶中）和几种蛋糕作为主菜。甜点基本上是糖渍水果（类似于罐头），还有塞尔维亚的国酒 Rakija。

（2）复活节

复活节是圣诞节之后最重要的宗教节日，具体日期是每年春分月圆之后的第一个星期日。在塞尔维亚，这是一个充满习俗、仪式、色彩和特殊菜肴的日子。与庆祝复活节的所有国家一样，塞尔维亚也有其自己的节日传统，包括禁食、着色鸡蛋、祈祷以及与家人和朋友共度时光。

节日之前人们就开始清洁家园，准备盛宴和制作彩蛋。鸡蛋象征生命，复活节期间，信仰东正教的人们会互赠彩蛋祝贺。鸡蛋在小孩脸颊上滚动，希望他们健康成长。把鸡蛋埋在地里，希望获得丰收。复活节周日是家庭聚会时光，也是兄弟姐妹玩碰鸡蛋的日子。大家各自拿着一个鸡蛋互碰，保持完好的就是游戏的胜利者。塞尔维亚东北部小镇莫克林的居民创造了彩蛋互碰比赛，先是流行于当地，后逐渐演变成一项国际赛事。参赛者用煮熟的彩蛋相互碰撞，鸡蛋不破者获胜，获胜后需当场把鸡蛋切开，事主和裁判员各吃一半，以防弄虚作假。1991年，举办第一届复活节国际碰蛋比赛，自此每年都举办这一赛事，吸引周边国家碰蛋爱好者携带彩蛋前来参赛，更有大量游人前来观光，现在已形成一项热门旅游项目。

（3）斯拉瓦节

在塞尔维亚，信仰东正教的家庭为了纪念自己家庭的守护神（通常为某一位基督教圣徒），会在每年该圣徒斋日的前一个星期举行斯拉瓦节的节日庆典。圣徒乔治是最为常见的守护神，人们会在该圣徒斋日的前一个星期举行节日庆典。庆典内容包括宗教献祭仪式以及宴请亲属、邻居和朋友。在这一天，人们要点燃特别的蜡烛，家中的主妇需要制作和装饰斯拉瓦蛋糕。在举行庆典时，人们将酒倒在蛋糕上，家中的主人、长者或重要的宾客会一起将蛋糕以画十字的方式切开，并将切开的四块蛋糕高高举起。在这个过程中，人们会祈祷并致谢圣徒的庇佑。随后，宴席开始，人们会相互祝酒，并互送祝福，为家人和宾客祈求健康、丰收和幸福。

相传，斯拉瓦节是由塞尔维亚中世纪时期的圣徒萨瓦发起的。圣徒萨瓦是塞尔维亚地区的第一个大主教，他为了将基督教思想和塞尔维亚当地的传统宗教仪式结合起来，才想出了这样一个折中的方法，逐渐将当地人信奉的守护神变成了基督教圣徒，而原本繁复的宗教仪式也简化成了与家人和朋友一起举行聚会，互相祝福。

作为塞尔维亚历史上延续至今的传统节日，“斯拉瓦”也被看成是塞尔维亚家庭、民族亲缘关系的一种印记和象征。斯拉瓦节在塞尔维亚人心目中意义重大，是与洗礼、婚礼和葬礼并重的四大仪式之一。人们会将家中最好的酒和最丰盛的食物留在这一天宴请宾客。斯拉瓦节的仪式在塞尔维亚人的家庭中代代相传，其中女性在仪式细节和含义的传承方面起到了主导的作用。在一个多民族和多宗教地区，斯拉瓦节的存在维系了多个宗教和习俗间的对话，在多元文化的交流融合中起到了举足轻重的作用。

2014 年 11 月 27 日，联合国教科文组织保护非物质文化遗产政府间委员会第九次会议在巴黎通过决议，正式将塞尔维亚传统节日斯拉瓦节列入教科文组织“人类非物质文化遗产名录”。这是塞尔维亚的文化遗产首次列入该名录。斯拉瓦节是塞尔维亚文化最重要的组成部分之一，入选“人类非物质文化遗产名录”对塞尔维亚文化的传播具有格外重要的意义。

6.2.3 民俗

（1）民族服装

塞尔维亚各民族的风俗习惯各有特色。他们的服装尽管质料都以羊毛为主，但样式、做工及配色则因民族不同而有差异，既反映出民族历史和宗教信仰的不同，同时也受到地理环境的某些影响。

塞尔维亚各地的民族服装不同，但也有相同的地方。塞尔维亚最古老、最典型的民族服饰是：长裤、衬衣外罩坎肩、短上衣、长斗篷，腰带又长又宽，十分华丽，脚上穿软皮皮鞋。塞尔维亚女子的民族服装，往往装饰着各种美丽图案、流苏、小钱币。女子绣花衬衫，配上围裙、腰带、各种坎肩、短上衣、连衣裙，鲜艳美观，令人目不暇接。平时，塞尔维亚人穿衣比较随意，年轻人夹克衫、牛仔裤，女孩子穿迷你裙，颇为讲究、时髦。社交活动，衣着整洁得体，一般穿西服套装，系领带，隆重场合着深色、黑色西服。

Jelek 是最受欢迎的塞尔维亚民间服装之一，非常短而紧，最常见的是金线刺绣，通常是用毛绒、布料等材料制成，在上面添加各种装饰品，装饰品使它们看起来更丰富。

（2）饮食习惯

塞尔维亚人以西餐方式进食。面食为主食，土豆也常用作主食。副食有牛、羊、猪等肉类、奶制品，鸡、鸭等禽类、蛋类，以及鱼、虾等水产品和各种蔬菜。调料爱用生葱、大蒜、辣椒、胡椒粉、奶油等。菜肴烹调采用煎、炒、炸、焗、烧、烤等方法。

直到 19 世纪下半叶，早餐的传统才被引入塞尔维亚。在塞尔维亚，早餐通常是一日三餐中最简单的一餐。塞尔维亚的早餐可以只是糕点和咖啡的组合，最常见的还是硬皮面包、面包卷、玉米面包或其他面点，搭配面点的可以是各种涂抹酱、冷盘、香肠和各种做法的鸡蛋。特色早餐美食包括玉米粥，通常搭配香肠以及波帕拉（一种用干面包、奶油和奶酪做成的食物），并搭配酸奶。也有许多上班族和学生没时间在家里吃早餐，会选择在街头小卖部或小摊买早餐，常见的有布雷克、gibanica（一种奶酪糕点）或皮塔饼等。

在塞尔维亚，午餐是一天中最重要的一餐，口味偏微酸，正餐通常是以汤开始。塞尔维亚的每一顿午餐都会有汤，有时候晚餐也会有，塞尔维亚人认为汤对人体健康是有益的。比较薄的汤，被称为 supa 或 cyna，它是以牛肉或禽肉为基础制成的汤，通常是作为第一道菜最先端上桌的。比较浓厚的汤，被称为 čorba 或 чорба，它是用高汤做成的，汤里的食材更多，可以作为一道独立的菜肴。常见主菜有烤猪、牛肉或鸡肉。饮料、酒类多冰镇，一年四季习惯喝冷饮。就餐时，常将调味品如细盐、酱油、醋等放在餐桌上，喜欢将烤肉蘸着盐和调味品吃。男人喜欢喝酒，拉基亚（rakija）几乎可以说是塞尔维亚酒精的代名词。它是由多种水果制成的馏出物，市场上售卖的酒精含量通常为 40%，而自制的拉基亚含酒精量通常要高很多。拉基亚在塞尔维亚的各种场合都会出现，比如重要的场合（婚礼或葬礼）、一些日常的场合（如早餐等）。塞尔维亚人会用各种东西来制作拉基亚，到目前为止，最受欢迎的拉基亚是李子制成的李子拉基亚。很多李子品种都可以制作拉基亚，最好的李子拉基亚是用匈牙利李子做成的。啤酒在塞尔维亚也很流行，尤其是淡拉格啤酒和皮尔森啤酒。

在塞尔维亚城市中，法式餐馆较多，街头也可看到烤肉摊点以及土耳其式烘饼夹肉。现今，塞尔维亚饮食文化代表之一是腌制卷心菜，制作方法类似朝鲜泡菜。当地人说，可以不吃肉，但是离不开酸菜。塞尔维亚中部小镇姆尔查耶夫齐酸菜闻名遐迩，在此多次举办过酸菜节，当地腌制的酸菜出口荷兰、奥地利、法国等国。

（3）婚礼习俗

塞尔维亚人很注重礼仪和仪式。举行结婚典礼时，必须要有一位证婚人、一位宣布婚礼程序的司仪和一位站在新郎身边的介绍人，婚礼才能进行。婚礼程序中，塞尔维亚人首先到结婚登记处举行结婚仪式，有宗教信仰的人多在教堂举行隆重的婚礼。塞尔维亚人在婚庆日子的选择上很有讲究：天主教徒的婚礼忌讳在星期二、星期五举行；穆斯林的婚礼则必须安排在星期五。婚礼上除吃喝外，宾客和主人还载歌载舞以示庆祝。

每年进入 9 月，位于塞尔维亚巴奇基彼得罗瓦茨自治区的敦杰尔斯基城堡就开始热闹起来。这里一直是斯洛伐克族人举行民俗婚庆的传统场所。成千上万的斯洛伐克后裔从塞尔维亚全国各地以及邻国克罗地亚、匈牙利、斯洛伐克纷至沓来，举办或庆贺他们的民俗婚礼。据不完全统计，塞尔维亚全国大约有 6 万斯洛伐克族人，主要集中生活在塞北部伏伊伏丁那自治省巴奇基彼得罗瓦茨自治区，他们沿袭着自己的民族风俗习惯以及传统婚俗。

按照斯洛伐克族婚俗的规矩，男女青年婚前，亲家要“面对面”，即准新娘的父母带上女儿，准新郎的父母带上儿子聚在一起。女方父母先是故作生气地对男方家人说，他们根本不想让女儿出嫁，因为她还年轻，担心女儿嫁到男方吃苦、不受重视等，最后问女儿是不是真的想嫁到男方。随后，准新娘在父母的陪同下到未来婆家看房子，尽管此前他们对男方家境了如指掌，但还是要里里外外仔细“视察”一番。

订婚仪式一般由教父或者当地领导人主持。主持人先向准新郎和准新娘赠送祷告书，讲述结婚的意义和男女要相互忠诚、相互信赖。然后，准新娘递给准新郎一条围巾，两人握手，交换订婚戒指。

斯洛伐克族人认为星期四是筹备婚礼的吉日。因此，女方要挑选一名妇女（不能是寡妇）在这天往新娘的嫁妆鹅绒被里“藏宝”，比如鸽子的羽毛，象征爱情和诚实；香草和饴糖，可以驱邪避恶；硬币，能招财进宝等。一切放好后，要让一个小男孩在鹅绒被上坐一会儿，寓意新娘将来会生儿子。此外，不能用手拍打或提掀鸭绒被，否则日后丈夫会打老婆。与此同时，男方家人也在为迎娶新娘紧锣密鼓地操办婚事。每年的秋冬季节是当地斯洛伐克族人的结婚旺季，婚礼一般在礼拜天举行。经过精心筹备的新娘嫁妆要在星期天的上午用大花木箱抬到新郎家，随后新人和来宾在特定的地方举行婚礼。

新郎在婚礼上要向新娘赠送天主教念珠、祷告经书；用贞操带拴着的3把钥匙象征新娘的纯洁与高雅。新娘送给新郎的则是一件绣有金边的、色彩丰富的花衬衣和一个戒指。随后，新人喝碰杯酒（不是交杯酒）。紧接着，侍从拿着两个盘子走上来，右手将装有两小块饴糖的盘子递到新人跟前，左手将另一只空盘背在身后，等新娘和新郎吃完糖后，侍从飞快地把身后的空盘用力摔在地上，打得粉碎。据说这是寓意两人从此开始新的甜蜜生活，过去的一切已经过去。

婚礼仪式上，最抢眼的还是传统的斯洛伐克族新娘嫁衣，独具特色的绣花套裙工艺精湛、色彩斑斓，上衣和头饰缀满珍珠及金银饰物。一套这样的新婚礼服重量达7千克左右。

（4）其他礼仪习俗

塞尔维亚人热情、豪爽、喜欢交友，在社交场合衣着整齐、得体。在社交场合与客人相见时，要与被介绍过的客人一一握手，并报出自己的姓名。在亲朋好友之间相见时，习惯施拥抱礼，相互亲吻脸颊。塞尔维亚人喜欢送花，送礼之花有玫瑰、百合等。塞尔维亚人见面的称谓与问候比较讲究，要在姓氏前冠以先生、夫人、小姐和头衔等尊称。只有在家人之间、亲密朋友之间才直呼其名。

在塞尔维亚约会，一般须事先约定，贸然到访属于不礼貌行为。到家里拜访，一般习惯送实物礼品或鲜花。重要节日习惯相互送礼，礼品一般为酒类、鲜花及经典套装系列办公文具等。递交礼品时，要当面拆掉包装纸，展示并介绍礼品内容。

塞尔维亚人喜欢邀请熟悉的客人或朋友到郊外或旅游胜地进行游览、休闲活动，促进交流，增进相互感情。这期间，一定举行宴请，无论在正式或非正式的宴请上，主人都要盛情邀请客人品尝当地酿造的烈性果酒，并相互祝酒。

6.3 教　　育

6.3.1 教育概况

（1）教育目标

塞尔维亚教育体系是在20世纪50、60年代南斯拉夫时期建立起来并逐步得到完善的。随着南斯拉夫解体，政权更迭，塞尔维亚教育部（当时为塞尔维亚教育与体育部，即教体部）于2001年2月着手塞尔维亚高等教育改革，并明确了高等教育改革目的：依照博洛尼亚进程建立现代高等教育体系。其目标主要有：

1. 降低辍学率（当时的高校本科毕业率非常低，约为25%）和提高学习时限的效率。

2. 与欧洲高等教育体系接轨，引进教师与教学质量监管机制。

3. 按照国家需要与市场需求制定相应教学计划，推动多学科、跨学科发展，提供新技术就业机会。

4. 提倡实用科技学习理念，根据劳动力市场要求培养具有技能竞争力的人才。

5. 促进学生在受教育的过程中发挥主动性。

在更广泛的意义上，要求：

6. 为国家的民主发展做出贡献。

7. 尤其支持经济复苏和转型进程。

8. 倡导促进欧洲一体化价值的理念。

塞尔维亚于 2003 年 4 月正式提出加入博洛尼亚进程，并提交了相关报告，于 2005 年 5 月 19—20 日在挪威西南部港卑尔根市举行的欧洲高等教育区教育部长会议上正式加入博洛尼亚进程。

（2）融入国际教育体系

近年来，塞尔维亚高等教育机构积极参与有关国际组织的活动，加强对欧洲高等教育活动的调研。推行透明一致的课程设置，采用欧洲学分转换体系（ECTS），促进学生和教师自由流动，关注和建立有效资格认证和质量监管体系、学位互认等，提高教学、科研水平。

（3）教育法律法规改革

塞尔维亚于 2003 年 1 月开始起草新高等教育改革法。制定了新的《高等教育法》，并于 2005 年 9 月 10 日开始实施，修改了与博洛尼亚进程相矛盾的法律、法规。《高等教育法》提供了执行博洛尼亚进程和里斯本协议的法律基础。

塞尔维亚依照博洛尼亚进程的要求建立机构，并实施机构改革。由议会选出高等教育理事会，高等教育理事会选举成立资格认证与质量评估委员会（CAQA），并起草《国家资格证书框架》。塞尔维亚高等教育理事会是制定教育战略、通过教育规章制度的最高机构。塞尔维亚成立了研究型大学会、职业型大学会，此两会代表所有公、私立教学机构。教育部是政府的教育行政机构。教育部、高等教育理事会以及两会相互协调与合作。

塞尔维亚教育部在 2003 年 4 月提出加入博洛尼亚进程的报告中，给出了具体实施时间表，并在期间每两年提交一份《塞尔维亚执行博洛尼亚进程报告》，如下表所示。

表 6-1 塞尔维亚执行博洛尼亚进程方案

实施时间	实施方案
2003 年 9 月—2004 年 8 月	实施新体系，引入欧洲学分转换体系（ECTS），并进行专科院校的资质认证
2004 年 9 月—2006 年 6 月	按新体系招生，大学重组，颁布条例
2006 年 8 月—2007 年 8 月	综合性大学招生，任命新管理层；建立研究生教学体系
2007 年 9 月—2008 年 8 月	开始授予第一个 3 年制学位；大学资质认证
2008 年 9 月—2009 年 8 月	取消四年制学位授予以及助教职位；聘任研究生作助教
2009 年 9 月	完成整个改革任务

2005 年，塞尔维亚教育部又提出了《2005—2010 年教育战略》，并强调，为了适应全球化，教育应快速有效地适应变革，高等教育到 2010 年应全面加入博洛尼亚进程，提高教育质量、加快教育系统的改革等。

但事实上，大到法律，小到课程设置，各种法律、规章制度、完整的教育体系等建立，都是系统且非常繁重的任务，需要做大量工作。这主要涉及国有和私立院校机构重组、新的管理模式建立、新的管理部门和财务管理体系以及新的学术体系建立。加之塞尔维亚政府的财政改革及 2008 年由美国引发的金融危机以及塞尔维亚自身固有的结构性问题，导致国家对教育投入减少，而学校的招生规模又不断扩大。因此，近年来经常出现学生游行、教师罢课的事件。尽管如此，改革还是在艰难地向前推进。

2009 年 4 月，塞尔维亚政府委托教育部、青年与体育部在贝尔格莱德市的萨瓦中心举办了世界大学校长峰会，会议主题为“高等教育的现行趋向”。此次会议又将“博洛尼亚进程－经验与挑战”列为议题。教育部长扎尔科奥布拉多维奇在峰会开幕式上指出：塞尔维亚教育界的首要任务是执行博洛尼亚进程。教育部主要目标是提高教育质量与效率，跟进世界与欧盟的发展标准。贝尔格莱德大学校长认为，应将教育投入看作“投资”，而不能看成“消费”。塞尔维亚政府投入教育与科技的经费比不上欧盟国家，甚至相差很远，应逐渐加大其投入。奥布拉多维奇认为：应将塞尔维亚的教育看作战略资源，使它成为促进塞尔维亚工业与现代化发展的基础。

6.3.2 教育体制

塞尔维亚的教育分为三个层次，即初等教育、中等教育和高等教育。

（1）初等教育

分两个阶段：第一阶段为小学1～4年级，每周教学不超过20课时，为学生在幼儿园教育基础上培养进一步接受正规教育的习惯和打好基础，并开始学习某些课程，如绘画和音乐等。第二阶段为小学5～8年级，每周教学不得超过25课时。教学计划包括必修课15门，另有选修课。用少数民族语言教育的学校，同时必须学习塞尔维亚语。法制、文明、道德等教育从小学就开始。

（2）中等教育

中等学校分普通中学、技术学校和艺术学校，学制为3～4年。普通中学的课程设置与以往有所不同。过去的情况是，前两年以传授一般知识为主、专业知识为辅，后两年以传授专业知识为主、一般知识为辅，即具有定向性。同时，为成绩优秀又有学习精力的学生开设额外课程，这一课程设置的宗旨是兼顾升学与就业。现在的4年制普通中学分为两种：一般中学和定向性中学。后者又分为社会—语言类和自然—数学类（相当于中国的文科和理科）。这两类普通中学的必修课为18门，其中包括两门外语和拉丁语，每周上课30～32课时。此外，还有一种专门为具有某方面知识特长的学生设立的中学，如数学学校和语言学校。中学设有选修课。有些课程在进入中学后即可选修，但每周不得超过2学时；有些课程只许在进入4年级后选修，每周可有4学时。中等教育具有因材施教和按需学习的特点。

技术学校学制为4年，其中前两年学习专业理论课，后两年实习。在完成4年学习以及2年工作后，还可获得1年的提高相关专业的学习机会。

初等和中等教育在授课过程中对学生评分采用5分制：优（5分）、良（4分）、好（3分）、满意（2分）和不及格（1分）。成绩特别优秀的学生，经学校教学委员会同意，可提前毕业。在塞尔维亚，学生完成学业还可荣获以武克·卡拉季奇命名的毕业证书。但是，对未达到及格标准的课程需补考，补考未通过的学生要留级。对某门课程未掌握好的学生，在毕业前要经过校长授权的委员会（小组）对其进行专门考试。

初等和中等教育的学年是从每年9月1日至第二年的8月31日。其中包括寒假、春假和暑假。

（3）高等教育

塞尔维亚高等教育由塞尔维亚共和国教育科学技术发展部、高等教育委员会以及伏伊伏丁那省政府教育秘书处主管。塞尔维亚已于 2003 年加入博洛尼亚进程，其高校学术研究教育普遍实行学士、硕士和博士三阶学位制度及欧洲学分转换系统（ECTS）。教学语言普遍为塞尔维亚语，部分专业以英语授课。

① 高校教育结构

高等教育机构可从事的高等教育活动主要分为学术研究教育与专业研究教育。其中学术研究教育分为本科学士、硕士、博士三个阶段，专业研究教育分为基础与专家两个阶段。

A. 本科学士以及基础专业研究阶段：本科学术教育学制 3～4 年，需获得 180～240 个 ECTS 学分方可毕业；基础专业教育学制 3 年，需获得 180 个 ECTS 学分方可毕业。

B. 硕士学术研究阶段：硕士学术研究教学活动由大学、学院以及高等学校组织。学制 1～2 年，需获得 60～120 个 ECTS 学分，具体视本科阶段而定，共需获得 300 个 ECTS 学分，且必须包含毕业论文。

C. 联合学术研究阶段：联合学术研究阶段为结合本科与硕士学术研究教育阶段一体化教学，共需获得最少 300、最高 360 个 ECTS 学分（例如医学专业）方可毕业。

D. 专家（学术或专业）研究阶段：专家研究阶段包含学术研究或专业研究教育，最少需获得 60 个 ECTS 学分方可毕业。

E. 博士学术研究阶段：博士学术研究教学活动由大学、学院以及艺术院系组织。学制最少 3 年，需完成最少 180 个 ECTS 学分。结合之前学士、硕士阶段，总计学制至少 5 年，需获得至少 300 个 ECTS 学分方可毕业。

② 评分体系

学生需要认真参与课堂教学并通过考试获得评分成绩。完成考前义务并通过考试可获得最高 100 分的成绩。考前义务在学科教学计划中必须完成才能获得参加考试条件，分值 30～70 分，依据分值学生可获得 5（不及格）至 10（极优）的最终评分，具体如下：91～100 极优，得 10 分；81～90 特优，得 9 分；71～80 优秀，得 8 分；61～79 良好，得 7 分；51～60 及格，得 6 分；0～50 不及格，得 5 分。

③ 高校入学条件

报名本科等第一阶段的考生需要完成入学考试或相关能力意向测试。录取名单通过中学毕业成绩以及各高校组织的入学考试成绩综合而定，同时结合相关能力意向测试结果。

其他院校的本科生在符合相关学业条件的前提下，可根据个人申请更改相关专业，就读新的院系。报名第二、第三阶段的考生则根据各院校的规定，在满足相关条件的前提下被录取。外国留学生学习塞语授课专业，需通过相关塞语等级考试方可入学。

④ 高校认证

高校认证可以确保高等教育机构及其教学专业是否满足塞尔维亚高等教育委员会所制定的标准以及高等教育机构是否有权依据塞《高等教育法》颁发文凭。

高校认证许可由塞尔维亚教育部依据高校申请颁发，伏伊伏丁那地区则由伏伊伏丁那自治省政府相关机构确认颁发。

⑤ 知名大学

A. 贝尔格莱德大学（University of Belgrade）

贝尔格莱德大学1863年建立于贝尔格莱德，是塞尔维亚最古老和最重要的高等教育机构，是巴尔干半岛地区最大的大学之一。设有哲学、法律、政治学、经济学、语文学、自然科学、农业、森林、建筑、土木工程、电机工程、机械工程、工艺学和冶金、运输、采矿和地质、矿冶、体育、临床医学、口腔医学、药学、兽医学等院系。拥有33个学院（其中实力较强的学院有法学、经济学、语言学、医学、建筑、机械、电气等）、8个研究所，5 000名教师、70 000名学生。中国传媒大学2005年5月与该校建立友好学校关系，当年8月与该校合作在贝尔格莱德设立孔子学院。

B. 贝尔格莱德艺术大学（University Of Atts In Belgrade）

贝尔格莱德艺术大学由4个学院组成：音乐学院、美术学院、戏剧学院和应用艺术学院。1957年6月10日，南斯拉夫政府将4个学院合并，并最终于1973年5月21日成立了贝尔格莱德艺术大学。如今，该大学有2 700多名学生，超过470名教授和70个不同艺术学科的学习项目，包括本科、硕士和博士培养。该大学确立了以艺术教育为中心、以艺术教育为导向、以艺术研究为中心、以理论研究为中心、以艺术教育为平台的办学模式，被公认为欧洲巴尔干地区新思想的舞台。近年来，该大学在巴尔干地区率先推出实践艺术博士项目。该项目的推出，在全球实践艺术领域博士人才的培养方面上产生了强烈的反响，其培养模式居国际领先地位。

C. 诺维萨德大学（University of Novi Sad）

诺维萨德大学是塞尔维亚第二大公立大学，本部坐落于贝尔格莱德以北80公里的塞尔维亚第二大城市诺维萨德，分部则位于伏伊伏丁那自治省的另外三个城市——苏博蒂察、松博尔和兹雷尼亚宁。该校有14个学院、约50 000多名学生和5 000多名教职员工。作为综合性大学，该学校设有科学和高等教育领域的几乎所有学科。著名的学院有农学院、法学院、医学院、技术学院、科技学院、艺术学院、体育学院等。农学院的大田作物研究，法学院的罗马法研究，医学院的肿瘤研究，技术学院的食品工程，艺术学院的戏剧、音乐和美术教育，体育学院的体育教育等都处于欧洲较领先的水平。

6.3.3 特殊教育

在塞尔维亚，在家上学是合法的，但针对的是残疾或疾病儿童，这些儿童无法全日制上学，需要特殊教育设施。

2016 年 6 月 18 日，在贝尔格莱德西罗戈伊诺特殊教育学校，中国国家主席习近平夫人彭丽媛观看了学生们现场制作手工艺品。“你很了不起！”“太漂亮了！”“祝贺你！”，彭丽媛不停地鼓励着这些特殊的孩子。她向学生们赠送了熊猫和汽车玩具，孩子们也把自己的手工作品回赠给这位中国贵宾。学校校长对彭丽媛说：“您的到来令我们非常荣幸。十分感谢您捐赠给学校的康复设备，这些都是我们所需要的。”

6.3.4 少数民族教育

塞尔维亚共和国是一个多民族和多文化的国家，除了占多数的塞族人外，还有许多少数民族及不同宗教和语言群体的成员，他们在人口数量、空间分布、民族、宗教、语言、文化和教育习俗以及其他特点方面上各不相同。塞尔维亚共和国的社会和政治制度以充分保护少数民族的原则为基础，有着与许多其他国家不同的新颖和独到之处。

根据 2011 年的人口普查，少数民族占塞尔维亚共和国人口数量的 13%。各少数民族享有依法使用本民族语言接受教育的权利，少数民族成员有依法建立教育组织的权利，其经费原则上自筹，但也可获得国家资助。

6.3.5 国际交流

塞尔维亚大学国际化政策促进委员会为塞尔维亚高等教育国际化战略制定的总体目标为：提高本国高等教育国际化水平，以确保本国高等教育公平公正，提升本国高等教育质量和国际竞争力。为实现该总体目标，塞尔维亚制定了 5 个方面的战略内容：（1）构建高等教育国际化的保障体系；（2）提高高等教育机构教职人员国际化水平；（3）提升高等教育项目国际化水平；（4）促进高校学生国际流动；（5）推动国外同胞参与高等教育国际化。

塞尔维亚支持联合培养学位项目，允许跨国、跨地区、跨学校联合培养研究生，但项目数量较少。除了与欧洲院校合作外，塞尔维亚还与美国、俄罗斯、加拿大、中国等国家的大学合作。

6.4 科　技

6.4.1 科技概况

（1）研发支出

近年来，塞尔维亚科研经费投入整体呈增长趋势，研发费用持续增长，对促进本国科技事业的发展起到重要的推动作用，但研发投入强度依然相对偏低。从图 6－46 中可以看出，中东欧国家的研发投入强度普遍偏低，塞尔维亚 2021 年研发支出仅占其 GDP 的 0.9%，而同期美国、德国、日本、中国等全球主要经济体的研发投入强度均超过了 2%。可见，塞尔维亚研发投入相对不足，这在一定程度上限制了其创新能力的释放。但是，随着各国创新意识的不断增强，塞尔维亚研发投入强度也有所上升，从而为其科技创新发展提供更大动力。

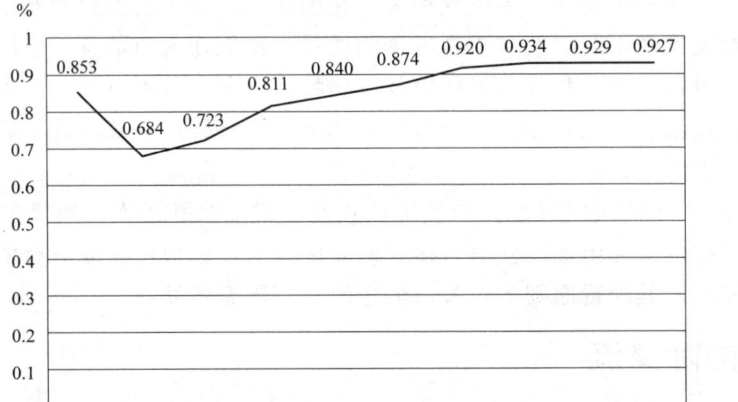

图 6－46　塞尔维亚研发总支出占 GDP 的百分比情况

来源：笔者根据世界银行数据自制。

（2）专利数量

一个国家专利申请数量的多少能够反映出其对研发的重视程度。塞尔维亚在 2017 年的专利申请为 17 项，2018 年为 18 项，有所改善和提升。

（3）科研从业人数

科研人数的多少在一定程度上决定了一个国家科研创新水平和实力。在当前科技迅速发展的时代，互联网、云计算、大数据、5G 技术的运用需要大量的科技人才，特别是掌握高端技术、具有创新意识的科研人员和团队。随着中东欧国家对科技创新的重视程度不断提高，塞尔维亚科研人数开始呈现上涨趋势。

如果按照研发人员的全职当量（FTE）来计算，塞尔维亚在 2018 年的研发人员全职当量为 20 868，比 2013 年的 18 143 增加了 2 725，增幅为 15.02%。

6.4.2 科学成就

塞尔维亚在数学和计算机科学领域有着卓越的历史。尽管 20 世纪 90 年代的经济制裁和对研究的长期投资不足迫使许多科学专业人才离开该国，但它创造了强大的工程人才库。同时，塞尔维亚仍在一些领域保持优势，例如不断发展的信息技术领域，其中包括软件开发和外包。塞尔维亚在 2018 年的科学技术出口额超过 12 亿美元，其中既有来自国际投资者的贡献，也有来自大量本土企业的贡献。塞尔维亚是科学界女性比例最高的国家之一。同时，塞尔维亚拥有如米海洛·卜平研究所、塞尔维亚科学与艺术学院等知名科研机构，培养了许多知名科学家，为塞尔维亚科学技术领域做出了巨大贡献。

（1）米海洛·卜平研究所

米海洛·卜平研究所（IMP）是塞尔维亚领先的信息和通信技术领域的科研机构，也是整个东南欧最大和最古老的科研机构。IMP 结合系统工程和信息技术，开展了对塞尔维亚至关重要的项目。IMP 的 ISO9001、14001、18001 质量保证证书能够满足客户的价值和质量期望。雷神、德州仪器、巴斯夫、摩托罗拉、NCR 和飞利浦等世界领先公司都受益于 IMP 的解决方案和服务。IMP 也是塞尔维亚最成功的国际资助研究机构。此外，该研究所是学术界和产业界成功对接的一个展示和最佳实践范例，正如欧盟专员在访问该研究所时所指出的那样，这是“将创新研发结合在一起的良好范例”。

（2）塞尔维亚科学与艺术学院

塞尔维亚科学与艺术学院自 1886 年 11 月 1 日成立以来就是塞尔维亚最高级别的学术机构。该学院最早的会员都是由塞尔维亚国王选出的。该学院所有建筑物都修建于 1922 年，是贝尔格莱德的地标建筑群之一。

（3）米海洛·卜平（Mihajlo Pupin）

米海洛·卜平是塞尔维亚一位伟大的科学家。他的发明完善了电话的功能，实现了无噪音的长途通话。他也是后来发展成为美国国家航空航天局组织

（NASA）的创始人之一，是第一位获得普利策奖的塞尔维亚人。

卜平曾经到美国的时候，口袋里只有五美分。从出生在塞尔维亚一个小村庄的文盲父母家庭到获得纽约博士学位，他的人生历经坎坷。他不仅获得了哥伦比亚大学的教授职位，而且还成为美国第一位塞尔维亚裔外交官。卜平因众多专利而闻名，其中包括扩展长途电话通信范围的方法，大大改善了电话技术。此外，他还有 23 项发明的专利，大部分至今还在使用，如振荡器、放大器、整流器（电子设备的组成部分）等。这些发明给他带来了财富，卜平用这些财富来建立奖学金机构、开设基金会、博物馆。虽然生活的大部分是在国外度过的，但他从来没忘记自己的祖国，他永远是塞尔维亚的骄傲。

6.4.3 中塞科技创新合作

近年来，中国同塞尔维亚的科技创新合作日益密切，很多中企都参与了中塞的务实合作。塞尔维亚总统武契奇说，科技创新“正影响着塞尔维亚的未来”。

（1）用最好的技术发展未来教育

2020 年，武契奇视察贝尔格莱德机器人和人工智能教育中心，见到了中国企业研发的 AI 人形机器人艾玛。武契奇问：“你为什么来塞尔维亚？”艾玛立即用流利的塞尔维亚语答道：“我爱塞尔维亚，这是一个兼具自然风光和人文历史的国家。就机器人学科的发展而言，这里具有广阔的发展前景。我相信，未来的塞尔维亚将成为世界上科技领先的国家之一。”贝尔格莱德机器人和人工智能教育中心由塞教育科技发展部、贝尔格莱德大学教师教育学院与中国网龙网络公司共同筹建，通过共建教育应用软件、硬件、增值服务、云平台智慧学习环境等，提升塞教育智能化、信息化水平。在该中心 101 虚拟实验室里，通过 VR 技术操作化学、物理等实验，所见所闻所感高度逼真，并且安全性更有保障；在 AR 互动室，AR 及人脸识别技术带人瞬间“穿越”到互动大屏中，出现在实时的贝尔格莱德地标——米哈伊洛大公街上，在这条历史悠久的街道中徜徉观赏。这里还有智慧课堂、AI 助教，以及以数字化呈现的全球气候变化趋势、作业智能测评分析、VR 实景畅游等前沿科技应用。中方将积极支持塞提升本地化教育资源，研发更丰富的 AI 助手、机器人等电子化教育应用产品，让塞传统的教育借助大数据、人工智能等科技手段，朝着个性化、精准化、多样化的方向发展。

贝尔格莱德大学教师教育学院院长丹尼米尔·曼迪奇说：“我们要用最好的技术发展未来教育，塞中合作让我们离实现这一目标越来越近。近期，我们将对 4 000 名本地教师进行信息化培训，把这些技术尽快推广至实际教学和科研工作中。此后，我们还将推进远程培训。相信在不久的将来，塞尔维亚的学生都能用上中心的‘电子课本’和‘虚拟实验室’，快乐高效学习，安全方便做实验。老师们能用上便捷的备授课工具和AI助教，高效授课、答疑。”

塞尔维亚教育科技发展部前部长穆拉登·沙尔切维奇表示，中国是世界科技创新的重要贡献者，塞方希望在智慧教育领域借鉴中国经验。塞国际政治与经济研究所所长布拉尼斯拉夫·乔尔杰维奇认为，塞中两国在教育领域的合作，将全方位推动塞国内智慧教育的发展。

（2）让高铁跑得更快更安全

在贝尔格莱德匈塞铁路ETCS—2系统实验室里，中国铁路国际有限公司塞尔维亚分公司项目安全总监熊彬臣正与塞方信号专业工程师夫拉达共同监测塞境内已通车路段的列车运行状态。该实验室包括全电子计算机联锁系统、调度集中系统、信号集中监测系统、无线闭塞中心系统、电源屏等铁路信号核心产品，还包括应答器、转辙机、信号机等室外信号设备，它们将为在建的匈塞铁路项目提供全套的信号设备和工程化系统。“中国技术帮助塞尔维亚构建起完整的调度指挥和列车运行控制系统。”熊彬臣以调度指挥系统为例介绍说，依托这个系统，中心的调度员可以实时掌握匈塞铁路全线每一列列车的状态并实施调度指挥。面对实验室前方大屏上匈塞铁路贝旧段线路运行图，夫拉达从容下达调度指令。借助无线闭塞中心系统，指挥中心可以向列车发送行车指令，包括列车能向前开多远，按照什么速度运行。“它们是高速铁路的‘大脑’和‘中枢神经’。”夫拉达说，中国技术不仅科学调配了匈塞铁路的运营秩序，“而且让高铁跑得更快更安全”。

未来，ETCS—2系统实验室还将作为匈塞铁路信号设备运行维护的基地，为当地铁路的运营维护技术人员提供培训环境。

塞副总理佐拉娜·米哈伊洛维奇表示，匈塞铁路将是第一条最高时速200千米的铁路，以实现塞各界多年来的愿望。“中国给塞尔维亚带来的技术支持价值难以估量，我们对此非常感激。”

6.5 旅　游

6.5.1 著名城市

（1）贝尔格莱德

贝尔格莱德是塞尔维亚共和国首都，地处巴尔干半岛核心位置，坐落在多瑙河与萨瓦河的交汇处，北接多瑙河中游平原即伏伊伏丁那平原，南接老山山脉的延伸舒马迪亚丘陵，居多瑙河和巴尔干半岛的水陆交通要道，是欧洲和近东的重要联络点，有很重要的战略意义，被称为“巴尔干之钥”。贝尔格莱德是原南斯拉夫的首都和最大城市，也是仅次于伊斯坦布尔、雅典和布加勒斯特的巴尔干半岛第四大的城市。

贝尔格莱德是塞尔维亚唯一的直辖市，占塞尔维亚总面积的3.6%，约21%（不包括科索沃自治省）的塞尔维亚人居住在该市。贝尔格莱德也是塞尔维亚的政治、经济、文化、教育和科技中心。

自2000年起，随着塞尔维亚与西欧及美国外交关系的恢复，贝尔格莱德逐渐成为外国游客旅游的目的地。贝尔格莱德的历史街区和建筑是最具吸引力的，包括塞尔维亚国家博物馆、贝尔格莱德国家大剧院、尼古拉·帕希奇广场、卡莱梅格丹堡垒、塞尔维亚国会大厦、圣萨瓦寺、铁托墓等。

贝尔格莱德拥有多种风格迥异的建筑，如遍布全市的东方建筑、泽蒙市中心典型的中欧小镇、新贝尔格莱德的现代建筑。城市现存的大量19世纪建筑受奥匈帝国建筑风格的影响很大。20世纪初，建筑又受到法国、英国和俄罗斯的影响。

此外，市内旅游景点众多，有贝尔格莱德古堡、波西米亚区—斯卡达尔里亚街、公爵夫人柳比查官邸、米沙上校官邸、新旧王宫、圣萨瓦教堂等值得游览的景点。

塞尔维亚国家航空公司——塞尔维亚航空公司已于2022年12月开通直飞中国天津的航班。这是天津首次开通与贝尔格莱德的定期客运直航。天津也是继2022年7月16日北京至贝尔格莱德定期客运直航开通以来，又一座与塞尔维亚开通定期客运直航的中国城市。航班计划最终确定为每周六早上由塞尔维亚飞往天津滨海机场，晚上由天津滨海机场离港飞往塞尔维亚，一周一班。

（2）诺维萨德

诺维萨德位于首都贝尔格莱德以北，为塞尔维亚第二大城市，是伏伊伏丁那自治省的首府与经济、文化中心，也是南巴奇卡地区的行政中心。

诺维萨德气氛悠闲，呈现出伏伊伏丁娜自治省典型的多民族画卷，以拥有多种文化元素而著称。多瑙河从南部流经市区，滋养着诺维萨德的人民，勾勒着城市的外貌，同时也塑造了城市的性格。在19世纪，该城市为塞尔维亚的文化中心，目前为塞尔维亚第二大文化中心，拥有多个博物馆和美术馆，伏伊伏丁那省博物馆是一个讲述艺术和自然历史的博物馆，藏品多达40万件。在诺维萨德城市博物馆，游客们在“文化史厅”可以看到18世纪上半叶到20世纪中叶的城市生活展览。塞尔维亚主流绘画馆收藏有拉伊克·马姆兹奇捐赠的藏画。

自2000年起，前来诺维萨德参观游玩的游客数量一直在稳步增长，在每年七月初的“塞尔维亚国家窗口”音乐节期间，城市都会聚集来自全欧洲的年轻人，这使得诺维萨德在欧洲夏季节日版图中有了一席之地。除了“塞尔维亚国家窗口”音乐节，诺维萨德集市也吸引了许多商人来到这座城市。诺维萨德市中心著名的瓦拉丁桥附近有一个旅游港口，吸引了来自欧洲各地巡游多瑙河的游船。诺维萨德公认的地标性建筑是彼德罗瓦拉丁要塞，它耸立在城市里并从这里俯瞰城市风光。除了该要塞，拥有许多纪念碑、博物馆、咖啡馆、餐厅和商店的老城历史中心也是诺维萨德的一个好去处。而邻近的弗鲁什卡山国家公园距离市中心只有20千米，也是游客们乐于游玩的地区。

（3）尼什

尼什为塞尔维亚尼沙瓦州的首府，是仅次于贝尔格莱德、诺维萨德的第三大都市，同时也是塞尔维亚南部最大的城市。该城市是欧洲和巴尔干半岛最古老的城市之一，在古代就被认为是连接东西方世界的重要通道，如今是塞尔维亚最重要的产业和教育中心之一。

作为一座历史悠久的古老城市，尼什所遗留的名胜古迹和历史遗址众多，是探寻历史的好去处。麦迪亚那是一处罗马时代的庄园，其中的尼什古堡为巴尔干半岛中部保存最完整的土耳其城堡，建于1723年，古堡下就是被湮没的罗马古城。切加尔纪念碑曾经是斯特凡—辛吉里奇总督及其将士们与奥斯曼土耳其帝国血战的疆场；尼什解放英雄纪念碑建于1937年，纪念为解放尼什而献身的英雄们。“红十字”集中营为第二次世界大战时期纳粹德国建造的集中营；布巴涅纪念广场留有第二次世界大战中最大的万人坑。

（4）克拉古耶瓦茨

克拉古耶瓦茨坐落于塞尔维亚的心脏地带，是继贝尔格莱德、诺维萨德和尼什的第四大城市，为舒马迪亚州首府，是舒马迪亚地区的最大城市。该城市为舒马迪亚地区及周边地区的经济、文化、教育、卫生和政治中心。

克拉古耶瓦茨的建筑受到了两种风格的深远影响，即传统土耳其风格和19世纪维也纳分离派风格，现代化的建筑风格也出现在城市之中。克拉古耶瓦茨人民博物馆由10万件展品的考古馆、1 000件艺术品的艺术馆、民俗馆和克拉古耶瓦茨和舒玛迪亚城市历史馆组成。老铸造厂博物馆展现了一个半世纪以来塞尔维亚和克拉古耶瓦茨的工业发展史。

在克拉古耶瓦茨众多的文化历史古迹中，最具有代表性的有老教堂、米洛什—奥布兰诺维奇公爵府、塞尔维亚公国议会大楼、米洛什大公的宫殿、市法院所在地、阿米金行宫、克拉古耶瓦茨十月纪念广场等。

（5）苏博蒂察

苏博蒂察位于伏省北部，塞尔维亚与匈牙利的边境上，为塞尔维亚最北边的城市，是塞尔维亚第五大城市、伏伊伏丁那省第二大城市，同时也是北巴奇卡州的行政中心。

苏博蒂察是一座别具魅力的现代化城市，市中心的许多建筑都用匈牙利著名的乔纳伊陶瓷装饰，为城市增添独特的风采。这座城市最具代表性的建筑有犹太教堂、苏博蒂察市政厅、拉伊赫宫以及市图书馆大楼。由建筑师科莫拉和亚卡巴设计的苏博蒂察市政厅是伏伊伏丁那地区最大的同类建筑。苏博蒂察人在原有的市政厅旧址重建了新楼，又花了整整两年的时间才完成内部的装饰。苏博蒂察的犹太教堂则是最早使用混凝土和钢结构的建筑之一。

在苏博蒂察附近有知名的帕利奇湖，其中，饭店、别墅、体育设施等齐全；此外，还有人工沙滩和动物园，使其成为旅游胜地，每年夏天还会在此举行“帕利奇国际电影节”等多种文化艺术节。

（6）兹雷尼亚宁

兹雷尼亚宁坐落于伏伊伏丁那自治省的东部，为中巴那特州的行政中心、巴那特最大城市、伏伊伏丁那自治省的第三大城市，以及塞尔维亚第六大城市，因丰富的文化和历史遗产而闻名。

兹雷尼亚宁的历史建筑数不胜数，或因为风格，或因为装饰，或因为气势而成为这座城市最受关注的建筑。兹雷尼亚宁市政厅是这座城市最认可、最上镜的建筑，100 多年来一直出现在众多明信片上。兹雷尼亚宁国家博物馆成立于 1906 年，收藏和展出从史前时期至 20 世纪的历史物品，涵盖了考古学、民族学、自然、历史和艺术等方面。建造于 1746 年的圣母升天堂为兹雷尼亚宁最古老的教堂，为巴洛克风格，在 1807 年的一场大火中幸存下来，为塞尔维亚重点保护历史遗迹。除此之外，游客还可参观埃菲尔桥、旱桥、小桥、兹雷尼亚宁大教堂等历史古迹。

6.5.2 代表性建筑

（1）卡莱梅格丹城堡（Kalemegdan Citadel）

卡莱梅格丹城堡是贝尔格莱德最重要的历史遗迹，位于老城西北角的最高点，面对着萨瓦河与多瑙河交汇处，这里曾经是古代的军事重地，现在已成为公园。它不仅是贝尔格莱德兴衰荣辱的历史见证者，也是贝尔格莱德标志性的景点打卡处和休闲场所。

该城堡的主体始建于 17 世纪，但内部也有一些中世纪的大门、伊斯兰风格的坟墓和土耳其浴室。整座城堡由巨大的石块建成，以白色为主，历史上它曾经经过了多次的修缮和扩建，至今仍然可以看到古罗马、奥匈帝国的建筑遗风。卡莱梅格丹的意思是“战地城堡”，原因在于，之前这里曾经是重要的军事基地。当时遗留下来的大炮等古迹现在还可以看到，而且贝尔格莱德“白色之城”的名称也由此而来。

图 6－47　卡莱梅格丹城堡正门

图 6－48　卡莱梅格丹城堡一角

城堡分为四个部分，包括下城区、上城区、小卡莱梅格丹和大卡莱梅格丹。在卡莱梅格丹城堡除了可以欣赏建筑本身的历史厚重感、俯瞰两河交汇和参观军事博物馆以外，它也是塞尔维亚最著名的公园。蜿蜒曲折的小路、绿荫下的长椅、在阳光照射下可以映出彩虹的喷泉、栩栩如生的雕像、纪念第一次世界大战牺牲战士的“胜利者纪念碑”和历经沧桑的历史建筑都是贝尔格莱德漫长历史的浓缩。

（2）圣萨瓦教堂（Saint Sava temple）

圣萨瓦教堂是塞尔维亚贝尔格莱德的一座塞尔维亚东正教会教堂，是全世界最大的东正教教堂，为世界十大教堂之一。该教堂供奉的圣萨瓦是塞尔维亚东正教会的创始人和中世纪塞尔维亚的重要人物。

圣萨瓦教堂坐落于贝尔格莱德老城区东部的一座丘陵上，建造始于 1935 年，出于种种原因，整个外部建造工程 2003 年 12 月才告结束，而内部装修至今仍在进行。教堂的周围是一处南北向的公园，园内花木错落有序，并有一组夹道式喷泉。平时人们三五成群、散步小憩，节假日时更是熙来攘往、络绎不绝。草地、空场、喷泉成了家庭的聚会地和孩子们的游乐场。

教堂坐落于公园尽头的最北侧，总占地 1 800 平方米，采用了东正教常用的拜占庭式设计。但教堂主体有别于传统的拉丁十字形（横短竖长），而采用了四边基本等长的正十字形状，东西 91 米，南北 81 米，这就使得教堂从任何角度看去均显方正整齐，宏伟异常。作为每个教堂必备的钟楼，四座钟楼均匀镶嵌于十字形的四个直角处，与教堂主建筑合为一体。为突出正面效果，南面的两座钟楼略高于北面，其上共挂铜钟 49 口，其中最大的直径 2.04 米，重 6 200 千克，最小的也有 150 千克，49 口钟总重 23 755 千克，总值 33 万美元。每当钟鸣时分，四座钟楼一齐发动，悠扬悦耳的钟声传遍整个城市。教堂通体以纯白色大理石堆砌而成，晶莹坚固的质地确保了教堂的稳固与高大，也象征了教会的威严与圣洁。

拜占庭式建筑的标志性特征是巨大舒展的穹顶。圣萨瓦教堂主顶被巨大的青铜穹顶覆盖，据介绍，其规模仅次于伊斯坦布尔的圣索非亚清真寺，为巴尔干之最。4 000 吨重的穹顶连同 12 米高的十字架，全部在地面上整体完成。而穹顶的安装更成为建筑学中的创举。1989 年 5、6 月间，塞动用 16 架大型特制液压起重机，日均垂直向上移动 2 米，共耗费 20 多个工作日，每天围观者数以万计，4 家欧洲电视台转播了穹顶安装的情况。在塞尔维亚重要的宗教节日——圣维丹日（6 月 28 日）到来之前的 6 月 26 日，穹顶安放成功。四座钟楼的顶部各覆盖一座相应大小的穹顶，与主堂形成了很好的呼应。教堂高度 70 米，加以其所处位置海拔 134 米，因此无论从任何方向进入贝尔格莱德，都可以看到其威武的身姿。

图 6-49　圣萨瓦寺

参考文献

[1] Oki D. Inflation targeting challenges in emerging market countries: The case of Serbia [J]. Economic Annals, 2015, 60(204): 7-30.

[2] Blitz B K. War and Change in the Balkans: Nationalism,Conflict and Cooperation [J]. Southeast European & Black Sea Studies, 2006, 87(1): 164-166.

[3] 陈旸，吴楠，李俊. 塞尔维亚转型困境及前景[J]. 现代国际关系，2016（6）：45－50.

[4] 对外投资合作国别（地区）指南－塞尔维亚（2021）年版［EB/OL］. 中华人民共和国商务部，2021，http://www.mofcom.gov.cn/dl/gbdqzn/upload/saierweiya.pdf.

[5] 何任远. 黑山为何最终与塞尔维亚分手？[J]. 看世界，2020（12）：4.

[6] 鞠维伟. 中国与巴尔干国家贸易关系的现状、问题及对策［J］. 俄罗斯中亚东欧市场，2020（3）：112－124.

[7] 孔寒冰. 东欧史[M]. 上海：上海人民出版社，2010.

[8] 李文睿. 南联邦解体后塞尔维亚政治变革研究[D]. 武汉：华中师范大学，2018.

[9] 刘海云，刘国云. 中国与塞尔维亚税收差异及境外投资风险管理研究[M]. 北京：中国社会科学出版社，2019.

[10] 刘作奎. 塞尔维亚国内形势、外交政策走向与中塞关系[J]. 当代世界，2016（9）：32－35.

［11］企业对外投资国别（地区）营商环境指南-塞尔维亚（2020）［EB/OL］. 中国国际贸易促进委员会，https://www.ccpit.org/image/1/0b74d751a337413e89d2edd4930288d9.pdf.
［12］谢欣怡. 中塞关系与欧塞关系之对比研究［D］. 上海：上海外国语大学，2020.
［13］闫国庆，殷军杰. 中东欧大数据报告［M］. 北京：清华大学出版社，2019.
［14］中国居民赴塞尔维亚共和国投资税收指南［EB/OL］. 国家税务总局，2022，http://www.chinatax.gov.cn/chinatax/n810219/n810744/n1671176/n1671206/c2582219/5116205/files/9d24d6a3700741d4b20b2923a5acdcb3.pdf.
［15］朱晓中. 中东欧转型 20 年［M］. 北京：社会科学文献出版社，2013.